大家小像

大家小像

此间风雅

郑振铎　余冠英　等　著

文史

中国文史出版社

图书在版编目（CIP）数据

此间风雅 / 郑振铎等著 . -- 北京 ：中国文史出版社，2020.12

（大家小像）

ISBN 978-7-5205-2723-1

Ⅰ . ①此… Ⅱ . ①郑… Ⅲ . ①文化－名人－生平事迹－中国－现代 Ⅳ . ① K825.4

中国版本图书馆 CIP 数据核字 (2020) 第 246388 号

责任编辑：梁玉梅

出版发行：中国文史出版社

社　　址：北京市海淀区西八里庄 69 号院　邮编：100142

电　　话：010-81136606　81136602　81136603（发行部）

传　　真：010-81136655

印　　装：北京新华印刷有限公司

经　　销：全国新华书店

开　　本：16 开

印　　张：16.5

字　　数：243 千字

版　　次：2021 年 4 月北京第 1 版

印　　次：2021 年 4 月第 1 次印刷

定　　价：52.00 元

目　录

CONTENTS ■

35 第二章　蔡元培：是真虎，必有风

67 第三章　梅兰芳：浩荡美国行

第一章
沈从文：执拗的拓荒者

敬爱的畏友

巴 金*

我说过，我在从文家做客的时候，他编辑的《大公报·文艺副刊》和读者见面了。单是为这个副刊他就要做三方面工作：写稿、组稿、看稿。我也想得到他的忙碌，但从未听见他诉苦。我为《文艺》写过一篇散文，发刊后我拿回原稿。这手稿我后来捐赠北京图书馆了。我的钢笔字很差，墨水浅淡，只能说是勉强可读，从文却用毛笔填写得清清楚楚。我真想谢谢，可是我知道他从来就是这样工作，他为多少年轻人看稿、改稿，并设法介绍出去。他还花钱刊印一个青年诗人的第一本诗集并为它作序。不是听说，我亲眼见到那本诗集。

从文就是这样一个人。他不喜欢表现自己。可是我和他接触较多，就看出他身上有不少发光的东西。不仅有很高的才华，他还有一颗金子般的心。他工作多，事业发展，自己并不曾得到什么报酬，反而引起不少的吱吱喳喳。那些吱吱喳喳加上多少年的小道消息，发展为今天所谓的争议，这争议曾经一度把他赶出文坛，不让他给写进文学史。但他还是默默地做他的工作(分派给他的新的工作)。在极端困难的条件下，一样地做出出色的成绩。我

---

* 巴金（1904—2005），原名李尧棠，字芾甘，四川成都人。著名作家，文学翻译家。新中国成立后曾任中国文联副主席、中国作协主席等职。代表作有《家》《春》《秋》《爱情三部曲》等。

接到从香港寄来的那本关于中国服装史的大书，一方面为老友新的成就感到兴奋，一方面又痛惜自己浪费掉的几十年的光阴。我想起来了，就是在他那个新家的客厅里，他对我不止讲过一次这样的话："不要浪费时间。"后来他在上海对我，对靳以，对萧乾也讲过类似的话。我当时并不同意，不过我相信他是出于好心。

我在达子营沈家究竟住了两个月还是三个月，现在讲不清楚了。这说明我的病（帕金森氏综合征）在发展，不少的事逐渐走向遗忘。所以有必要记下不曾忘记的那些事情。不久靳以为文学季刊社在三座门大街 14 号租了房子，要我同他一起搬过去，我便离开了从文家。在靳以那里一直住到第二年 7 月。

北京图书馆和北海公园都在附近，我们经常去这两处。从文非常忙，但在同一座城里，我们常有机会见面，从文还定期为《文艺副刊》宴请作者，我经常出席。他仍然劝我不要浪费时间，我发表的文章他似乎全读过，有时也坦率地提些意见，我知道他对我很关心，对他们夫妇，我只有好感，我常常开玩笑地说我是他们家的"食客"，今天回想起来，我还感到温暖。1934 年《文学季刊》创刊，兆和为创刊号写稿，她的第一篇小说《湖畔》受到读者欢迎。她唯一的短篇集后来就收在我主编的《文学丛刊》里。

我提到坦率，提到真诚，因为我们不把话藏在心里，我们之间自然会出现分歧，我们对不少的问题都有不同的看法。可是我要承认我们有过辩论，却不曾有争论，我们辩是非，并不争胜负。

在从文和萧乾的书信集《废邮存底》中还保存着一封他给我的长信《给某作家》（1937 年）。我 1935 年在日本横滨编写的《点滴》里也有一篇散文《沉落》是写给他的。从这两封信就可以看出我们间的分歧在什么地方。

1934 年我从北平回上海，小住一个时期，动身去日本前为《文学》杂志写了一个短篇《沉落》。小说发表时我已到了横滨。从文读了《沉落》非常生气，写信来质问我："写文章难道是为着泄气？！"我也动了感情，马上写了回答。我承认"我写文章没有一次不是为着泄气"。

他为什么这样生气？因为我批评了周作人一类的知识分子。周作人当时是《文艺副刊》的一位主要撰稿人。从文常常用尊敬的口气谈起他。其实我也崇拜过这个人，我至今还喜欢读他的一部分文章，从前他思想开明，对我国新文学的发展有过大的贡献。可是当时我批判的、我担心的并不是他的著作，而是他的生活、他的行为。从文认为我不理解周，我看倒是从文不理解他。可能我们两人对周都不理解，但事实是：他终于做了为侵略者服务的汉奸。

回国以后，我还和从文通过几封长信继续我们这次的辩论，因为我又发表过文章，针对另外一些熟人，譬如对朱光潜的批评，后来我也承认自己有偏见、有错误。从文着急起来，他劝我不要"那么爱理会小处""莫把感情火气过分糟蹋在这上面"。他责备我："什么米大的小事如 ××× 之类的闲言小语也使你动火，把小东小西也当成了敌人。"还说："我觉得你感情的浪费真极可惜。"

我记不起我怎样回答他，因为我那封留底的长信在"文革"中丢失了，造反派抄走了它，就没有退回来。但我记得我想向他说明我还有理性，不会变成狂吠的疯狗。我写信，时而非常激动，时而停笔发笑，我想他有可能担心我会发精神病。我不曾告诉他，他的话对我是连声的警钟，我知道我需要克制，我也懂得他所说的"在一堆沉默日子里讨生活"的重要。我称他为"敬爱的畏友"，我衷心地感谢他。当然我并不放弃我的主张，我也想通过辩论说服他。

我回国那年年底又去北平，靳以回天津照料母亲的病，我到三座门大街结束《文学季刊》的事情，给房子退租。我去了达子营从文家，见到从文伉俪，非常亲热。他说："这一年你过得不错嘛。"他不再主编《文艺副刊》，把它交给了萧乾，他自己只编辑《大公报》的《星期文艺》，每周出一个整版。他向我组稿，我一口答应，就在 14 号的北屋里，每晚写到深夜，外面是严寒和静寂。北平显得十分陌生，大片乌云笼罩在城市的上空，许多熟人都去了南方。我的笔拉不回两年前同朋友们欢聚的日子，屋子里只有一炉火，我心里也在燃烧，我写，我要在暗夜里叫号。我重复着小说中人物的话：“我不怕……因为我有信仰。”

文章发表的那天下午我动身回上海，从文、兆和到前门车站送行。“你还再来吗？”从文微微笑，紧紧握着我的手。我张开口吐出一个“我”字，声音就哑了，我多么不愿意在这个时候离开他们！我心里想：“有你们在，我一定会再来。”

我不曾失信，不过我再来时已是14年之后，在一个火热的夏天，城市充满阳光，北平解放了。

（选自《怀念从文》，载于《新文学史料》1989年第5期，题目为编者加）

执拗的拓荒者

刘北汜 *

从1939年秋我在昆明第一次见到沈从文先生，到1988年5月10日他在北京病故，在这将近半个世纪的漫长岁月里，我在文学写作上从他受到的教益，我在为人处世上从他受到的启发，我在近十年从事文物书刊编辑工作中得到的他的支持，哪怕一点一滴，一时一事，在我都是难以忘怀、铭记在心的。

我更不能、也无法忘却的，是他对待他为之献身的工作的执拗精神，而且几十年如一日，总是心安理得，淡于名利的。

在昆明时，他已经是以多产知名、出版了几十部短篇小说集的著名作家，已经是当时最高学府、著名的西南联合大学中文系的教授，讲授现代新文学、各体文习作，也教一年级国文课，而薪金不高，生活上并不富裕，有时还是拮据的。他春秋经常穿件褪了色的灰布长衫，冬天，又套在旧棉袍上，再围上围巾，一冬也就混过去了。

那时，他住在昆明北城一条小街的一个小杂院的二层小楼上，院内除了

---

* 刘北汜（1917—1995），原名刘惠民，吉林延吉人。作家、历史学家。1939年入西南联大历史系，并开始创作。抗战胜利后，任上海《大公报》编辑，主编《文艺副刊》。新中国成立后任故宫博物院研究室主任、北京史研究会副会长等职。

他家，再就是其他房户和房东了。

房子是他自己租的，也像其他大学里的同事一样，因为学校里除了几十排草顶泥墙学生宿舍、几十处铁皮顶带窗教室、一个大图书馆外，并没有为哪个教授准备一间宿舍，闻一多、朱自清、杨振声、吴宓、刘文典、冯至、张清常、卞之琳等这些中文或外文系的教授，以及三校长之一的梅贻琦等，也都是在离学校较近的大街小巷里自己租房子住的。

他这处小楼，坐东朝西，灰瓦砖墙，木楼梯一步一响，地板一踩一颤，已经很古旧，是座危楼了。沈先生一家四口，夫人张兆和和两个孩子小龙、小虎，却能泰然处之。沈夫人当时在一个中学教书，一周上 18 个钟头的课，还要操持家务。沈先生除了到建在城外的学校去上课，日本飞机来轰炸昆明时一家人到郊外逃警报，就很少离开他这个暂时安身的小楼了。他在这里备讲课稿、写文章，热心指点前来请教的同学们的文学习作，乐乐呵呵款待登门拜访的同事朋友。无论做什么，他都是认真的，很少见他有不耐烦的时候。

那时，选读他《各体文习作》的同学很多，三间大的教室，总是座无虚席，不少同学不得不搬了椅子坐在门外窗外听讲，因为，不止中文系的同学来上这一课，有空来旁听的其他系的同学也不少。我当时读历史系，也是常来旁听的一个，有了习作，也是常到他家里求教的。

后来，太平洋战争爆发，日本飞机空袭昆明的次数增多，不少教授避居昆明郊区，沈先生、卞之琳等也搬到了呈贡县的龙街，只在联大有课的日子，他才搭乘滇越铁路火车，赶四十里路到学校上课，然后再搭晚车回呈贡。此外，有一个时期，他每周还抽出两天，每天往返四五里，去教一所难童学校的学生们，得些收入，这又要比住在昆明市内时辛劳多了。

尽管如此，沈先生的写作也好，授课也好，仍然认真得很，把全部精力都放在了上面。那年暑假，我们几个同学去呈贡看他，以为他可以在滇池边上的乡间好好休息一下了，谁知他桌子上堆了高高一堆同学们的习作，他正用毛笔一篇篇写下他的读后意见。竹制的书架上，书以外，又摆放了他从呈贡街子上买来的当地烧制的几件彩陶器皿，却不是为了使用，而是作为艺术陈设品，对上面的几何形纹饰赞不绝口，说是真想结识一下那些彩陶绘制能手。事实上，还在昆明时，他在课余就已在热心搜集当地和边疆一些少数民族的工艺品和刺绣品，一一陈设在他的书架上，时常拿起一件竹编小器物，一件手工编织的带穗挎包、刀鞘、伞袋，向我们称道一番；或是翻出一件什么铜器的铭文拓片，要我们和他一道沉浸在对于我国古代灿烂文化的慨叹中。

当时，老实说，对于沈先生这种文学以外的爱好，我是很不理解的，甚至感到这不过是他的一种业余爱好，犹如某些人有古董癖，有些人嗜好工作之余养花、养金鱼一样，并没有想到实际上他在挚爱的文学写作和教课工作之外，已经对祖国灿烂的工艺品和文物，产生了浓厚的钻研兴趣。

抗战胜利后，组成西南联合大学的北京大学、清华大学和南开大学分别复员回北方，各自复校。沈先生一家离开昆明后，先到苏州住了一个时期，后来接受北京大学聘书，于 1946 年夏回到了北京，在北京大学任教。

然而，没有多久，在新中国成立前后，来自各个方面的对他的不公正的批判和评价就一点点加码了，不但他过去几十年的文学成就被一笔抹杀，全盘否定，连他在抗战后期在昆明《战国策》上写稿也成他与战国策派合流的政治问题，很是喧嚷了一阵子。

新中国成立后不久，沈先生离开了北京大学的讲坛，放下了他的文学写作，转到新成立的中国历史博物馆工作。其后，进革大学习了一些日子，又回到历史博物馆。

我知道这个情况，已经是 1951 年的年初了。那时，我在上海《大公报》编副刊。这年年初，我随上海记者组去朝鲜采访，路过北京时，停了几天，特地到当时设在故宫午门前东西朝房的历史博物馆办公场所去找他，正赶上他在午门楼上展览室里当讲解员。

我上了午门门楼，走进老大的展览室，远远就听到了他浓重的湘西口音在大声讲说什么。围听的人很多。他一边讲，一边移动位置，聚精会神地讲解那些陈列品。直到他讲到一个段落，停了下来，我才赶过去和他打招呼。

这是他离开昆明到北京，我离开昆明到上海后，我们之间的第一次会面，要说的话很多，却没时间多说，因为他还要继续讲解，陆续到来的观众都在等着他。他只简单告诉了我是文化部文物事业管理局局长郑振铎介绍他到的博物馆，要我记下他家的住址，约我从朝鲜回来后再来看他，我们便分手了。

我在朝鲜七个月，回来的时候，竟未能如愿在北京停留，再去看看沈先生，而是直回到上海去了。心里却一直有些放心不下，总认为他放下文学创作太可惜，一心希望他能够再把他那支使熟了的文学的笔拿起来。

此后，我随《大公报》迁天津，再迁北京，虽然还在编副刊，却无缘和文物界打交道，加上一个运动接一个运动，自顾尚且不暇，和沈先生的联系也就少多了。

事实上，这时候的沈从文先生，已经在中国历史博物馆扎下了根，有条件接触馆藏的六千年来的大量中华文物，过眼的杂项文物数量成千上万，也比较广泛。当时馆里人手少，文物编目和鉴定工作，陈列品卡片抄写工作，展品陈列、保管工作，他都承担了一部分，而且勤奋到了废寝忘食的程度。他涉猎广泛，兴趣逐步专注到了过去一些鲜为人注意、少有人研究的杂项文物领域，逐步成为这方面的一个执拗的拓荒者。1956 年初冬，他应故宫博物院之聘，到织绣研究组兼任业务指导，每周到故宫工作两天，重点是指导组里年轻人学习业务，他自己很快又被故宫浩如烟海的更多文物，特别是历代织绣品牢牢地吸引住。他一头扎进去，又以研究所得陆续写了不少文章，从他到故宫博物院兼任业务指导工作的第二年起，他陆续写出的大量文物方面的学术著作，就一本本结集出版了：《中国丝绸图案》（1957 年）、《唐宋铜镜》（1958 年）、《明锦》（1959 年）、《龙凤艺术》（1960 年）。

这个时期的沈从文先生，事实上已经从一代名作家转而成为卓越的文物考古专家。就他个人来说，放弃文学写作固然可惜，但对我国的文物研究工作来说，他的转业与改行，却是一件大有裨益的事情。他的这些著作的出版，以及后来他以十七八年的精力潜心研究中国古代服饰，终于完成出版的巨著《中国古代服饰研究》，可以说，都是填补我国文物研究工作中的空白之作。没有执拗的工作态度，没有拓荒者的勇气与毅力，这些工作是很难完成的。

（选自《执拗的拓荒者——怀念沈从文先生》，载于《新文学史料》1988年第11期）

古稀之年，硕果累累

刘北汜

到了1969年11月，他被下放到湖北咸宁沼泽地区看果园子。在一年多的时间里，住处换了六次，对他说来，一切都乱套了。但劳动间歇，他心思仍然放在如何充实他那本未能出版的大书上，常就记忆所及，对书稿初稿中有所疏漏或错误多余处，一一摘记下来，作为日后修改增补之用。

后来，因为体弱多病，沈老提前回到北京，一个人住进东堂子胡同他那一间平房里。张兆和不久也从干校回来，住进作家协会在小羊宜宾胡同为她找的两间小房里。从此，一家人分居两处，中间相距两里之遥。饭菜只能由沈夫人在东边那个家做好，送到沈老那里，或是沈夫人到沈老那里，在蜂窝煤炉上煮点面条，两个人一起吃。日子是过得十分艰苦的。

沈老却能安然处之。有一天我到东堂子胡同去看他，他正一个人卧床休息。见我来了，他在床上支起上身，背靠床头，只顾兴冲冲地同我谈起他的那本大书，他的增补改写计划。他指指堆满屋地当中的一大堆书，说是前几天他才从几处中国书店买回来，有不少材料正是他要参考的。说着说着又叹了一声："可惜，前几年失散抄走的那一些，有的再难买到了。"

对他在咸宁干校的情况、身体情况，他只略谈几句，就忙着打听我这几年的情况了。

1975年的夏天，我从北京昌平小汤山下放回到北京后，到小羊宜宾胡同

5号去看沈从文先生。

他一家几口，住两间窄小低矮的平房，在一所大院的东南角上，坐东朝西。房前种了一圈花草，用来遮挡夕晒，中间围出一块三平方米大小的空地，也是他经常支起一张小桌，用来写作和吃饭的地方。他的工作室里，一样新家具也没有，旧书架上堆满书，桌上也是书，墙上有画，有绣片，靠墙的几案上，有青花瓷罐、陶俑和一些小陈设。整个屋子，小而杂乱拥挤，光线也是暗的。

我到的时候，正赶上他身穿短衫，冒着暑热，专心一意地坐在迎门处摆的一张长茶几旁，专心一意地修改早在1964年写出初稿、十年动乱前由中华书局排出而未能出版的《中国古代服饰研究》试印本毛样，上面已用红笔勾画了不少地方，额头上已经汗水淋淋了。

看到我，他很高兴，放下笔，要我看摆在茶几上的两只彩绘女陶俑仿制品，说他正在对照这个女陶俑，修改他已经写出的唐代中晚期服饰部分的文字。

他一脸是笑地点点那个女俑，说："你看这发髻，上面插几把小梳子。眉是八字细眉，脸上涂赭黄，大袖子，裙子拖地，是唐代中晚期典型的上层社会妇女，跟唐代《宫乐图》中的妇女服饰一样，白居易在诗里就描写过这种服装……"

跟着，他又招呼我看他书桌上码的几堆小卡片、一只木俑和一只泥俑，像一个孩子意外地获得心爱的东西似的，忍不住笑笑说，卡片上的材料和这些俑，都是他这本书初稿毛样排出后，他陆续收集到的，有的已请人摹绘下来，准备日后作为插图补进书中；有的文字部分，也要根据新发现的材料重写，或加上。

沈夫人在屋前小空地上摆好小饭桌饭菜，催我们吃饭了。沈先生嘴里应着，却又拉我一把，要我看他墙上挂的一小方块彩色绚丽的织绣，说是出自他老家湘西凤凰县妇女的好手艺，针法如何如何……

这天，沈先生脸色红润，一直是兴奋的。眼见自己为之付出艰巨心力的专著问世有望，他又怎么能掩盖得住他内心的喜悦呢？

朋友和同事，知道这部大书的分量和价值的，又何尝不感到高兴呢？毕竟中国文化史上这空白的一页，将由古稀之年的从文先生一笔一笔填上了。

沈先生的这本大书《中国古代服饰研究》最后终于增改完成，彩版的插图也都一一准备好，是他在 1978 年从中国历史博物馆调到中国社会科学院历史研究所之后，在考古所和其他几位同志协助之下，一起在友谊宾馆紧张工作了几个月，才最后定稿，发往商务印书馆香港分馆排印。

1980 年冬，沈先生在夫人陪同下，应邀到美国十几个大学去讲学，1981 年春天回来，书已排出大样，他又应邀去广州，住在站前街商务印书馆香港分馆驻广州办事处，从头到尾仔细审读了全书大样。这本大书最后出版，已经是 1981 年的 9 月，沈老已达 79 岁高龄了。

这是第一本系统研究中国古代服饰的大型学术专著。对各个不同时代，上起殷周，下到明清三千多年间不同阶层服饰的发展、沿革，及与当时社会生活、思想意识的关联，都做了深入探讨，提出了许多新问题、新见解。因而出书以后，国内外学术界、读书界评价极高，认为对文史研究、考古断代、古典文学研究，都有极重要的参考价值，对工艺美术、服装、发型、饰物等设计专业人员，也有极大实用参考价值。沈老能在如此高龄锲而不舍地完成这一艰巨的工作，是很难能可贵的。

（选自《执拗的拓荒者——怀念沈从文先生》，载于《新文学史料》1988 年第 11 期，题目为编者加）

陶瓷专家沈从文

李维善 *

1959 年元月我在北京参加了首都人民大会堂等十大建筑内部装饰问题的座谈会（当时我担任醴陵陶瓷研究所所长），并接受了部分瓷器的试制生产任务。为了使醴陵瓷器能更好地奉献给首都人民，我决定在京拜访一些老专家以求指点。沈从文是湖南人，有名的大作家，对陶瓷、丝绸、服饰、刺绣有广博的知识，在全国陶瓷界有很高声誉，我决定先去看他。同去的还有醴陵陶瓷研究所老艺人唐汉初。事先没有打招呼，打听地址后，我们冒冒失失闯了进去。沈老正在伏案写东西。出乎我们意料，他极热情地接待了我们。打扰了两个小时，沈老还挑选了他收藏的明清瓷器二十多件送给我们带回研究所做参考。沈老对我国工艺美术事业的发展、对家乡陶瓷工业的兴盛充满了感情。这些瓷器都是沈老用自己的工资收购来的，我们特别珍惜。堪可告慰沈老于九泉的是，现在这些瓷器已妥善保存在醴陵群力瓷厂实物样品档案室了。

1973 年我去北京开会，十分惦念沈老的健康。沈老当时已从咸宁干校回

* 李维善：1929 年生，江西萍乡人。陶瓷名家，高级工程师。高小文化，自学完成中学课程，1958 年调醴陵陶瓷研究所任所长，其间主持完成科研成果 50 多项。1959 年，因为越南培养陶瓷人才荣获“胡志明友谊勋章”。1991 年获全国自学成才优秀人物奖。

到北京。我和研究所青年设计师肖石泉、情报室贾杰民（现为醴陵陶瓷研究所副所长）分别于8月25日和29日两次拜访了他。当时沈老被挤在东堂子胡同51号一间10平方米的狭小房间里，除一张床、一张书桌、一把破藤椅和两张单凳外，整个房间堆满了书和资料。沈老注意到了我们在环顾他的书堆，不胜嗟叹地说，原来三间房子的书全没了，现在的书全是近年买的，已花了10000多元，为工作需要还需买2000元书才行。在两次会晤中，沈老对自己受到的折磨和打击缄口不谈，却兴趣盎然地和我们谈起了他的新计划。那时沈老已着手研究中国历代服饰，给我们看了他收集的图样和已经整理的资料。8月29日第二次去时，沈老又从书柜中取出明清古瓷五件送我们带交研究所参考。沈老还提出要陪我们去博物馆和故宫看瓷器。为了帮助基层同志多掌握些资料，沈老以其72岁高龄要陪我们去参观，这使我们十分感动。

1973年12月，我将醴陵陶瓷研究所编印的两期工艺美术画册和临摹的长沙马王堆文物图案汇编分别寄给沈老征求意见。沈老收到后分外高兴，认为在当时形势下竟有人汇编这些资料是了不起的事。他于12月25日和31日连续写来了两封长信，谈到了他的许多设想和见解。来信一律是毛笔竖行的蝇头小楷，其中一封信长达八页之多。两封信谈了三件事：一是详细介绍了中国古代工艺美术的伟大成就，包括各种名窑瓷器；二是主张研究所派几个青年去北京培养深造，由他负责指导，并结合编一套中国瓷器图册；第三件事是建议醴陵瓷区建立一个陶瓷博物馆。就在收到沈老的信不久，“四人帮”开始在全国“批林批孔”，我又一次靠了边，加上其他种种原因，沈老嘱咐的两件事当时都没有办到，这使我深感内疚。

1975年12月，中国硅酸盐学会在北京召开学术会讨论中国陶瓷发展史问题。我参加了会议。沈老是特邀顾问。恰好我住在沈老房旁，天天在会后一块儿散步漫谈，我不时向他请教，沈老知识渊博，有问必答。12月9日下午临近开会时，我突然想起一个问题问沈老，我说：“这些年湖南考古工作成绩很大，在澧县一带发现了新石器时代的文化遗址，长沙又出土了马王堆汉墓文物，过去小学课本上说毛笔是秦代蒙恬发明的，可是在长沙战国墓中就出土了完好的竹管兔毫笔，中国最早的毛笔竟也出现在长沙，为什么历史上称湖南为南蛮之地呢？”我说完后，主持会的人催开会，那天下午又轮到我先发言，急匆匆地未待沈老答复，我就去了会场。沈老后来坐在我旁边位子上，打开自己的小笔记本对我的提问写下了两段文字，待我发言后，将笔记撕下递给我。他写道：“儒家历史的偏见和胡说，把湖南地区称为荆霸，似乎无文化可言。经过近三十年的有计划考古发掘，进一步明确楚文化和中国文化早得到同样发展……”从这些小事上充分看出沈老对待晚辈提的问题多么认真。

（选自《忆沈从文》，载于《执拗的拓荒者：回忆沈从文》，刘未鸣、韩淑芳主编，中国文史出版社 2019 年版，题目为编者加）

他是真正的主人

王亚蓉*

50年代初期，中国历史博物馆还设在故宫的午门楼上，按旧规矩是不许生火、点灯的。北京的三九天，朝阳未出，寒风扑面，沈先生便去上班，他身着灰布棉袄，常常两手捧块儿才出炉的烤白薯，倒来倒去地边暖手边站在天安门前一个避风的角落里，等候警卫逐一开门。

在文物历史的学习研究上，沈先生从不承认有“天才”，只知道勤奋耐烦忘我地劳动。他天天在陈列室、库房文物堆中转来转去，对万千种文物，一一细加探究，以一幅社会风俗画为例，大到人物服饰、家具器用、人事习尚以及作画材料，小至一环一佩、一点一线、一曲一伸，无不充满兴趣加以注意，他完全融化在文物考察之中了。那时，中午下班以摇铃为准，往往当管理员下午上班打开文物库房门时，才发现沈先生又被锁在屋里，而自己却正聚精会神地写记录材料，对于同事的道歉，反而感到愕然！

沈先生一生手不释卷，博览众典。对于各种杂说笔记、工艺百家之言，

---

* 王亚蓉，北京市人，高级工程师。1961—1963年在中央工艺美术学院学习。1978年在中国社会科学院考古所工作，同年任沈从文先生助手，兼中国古代服饰研究会副会长、中国古代纺织品研究保护中心顾问、湖南省博物馆顾问、首都博物馆顾问等。主要从事中国古代服饰研究，专长为丝绸、服饰的考古现场发掘、保护、研究、鉴定工作，湖南江陵马山一号楚墓发掘保护、河北满城中山靖王刘胜墓、江西南昌西汉海昏侯墓等均参与发掘、研究、保护工作。曾参与湖南长沙马王堆一号、三号汉墓保护、研究工作。代表作有《中国古代服饰研究》(合著)、《中国民间刺绣》等。

无不详加究考，写下无法计数的读书卡片。他的记忆力特别好，对于文物中花纹图案，能在极细致处辨别同异，但他却从不肯单单信赖自己的记性，对于稍稍重要的资料必一一记下。他的小型学术论文，涉及面极广，多半以文物图像为主，选择文献取舍，纵横贯穿，加以阐说。判断是非因博闻约取，笔底多有出人意料的创见或预见。

沈先生对年轻人的关怀是极热情的，他的小屋中堆放着好多卷宗袋，里面装的，是他研究的各种专题，在另一些大小不等的袋子上写着“× × 有用”“× × × 有用”……看看名字，就知道这是顺手给常来讨教的几个年轻人积聚的有用资料。南京大学罗术子编写的《中国工艺美术史稿》，沈先生逐字逐句为之修改，先后改了四遍，竟增写了 20 余万字。

1964 年沈从文先生开始编写《中国古代服饰研究》一书。由历史博物馆美工组陈大章、李之檀等几位画家协助绘图，仅一年的时间成稿，作为试点本，行将付印。

在“文革”中，《中国古代服饰研究》和它的作者沈从文先生，都受到严重摧残。沈先生半生汇集起来的藏书、图片资料，以及许多手稿、重要信札全部损失。1969 年冬，沈先生也被下放到干校，在寒风中赶猪守菜。雨天，他在漏雨的小屋踱步思索，或借着煤油灯光写点什么。稍暇，他将满脑的丝、漆、铜、玉、花花朵朵、坛坛罐罐……反复回忆温习，除考虑《中国古代服饰研究》一书中应增的有关图像外，还就国内外文物研究工作中近于空白点的一系列专题，分门别类，试着以图为主排排队，并把资料来源、性质和发展中的情况及不同问题间的纵横联系，以及共同促进的原因等，默写了一大堆卡片，并逐一拟出了草目。我们现在在服装史研究以外，还将进行的二三十个专题项目，就都是沈先生在干校时期搭的架子，后来又有所增补的。

70 年代沈先生从干校回到北京不久，我们便去看望他，当我们走进他的斗室时，几乎都惊呆了。只见老人正伏在床前聚精会神地抄录什么。他发现我们来了，便亲切地招呼我们说：“怎么了？站着做什么？有什么新材料没有？”那时，我们激动得落下了眼泪，可是沈先生反而安慰我们说：“嗳！嗳！不要这样，这有什么，可不能只看到个人，个人受点委屈有什么要紧？我们这么长的文明史，可文物研究还赶不过日本汉学家，心里难过得很。我们的文化，最有发言权的应该是我们自己，得努力呀！要做一个合格的公民，就不能用感情代替工作。”这就是老人的思想境界。他是多么倾心地爱着我们的文化啊！

从干校回来，他又以空前的热情，一头埋到文物研究工作里去了。那时，《中国古代服饰研究》虽毫无出版希望，但老人仍孜孜不倦地不断给它充实新材料、新内容。他是这样想的：“不承认现实不行，毕竟七十多岁了，得抢时间多留下一些东西，伏案而终是我对自己的要求。”同时，他把在干校期间搭起架子的几十个专题，也逐一撰写文章。为了方便工作，他那十多平方米的小屋，四壁都被钉挂上各朝各代的文物图像和资料口袋。满桌满床几乎都堆叠摊放书刊图册、卡片文稿。当时，摆在沈老面前的困难是：原手稿早被付之一炬，先前积累起来的资料也大多散失，而且没有必要的图书，没有助手，也得不到起码的关注和过问……可是，老人却认为：“是做事的，条件再不好也只管做。不是做事的，条件再好，照例也是养尊处优、一点不做。”没有人画图，他自己动手，没有资料，就重新购置、搜求。因住处过窄，沈从文夫人只好带着孙女住在别处。而他则常常是整天甚至整夜地看书写作，有时忘了洗脸吃饭。邻居大妈告诉我们：“沈伯伯做起事来，真正是连他自己也忘了。”他则严肃地对我们说：“一个公民永远不许可消极，因为，他是真正的主人。”

（选自《忆沈从文从事研究工作》，载于《执拗的拓荒者：回忆沈从文》，刘未鸣、韩淑芳主编，中国文史出版社 2019 年版，题目为编者加）

第一次拜访

吴素乐 *

完成慕尼黑大学汉学学位后，我接受大陆北京外文图书社之聘，于 1983 年 2 月底到达北京。同年春两家德国著名的高水准出版社（Suhrkamp 和 Insel），请我翻译沈从文作品，我非常高兴地接受了，并立即着手和作者接触。我知道沈从文住在北京，他的《边城》Gladys 译成英文，在图书社出版过。但我不愿通过作家协会或沈从文现在所属的社会科学院去见他，我找到了 Gladys，请他们夫妇为我介绍这位 30 年代著名的中国作家，这样我的访问就成为私人性质。杨宪益是沈从文的老朋友，他为我写了介绍函，但告诫我说，沈从文最近中风，虽已由医院返回家中，但不见任何访客，我如果被拒请不要失望。

我计划译沈从文的《边城》以及一本他的小说选。但是很快我发现沈从文作品中有许多民间传说和方言俚语，很不容易翻译，特别是外国译者更困难。我向中国朋友请教这些问题时，发现对民间传说和儒家思想，中年以上的人还熟悉，二十多岁的年轻人，对中国文化似乎已全然无知。这种情况使我很痛苦，因为就是中国文化令我尊崇，才选择汉学作为自己毕生致力的学问。

---

* 吴素乐，即 Ursula Richter，德国汉学家。

为了翻译需要，我读了Gladys译的《边城》英译本。Gladys是杨宪益的夫人，她和杨在英国相识，当时杨还是个学生，后来她随杨同去大陆，为他生儿育女。可怜的Gladys，始终热诚、努力地工作，翻译了大量作品。1983年她已是七十多岁，虽然如此，我见她依然健捷如故（至少看上去是），仍为外文图书社努力工作，或许工作得过分努力。

如前所述，我本打算借助Gladys《边城》英译本，但是对照译文和原著后却发现许多有意义的词句，甚至段落都省略或简化了，沈从文小说独特风格的美全部丧失。很不幸地，西方不了解内情的翻译家却把北京外文图书社的翻译作品，视同原著来引用，这也是为何近代中国文学始终得不到国际应有的认同（如诺贝尔文学奖）的原因之一。

由于这种种情况，读者或许已可想象，我是如何盼望亲自会见沈从文，取得他本人直接的帮助。我已经知道沈的南方口音很重，因此请了一位南方人的朋友帮助我。1983年9月，终于机会到来，我一手拿着介绍函，一手挽着那位朋友，走向沈的住地，开始了我的第一次访问。

沈从文家离北京新火车站不远，我们按地址发现那是一座十六层公寓，像世界各地这类大楼一样，是个毫无特色的大水泥块。入口处壁上钉着一块木板，上写“社会科学院宿舍”。经过小小的走道，我们进入一个窄小阴暗的后院，再通过一道铁门来到楼梯间。那里虽有电梯却不能用，沈从文住在五楼，我们只好绕着电梯的四面外墙拾阶而上，因为没有灯，虽只是下午4点钟，已经黑得难以认出路来，最后我们终于站在沈从文的门前。门上有一纸条——“沈从文因病住院”，纸色发黄，显然贴有多时了。想到杨宪益已写信给沈从文介绍我们了，我终于鼓起勇气敲门。

门开了，一位端雅瘦小的老年妇人出现在我面前，灰白的短发，明亮的眼睛，我立即意识到她一定是张兆和女士，沈从文夫人。我介绍了自己和我的朋友，她用清晰的普通话请我们进去（后来我知道她是江苏苏州人）。门并没有全部打开，我看到门后靠墙倚放着一张木床，后来知道这是为照顾沈从文病体的年轻亲戚准备的。沈夫人谦虚地让我们走进门厅。房子窄小得可怜，除了木床以外沿墙还放着不少杂物。门厅右侧是厨房和一小间，我们走进左侧的一间。按照北京的标准，这算是个大房间，有两扇窗户，一扇窗前放着写字桌，两边靠墙是书架，高达房顶，其中一部分有玻璃门以防止北京有名的沙尘侵入。中间有小茶桌和三把椅子，门边靠墙立着一木质小立柜，上面放着盛有鲜花的花瓶以及两个刻绘着中国古代服饰的木偶。门边右方是张大铁床，上有一小灯，墙上贴着纸条，上写“请小声说话，病人需要休息”。床上半躺着一位老者，一条毛毯盖到他的胸前，蓬丛的发束罩着凹陷的面颊，嘴角满布着皱纹，鼻上架着厚厚的近视眼镜——他就是沈从文。他安详友好地望着我，沈夫人介绍后，沈仍不说话，指着床边的椅子示意我坐下，然后把他温热的微微颤抖的手递入我的掌中。他试图开口说话，但声音极其低弱。我立即决定中止我的访问。

约一月后，我又来到沈宅。沈夫人请我先在右侧小间的木床上坐下（木床占小房一半空间），告诉我沈从文病情更坏，然后让我站在沈的房门外看去，我见他仍躺在铁床上，似乎正睡着。

（选自《我所认识的沈从文》，载于《执拗的拓荒者：回忆沈从文》，刘未鸣、韩淑芳主编，中国文史出版社 2019 年版，题目为编者加）

沈从文的小说世界

吴素乐

1984 年 1 月 10 日下午，我又去沈家。这次和以前不同。沈从文坐在椅子上欢迎我，像见到老朋友一样，我告诉他两家德国出版社请我翻译他的作品时，他显然很高兴，并指着他在 1980 年访问美国时买回的音箱说，他非常喜欢德国音乐。他原以为他的作品从未有过德译本，但我告诉他西德一本杂志上曾载过他的几篇短篇小说，在《20 世纪中国文学选集》中有他写的自传译文。至于东德方面我并不清楚。然后我请他为我挑选若干篇短篇小说，他答应过几天给我。沈的全部作品约有六百篇之多，包括短篇、中篇小说、游记、自传、论说、研究、诗等。我忽然发现书柜玻璃上有张毛笔字写的纸条，立即认出是沈的手迹，当年他的书法和他的小说同享盛名。沈夫人告诉我这是沈上午写的，他现在每天还练习书法几个小时。她注意到我的怀疑，于是笑着拿出一块木板，说他虽左侧瘫痪，但右手仍可以握笔。这块木板是孙子做的，专供他写字之用。这时我忽有一想法：请沈从文为我的译本题名。我提出后，沈夫人说他只在清晨写字，现在太晚了，但是沈从文却笑嘻嘻地要她把那木板放在椅臂上，拿来笔墨纸，为我写了《边城》《沈从文小说选》两幅题签字，直到现在我方意识到这两幅字的宝贵，因为后来沈再次中风，已无法握笔了。为沈从文的宽宏大量所鼓励，我又请他为译文写个序，并建议如他书写不便，可口述我们笔录，但为沈氏夫妇所拒绝，当时我不太理解他们为何不愿意。

1984 年夏天，沈健康大有好转。某日上午，我去访问时，发现他正坐在椅上喘气，出汗，脸红红的。我十分惊讶，问发生了什么事。沈眯着眼睛，狡黠地用手指着他的妻子。她解释说："他需要运动，但电梯常坏，他无法由五楼走下去，我就让他在室内运动。在他口袋里放一把豆子，从门口到窗户，每来回一次就放一粒在小木柜上，放完为止。"然后她在我耳边轻声说："每天我都多放一点豆子在他口袋中。"这时沈从文孩子般地笑起来，似乎在说："我早就知道你的花招了。"

老年的沈从文有些发胖，已不像 30 年代那张穿着长袍年轻潇洒的照片。但他的听觉仍然完好。有一次我正向沈夫人称赞所喝茶的芳香，忽然他笑了起来，说："这茶来自湘西。我家乡有这样的传统，每年春秋两季茶叶采收后，年轻姑娘们打扮得十分美丽，齐集在一起焙制茶叶。这时远近四乡的人都会来观看，尤其是青年男子，很多爱情故事就在此开始……"沈继续笑着说："直到现在我家乡的姑娘都是制茶的好手。"他讲的小故事使我联想起充满在他作品中的活的、生动的田园气息。令人遗憾的是 1949 年后他却停笔不写了，虽然他胸中仍然藏着许多故事。他是一位天才的小说家，1949 年后改行从事研究古代中国的艺术品、手工艺品、青铜器、丝绸服饰等。先在故宫内做艺术品分类造册工作，以后在历史博物馆，最后担任社会科学院历史研究所研究员。

1902 年沈出生在湘西山区，他的祖先是清代派往这里控制苗族的汉族军官。正如一首苗族民谣（山歌）中唱的"爱和大自然同样不接受任何限制"。汉族军人和苗族姑娘通婚，使双方文化得以融合。沈在他的许多小说中（如《边城》）描写了这样的故事。这是沈的家乡，也是他熟悉的世界，沈的祖母就是位苗族姑娘。祖父、父亲、叔叔都是汉族军人。在短篇小说《灯》中，沈让小说中的主角说出了他自己家族情形。

每次访问，沈从文都会谈到一些逸事，或者小故事，使人觉得他写小说似乎也是如此轻松，不费力气，但只要仔细分析小说结构后就会改变这样肤浅的认识。他叙述故事的基本态度是抒情诗调重于叙事诗调，他的小说结构十分完美、严密，每一细节上都经过很好的构思。例如用一些双关语，如《萧萧》（1929 年）中的一个喜欢女人的人叫“花狗”，如果不用很长的注释就很难译好。还有省略法、并列句、暗讽、象征性形象（通常取自宗教，或反映作者的自然情怀）、温和的讽刺等。有时作者会在主观叙述的视点之中，加上插叙，或在田园诗般的进行中突然插入某人物的一句话，或突兀的比较，或重复出现的某种“因素”来预示最后的不幸结局。如《贵生》（1937 年）中的《火》。《月下小景》（1933 年）是个很好的例子，使读者联想到诗。故事开首，主角——年轻的苗族小寨主告诉他的秘密情人说“你嘴里有快乐源泉”，之后唱道：“人人说我歌声有毒……”最后这对不幸的恋人决定一同死时，他以吻将毒花送入她的口中。

沈告诉我说他的每篇小说都花费很大精力，常一连几天不睡觉，不动身子，甚至忘了吃喝。由于耗费巨大精力，写作中他常会鼻子流血。

（选自《我所认识的沈从文》，载于《执拗的拓荒者：回忆沈从文》，刘未鸣、韩淑芳主编，中国文史出版社 2019 年版，题目为编者加）

《边城》纪事

吴素乐

凌子风 1980 年开始改编沈的《边城》为电影，但至 1984 年春方完成。沈从文告诉我这部电影的某些制作经过，患病前他也曾看过一些片段。他特别喜欢在他的出生地——凤凰实地拍摄（不是小说中的故事发生地——茶洞，那里情况已变样，修建了铁路、公路、桥梁）。凌子风并请了当地老百姓客串演出，包括苗族部落人和一位货真价实的道士，为“祖父”丧事念经。但是沈说，遗憾的是他的妻子没有看过。此后不久，一个偶然机会我认识了凌子风。他请我参加了在北京电影制片厂内的《边城》试映。虽然尚无声音，但片中美丽的情景，雾中的高山，翡翠般的松林，闪光的山溪，以及围绕翠翠和她祖父缓慢展开的故事，激动着观众的同情心。凌告诉我声音配好后有另一场试映，将邀请某些艺术家、文学家、文艺批评家观赏。一周后我接到他助手的电话，次日同一地点举行第二次试映。那是个周末，我立即决定放下手头工作，思考如何去通知沈夫人（沈家无电话）。

我决定骑自行车去。一路上又思考她如何去电影映所。北京拥挤的公车对她这样一位老人太危险，但不用公车又怎么办呢？一小时后我抵达沈家，他们正吃完晚饭，我没有进屋，就在门口告诉沈夫人，请她明日同去观赏。正如预料，她显然非常高兴。第二天照计划进行，出租车停在楼下，我叩门后，沈夫人开了门。她今天容光焕发，像个年轻女孩似的，我进入室内，沈从文坐在椅上，微笑着促她快走，说不要为他担心，两个小时他不会有问题……沈夫人显然很感动，多少年来为了照顾老伴儿，她从未有过娱乐。她那天的打扮可算相当漂亮，穿件白色丝绸上衣，领上绣着花，在车内我还闻到散自她身上的芳香味，我想她一定在耳后抹了香水。到大陆后一年半内，这是我第一次看到一位普通妇女打扮自己。到电影厅时，她的出现出乎所有在座人的意料，大家站起来向她热烈鼓掌，她和我都很感动。我想这一时刻足以安慰她数十年来的辛苦与烦恼。

1984 年 10 月我在沈从文面前提到有关这部电影的传闻时，沈笑着拒绝深谈，转而请我谈谈在青岛度假的日子。我告诉他曾沿着海边循着他自传中说的路线走过，他兴奋地问我某些老建筑物的情形。沈说当时他在青岛大学，正热恋着比他小八岁的张兆和，她是他 1928 年在上海中国公学教书时的学生。几年中他给她写了二百多封信，她没有回答。但是最后她终于来到他的身边，成为他的妻子，那是 1933 年……沈说时像个孩子似的淘气地笑着，他的妻子却不好意思地阻止了他继续说下去。到 1984 年，这对老人已整整共同度过了半个世纪。

谈到愉快的往事，沈从文变得活泼起来，又指给我看桌上瓶中的鲜花，说他的一个儿子在北京市花圃工作，每隔几天都送来鲜花。后来我提起请他写德译本序之事，沈夫人向我解释自从沈被推荐为诺贝尔文学奖得主候选人后，许多国家的翻译家要求他写序，他实在不能一一照办。或许是因为刚才的谈话使沈从文极为高兴，他忽然对我说，如果我不需要他写篇长序，他可以为德译本写几行字。

有次偶然发现沈从文的生日竟然和我同一天——12 月 28 日，于是我们商议好届时一同庆祝。但当我正准备几天后带上沈从文喜爱的德国音乐去时，却接到沈夫人来信，说就在圣诞节前沈又得病，人事不知，住进了医院……1985 年春，收到我所译的《边城》德文本时，我立即寄去给沈，不久沈夫人回信除感谢外并告诉我沈仍健康不佳，尚住在医院中……此后不久，我离开了大陆，和他们的联系也从此中断。

（选自《我所认识的沈从文》，载于《执拗的拓荒者：回忆沈从文》，刘未鸣、韩淑芳主编，中国文史出版社 2019 年版，题目为编者加）

船上花猪睡容美

胡 戟*

我有幸在沈先生年届古稀时结识了他，是王序先生执意要带我去见见这位非常值得认识的人。我们便去了东堂子胡同，当时那里还是门可罗雀般冷清。

进了那间好歹剩给他的十一二平方米的小屋，我简直无处插足。眼界之内，全是书籍、图片、手稿和纸袋，床上也堆满了书，要挪出一块能睡下去一个人的地方，也得费点劲。因而被称为“小小窄而霉斋”。沈先生长期就在这里夜以继日地伏案工作。

见面之后，沈先生便亲切地对我以小弟相称，顺手从桌上拿起一纸淡红的洒金花笺，上面刚写好他游漓江时作的一首小诗：

绿树蒙茸山鸟歌，溪间清润秀色多。
船上花猪睡容美，岸边水牛争过河。

沈先生指着念着，念到他最得意的那句“船上花猪睡容美”，他笑得那

---

* 胡戟：1941 年出生，上海人。毕业于北京大学历史系。现任陕西师范大学历史系教授、中国敦煌吐鲁番学会丝绸之路专业委员会主任。著有《武则天本传》《隋炀帝新传》《敦煌史话》《中华文化通志 · 礼仪志》《中国政治通史 · 魏晋南北朝卷》等作品。

么开心，那么天真。诗中所写挤在一条小船上过日子的一家人，还要养头猪，这情景，城里人见了大凡是要皱眉头的，但在熟悉他们，把无限的温爱给了他们的乡土文学家眼里，那熟睡的猪竟是那样美，激发了诗兴。读到这首诗的作家荒芜说："像沈先生这样把猪写入诗，这在中国历代诗歌中，是绝无仅有的……看来沈先生比刘禹锡洒脱多了。他的审美观念也比刘的进步多了。"

沈先生又拿起一只通体晶莹的细瓷茶杯，指给我看上部一道一厘米宽的翠三色装饰花纹，说是他提供的丝绸纹样，建议景德镇烧造到瓷器上。沈先生有一种见解，认为许多工艺品，在器形、纹饰上都是可以相通的，从来就是彼此借鉴、互相移植的。这种见解指示了我们作考古研究的一条途径，即从纹饰寻找历代文物间的承袭关系。古为今用，这也是今天搞工艺设计的一路门径。细看沈先生手中那只杯子的纹饰，那质感果然仍是锦缎般的柔和，真是很成功的一件艺术品，是我见到过最美的杯子。沈先生笑眯眯地端详良久，眼神中充满着兴奋和欢喜。

我们就这样从无拘无束的话题开始了十几年的交往。而后他在友谊宾馆为《中国古代服饰研究》那本大书定稿时，我们又同住一室，朝夕相处数月。工作之余，陪他休息聊天，交谈的内容十分广泛，从他小时候逃学去游泳的顽皮，报考北大落选但三年后被请进大学（中国公学）讲课的自豪，第一次走上讲台涨红了脸半天讲不出一句话的狼狈，在黑板上写"我有点紧张，请等一会"，对学生尊重地秩序井然感到的欣慰（学生们看过他发表的作品），到他与上层下层各种人的交游，和过去现在的文学、文物工作，无话不谈。这些谈话，不仅使我了解了他的业绩、品德和志趣，更为后辈树立了一代风范。特择要记之，以飨读者。

（选自《中国人知道沈从文吗？》，载于《炎黄春秋》1991 年第 3 期，题目为编者加）

沈氏文物学

胡戟

沈先生解释，他到文物工作上来，也并非偶然和勉强，这方面他是有爱好有根基的。

早年在沅水畔故乡的县城和小镇上，他就熟悉了竹木、油漆、棉麻等加工业，受过“飘乡手艺人”的熏陶。16岁时在旧军队里当文书时起，就喜欢购求碑帖，悉心临写，练就一手好书法。1922年夏到北京前，曾在一个统领官身边做小师爷（即文书），他的会议室里有一批书，还有许多古代的铜器、书画和瓷器，他利用这一年，把那里包括《四部丛刊》在内能够看懂的书都读了。到北京后，前门外几百个古董店好比是“明清两代六百年的人文博物馆”，“东看看，西看看”，“那些当时不上价的唐、宋、元、明破瓷器和插在铺门口木架瓷缸的宋元明清‘黑片’画轴，也就够使我忘却一切，神往心倾而至于流连忘返了”。可以说是在这“社会大学文物历史系预备班”毕了业，打下又一路学问的底子。

以后他从没有忘怀对文物的留意，即使抗战时执教于西南联大，还在昆明收集了一批耿马漆盒，大大小小，数目不少，后来全部赠送北大新成立的博物馆陈列室。

因此调历史博物馆工作，他还是能接受的，登上午门城楼，在满是灰尘的几具木乃伊和断头器中开始了他新的事业。

沈先生从当讲解员开始。一天，一位从朝鲜归国的年轻志愿军战士走进博物馆，坐在门口的沈先生起身相迎，带着他看了一整天。最后沈先生问："看明白了没有？"这位在文工团搞舞台美术的军人说："不大明白。"于是又相约第二天、第三天再去，沈先生一连陪这位陌生人看了三天，告别时，深受感动的军人请教："先生的大名怎么称呼？"当听到回答是"沈从文"时，真吓了一跳。从此这两人结成忘年之交，这位年轻军人就是中国服饰学会名誉会长王序。50 年代转业后他先后在考古所和历史所工作，三十多年中从沈先生那里学了许多，也帮了沈先生许多，成为沈先生最得力的助手和学生，《中国古代服饰研究》那本大书就是以王序为助理完成的。这是沈先生在平凡的工作中以诚恳的服务精神赢得的无私朋友。

进入历史博物馆，对沈先生也可说是一种幸运，从此他有了接触更多文物的机会。故宫收藏的文物，他几乎件件过手，一一登录，即使是巨大的地毯，也由多人帮助抬进抬出，一张张打开看过。"三反""五反"时参与清理北京市各文物商店的古董，又是 80 万件之多，经他过目鉴定的，在一半以上。其他如各地博物馆藏的名画，他也曾遍访过。人们说他有一个计算机式的头脑，看得仔细记得清，别人忽略的东西，他专门你弃我取。一一排列组合贮存在大脑中，做精心的分析研究。李约瑟来问中国马镫的来源。西方学者有一种观点，认为使用马镫改善了骑兵的战斗力后，欧洲的封建堡垒、封建制度被冲垮，而马镫是从中国传去的。问了几位考古专家，一时都没能回答上来。沈先生却侃侃而谈，指出最早的马镫是一只套大拇脚趾的环，而后如何逐渐演变，一一举出有关实物和画塑资料。这个事例表明沈先生在学术上的广博深厚。

1980 年沈先生访问美国时，在讲演中说道："若将来有机会我能拿我研究中比较有头绪的一二十个专题来，配上三五十个幻灯片，我相信各位一定会有兴趣的。"

据我所知，沈先生陆续积累起来研究有素的题目不下 30 个，除服饰和 1957 年起陆续发表的《中国丝绸图案》《唐宋铜镜》《明锦》《龙凤艺术》外，还有前期山水画、扇子、灯、屏风、家具、女子坐具的发展、发饰、妆具、歌舞服装、两宋服饰史、百戏、乐器、玉器、彩陶、清初瓷器、陶瓷艺术、漆器、金银错、鼻烟壶、车乘、舆轿、马的装具、马球、狮子在中国、熊经鸟伸等。

比如前期山水画，探讨中国画起源，内容是极有价值的。去年在《中国文化》第二期上发的遗稿《说“熊经”》，所附西汉银错管状车器等文物上的熊经图案，一只只熊都是打太极拳的动作，十分可爱。说明“熊经”是模仿熊的动作而创造的一种健身术，用文物资料证明《庄子》中所说的熊经鸟伸到华佗“五禽戏”是一脉相传的，填补了文献的不足，对研究眼下热门的气功导引也是有用的材料。

在东堂子胡同那间小屋里，有一天沈先生应我请求，给我讲了我国琉璃（即玻璃）发展的历史。他说琉璃的发展应是很早的事情，史前人烧陶的时候，就可能有些矿物质烧熔结晶出来，便是最初的琉璃珠子。后来掌握了各色琉璃的烧造技术，用于装饰。这技术在历史上曾经失传，到隋代何稠又给恢复起来。沈先生很推崇何稠这种有许多发明的少数民族人物，由于他的发现，隋唐时的玻璃器就不都是舶来品，也有内地生产的，按质地是否是铅玻璃就可以区别开来。但是还很珍贵，唐代诗人互赠礼品，就有只送一只夜光杯的。为什么后来我们的玻璃工艺长期停留在做装饰品为主的水平，没有像西方一样迅速发展出平板玻璃和玻璃器皿呢？沈先生解释，是因为中国的窗户纸、丝绢和瓷器太发达了，用丝绢和纸糊窗户，透光透气，可以代替平板玻璃，瓷器水平很高，就不往玻璃器皿上发展了。大凡新工艺的产生，都是生活先提出要求，既然已经有了绢、纸和瓷器，玻璃的发展就受到制约，沈先生的解释是非常合情合理的。

《扇子》一题早就基本写成了，书中把历代各式各样的扇子都按年代顺序排起队来，说明每种扇子的名称、特点和使用年代。这份资料等于为我们提供了一个考古断代的坐标，在墓葬或画塑中，只要有扇子出现，一查对就可以判断其年代的上下限。若结合其他文物图像，也这样做多方面考察，来回一卡年代，就可以相当精确地解决断代的困难。用这方法，往往比用仪器考古简便又准确。扇子题目虽小，按沈先生的方法去做，成了一篇大文章。他在美国的演讲，有一次便是以扇子为题，非常成功。先生真是多识古物，提问越多，越知道他知识的渊博。

我曾建议沈先生，在服饰研究这一本总论脱稿之后，把他准备编十大本服饰图录的计划暂放一放，先总结整理一下他的文学。文物方面，服饰之外的其他题目也照顾一下，哪怕先把梗概的意见记录下来也好。正巧那时他的“洋妹夫”傅汉思先生来中国到友谊宾馆看他，送了一台当时国内还很稀罕的盒式录音机，我们想用录音的办法，先将沈先生的意见记下来。可是对这些通上电开开关关的洋玩意儿，沈先生就是不能接受。录音机一打开，他就紧闭住嘴，死死盯住看，一言不发，真是拿他一点办法都没有。

服饰一书脱稿以后，沈先生差不多还有十多年时间，但是都粘在这本书和后续的图录上了。书出不来，他总是不停地增补，书出了，他还补。这是没完没了的事。新材料会不断出土，怎么补得完呢？既然已经有了第一本书，可以交给别人和由后人去做了，大可不必由他本人一直做下去。可惜这意见没有被接受，其他题目和文学方面的总结都没有做，永远地扔下了。

在友谊宾馆时，我们还议论过建立中国物质文化研究中心的事。当时想到，只有这样一个中心才能充分发挥沈先生的作用。

中心要建立诸如纸张、丝绸、陶瓷、火药、服饰、车舆、印刷术等一系列专题博物馆，集文物收藏、陈列、研究、复制、培训于一身，展示数千年来中华民族创造的物质文明。最好中心就建在圆明园废墟上。

我们热热闹闹地侃了好几天，还写成了一份书面的建议，沈先生看过后，轻轻放在一边，说不会有人支持的。50年代时，关于博物馆事业他就热心地提过建议，毫无结果。他是老马识途，自动悄悄地收了场。这件事的夭折，今天想起来是不无遗憾的。

（选自《中国人知道沈从文吗？》，载于《炎黄春秋》1991年第3期，题目为编者加）

第二章
蔡元培：是真虎，必有风

蔡元培有真器局、真度量 *

梁漱溟

蔡先生一生的成就，不在学问，不在事功，而只在开出一种风气，酿成一大潮流，影响到全国，收果于后世。这当然非他一人之力，而是运会来临，许多人都参与其间的。然而数起来，却必要以蔡先生居首。

我说运会，是指历史演到那时，刚好是上次大战将了，好多旧东西于此结束，而人类一新机运于此初步展开。在社会人生，在经济，在政治，种种上面都茁露新潮流，与十八九世纪所谓“近代潮流”者不同。而中国呢，刚好在感受“近代潮流”引发第一度革命之后，反动的（袁氏）帝制运动（民国 5 年，即 1916 年），清室复辟运动（民国 6 年，1917 年），此伏彼起，新旧势力相搏之际。蔡先生即于袁倒黎继、南北统一内阁之下，应教育总长范静生先生之请，出任北京大学校长。范先生原是蔡先生做民国第一任教育总长时引为次长的，两公之相得，自不待言。而况蔡先生以清朝翰林为革命巨子，新旧资望备于一身。此时欲从扩演近代潮流之中，更进而输入最新潮流，使许多新意识在中国社会一面深刻化，一面普遍化，俾克服旧势力于无

* 梁漱溟（1893—1988）：原名焕鼎，字寿铭，北京人。著名思想家、哲学家、教育家、社会活动家、国学大师、爱国民主人士，主要研究人生问题和社会问题，现代新儒家的早期代表人物之一。作品有《中国文化要义》《东西文化及其哲学》《唯识述义》等。

形，实在除蔡先生能肩负此任务外，更无他人具有这气力的了。

关于蔡先生兼容并包之量，时下论者多能言之。但我愿指出说明的：蔡先生除了他意识到办大学需要如此之外，更要紧的乃在他天性上具有多方面的爱好，极广博的兴趣。意识到此一需要而后兼容并包，不免是人为的（伪的）；天性上喜欢如此，方是自然的（真的）。有意的兼容并包是可学的，出于性情之自然是不可学的。有意兼容并包，不一定兼容并包得了。唯出于真爱好而后人家乃乐于为他所包容，而后尽复杂却维系得住。——这方是真器局，真度量。

譬如在蔡先生包容中，当时发生最大作用的人，第一要数陈独秀先生，次则胡适之先生，且不论他们两位学问深浅如何，但都有一种本领就是能以自己把握得的一点意思度与众人。胡先生头脑明爽，凡所发挥，人人易晓。当时的新文化运动自不能不归功于他。然未若陈先生之精辟廉悍，每发一论辟易千人。实在只有他才能掀起思想界的大波澜。两位先生固然同得到蔡先生的支持，却是胡先生为人和易平正，原不须蔡先生怎样费力支持。陈先生就不同了。在校内得罪人不少，在校外引起的反对更多。而且细行不检，予人口实。若非得蔡先生出大力气支持，便不得存立住。若问蔡先生何以能这般出大力气支持他呢？就为蔡先生虽知他有种种短处，而终竟对他的为人抱有真爱好，对他的言论主张具有真的同意和同情。——不是蔡先生，换任何一人都不会支持他；而在蔡先生若不是真爱他、真同情他，亦不会支持他的。

胡先生的白话文运动是当时新文化运动的主干，然未若新人生思想之更属新文化运动的灵魂。此则唯借陈先生对于旧道德的勇猛进攻，乃得引发开展。自清末以来数十年中西文化的较量斗争，至此乃追究到最后，乃彻见根底。尽管现在人们看他两位已经过时，不复能领导后进。然而今日的局面、今日的风气（不问是好是坏）却是那时他们打开来的，虽甚不喜之者亦埋没不得。自然是说起当时人物并不止陈、胡二位。例如李守常（大钊）、顾孟余、陶孟和、周树人、周作人、钱玄同、高一涵诸先生皆其著者，且亦各有各的神通。所有陈、胡以及各位先生任何一人的工作，蔡先生皆未必能作；然他们诸位若没有蔡先生却不得聚拢在北大，更不得机会发抒。聚拢起来而且使其各得发抒，这毕竟是蔡先生独有的伟大。从而近二三十年中国的新机运亦就不能不说蔡先生实开之了。

这时我个人固然同在蔡先生聚拢包容之中，然论这运会却数不到我。因我不是属于这新派的一伙，同时旧派学者中亦数不到我。那是自有辜汤生（鸿铭）、刘申叔（师培）、黄季刚（侃）、陈伯弢（汉章）、马夷初（叙伦）等等诸位先生的。我只是在当时北京大学内得到培养的一个人，而不是在当时北大得到发抒的一个人。于此，我们又可以说蔡先生的伟大非止能聚拢许多人，更且能培养许多人。除了许多学生不说，如我这样虽非学生而实受培养者盖亦不少也。

（选自《纪念蔡元培先生》，载于《忆往谈旧录：回忆梁漱溟》，全国政协文史和学习委员会编，中国文史出版社 2012 年版，题目为编者加）

蔡先生引我到北大

梁漱溟

我到北大任讲席始于民国6年（1917年），而受聘则在其前一年，即蔡先生初接任校长之时。蔡先生之知我，是因我有《究元决疑论》之作，发表于上海《东方杂志》（约在民国五年夏，连载于六、七、八月三期，后来收入东方文库为一单行本）。此论之作盖兴感于黄远庸先生之惨死。那时我在北京得到远庸从上海写给我的信，同时读到他的忏悔录（渡美舟中作，发表于《东方杂志》），随亦听到他在美国被刺的讯息。此论发挥印度出世思想，指示人生唯一的路在皈依佛法。原稿寄给章行严先生（士钊）。适章先生奔走倒袁离沪，为蒋竹庄先生（维乔）所得，付《东方杂志》刊出。不久袁倒黎继，蔡先生既应范公之请，由海外返国，我以自十几岁爱好哲学，很早读到蔡先生的《哲学要领》一类著作，久慕先生而未一深谈（民国元年我为新闻记者，蔡先生为阁员，见过几面），特因范公介绍晋谒先生于其家，不料一见面，先生就说要请我到北大任教的话。

记得有一天，蔡先生约我与陈仲甫先生（独秀）相会于校长室，提出请我担任印度哲学一门课程（陈先生新聘为文科学长，相当今所谓文学院院长）。我说我何曾懂得什么印度哲学呢？印度宗派那么多，我只领会一点佛家思想而已。要我教，我是没得教的呀！蔡先生回答说，你说你不懂印度哲学，但又有哪一个人真懂得呢？谁亦不过知道一星半点，横竖都差不多。我们寻不到人，就是你来吧！我总不敢冒昧承当。先生又申说，你不是喜好哲学吗？我自己喜好哲学，我们还有一些喜好哲学的朋友，我此番到北大，就想把这些朋友乃至未知中的朋友，都引来一起共同研究，彼此切磋。你怎可不来呢？你不要是当老师来教人，你当是来共同学习好了。他这几句话打动了我，我只有应承下来。

虽则答应了，无奈我当时分不开身。当时我正为司法总长张镕西先生（耀曾）担任司法部秘书。同时任秘书者有沈衡山先生（钧儒）。沈先生多为张公照料外面周旋应付之事，我则为掌理机要函电。倒袁者本以西南各省为主，张公实代表西南滇川两粤而入阁。正在南北初统一，政治上往来机密函电极多，我常常忙到入夜。我既于此门功课夙无准备，况且要编出讲义，如何办得来？末后只得转推许季上先生（丹）为我代课。

及至次一年，经过张勋复辟之役，政府改组，镕西先生下野，我亦去职南游入湘。十月间在衡山的北军王汝贤等部溃走长沙，大掠而北。我亦不得安居，随着溃兵难民退达武汉，就回北京了。因感于内战为祸之烈，写了一篇《吾曹不出如苍生何》，呼吁有心人出来组织“国民息兵会”，共同制止内战，养成民主势力。自己印刷数千册，到处分送与人。恰这时许先生大病，自暑假开学便缺课，蔡先生促我到校接替，于是才到北大。

我在北大前后共七年，即自民国 6 年至 13 年（从新思潮的酝酿、五四运动的爆发，到国民党改组）。中间曾因脑病求去两次，皆经蔡先生恳切挽劝而留住，其详不烦说了。七年之间从蔡先生和诸同事诸同学所获益处，直接间接，有形无形，数之不尽。总之，北京大学实在培养了我。论年辈，蔡先生长于我廿六岁，我只算得一个学生。然七年之间与先生书信往返中，先生总称我“漱溟先生”，我未尝辞，亦未尝自称晚生后学。盖在校内原为校长教员的关系，不敢不自尊，且以成蔡先生之谦德。后来离校，我每次写信，便自称晚学了。

近来四川报纸有传我初投考北大未见录取，后乃转而被聘为教授者，非事实。从上面所述可以看出（那时蔡先生以讲师聘我亦非教授）。不过我初到北大时，实只廿四岁，与诸同学年齿相若，且有比我大两岁者。如今名教授冯友兰、顾颉刚、孙本文、朱谦之诸君皆当日相聚于课堂的。更有少时与我为同学友，而其时却正求学于北大的，如雷国能（在法科），如张申府（崧年，在理科）诸兄是。

当时蔡先生为什么引我到北大，且再三挽留我呢？我既不属新派（外间且有目我为陈、胡的反对派者），又无旧学，又非有科学专长的啊。此即上文所说蔡先生具有多方面的爱好，极广博的兴趣之故了。他或者感觉到我富于研究兴趣，算个好学深思的人，放在大学里总是好的。同时呢，他对于我讲的印度哲学、中国文化等等自亦颇感兴味，不存成见。这就是一种气度。这一气度完全因他富于哲学兴趣相应而俱来的。换言之，若胸怀意识太偏于实用，或有独断固执脾气的人，便不会如此了。这气度为大学校长所必要的；老实说，这于一个为政于国的人有时亦同属必要吧！

（选自《纪念蔡元培先生》，载于《忆往谈旧录：回忆梁漱溟》，全国政协文史和学习委员会编，中国文史出版社2012年版，题目为编者加）

一面有容，一面率真

梁漱溟

由于蔡先生爱好哲学，又请来有哲学兴趣的教员，亦就开发了学生们的哲学兴趣。在我眼见的七年中，哲学系始终是最重要的一个学系。当其盛时，比任何一学系的学生都多。除了注册选修哲学课程者外，其他学生自由来听讲的亦很多。校外的人（例如琉璃厂高师的学生、太仆寺街法专的学生，还有些不是学生的人）经常来听讲者亦颇有之。注册部所安排的教室每不合用。就为按照注册人数，这间教室本可以容纳下，而临时实到听讲的人数却加多，甚至加多达一倍，非掉换大教室不可。我自己的经验，当民国 12 年（1923 年）及 13 年（1924 年）上半年，我讲儒家思想时，必须用第二院大讲堂才行。通常听讲人数总在二百左右，到课程结束，举行考试时的试卷亦有九十多本，此即正式注册的学生了。闻人言近年（指抗战前和抗战中）南北各大学哲学系学生少得可怜，几乎没有人愿入哲学系。此固一时一地风气不同，然可见蔡先生当年倡导总算成功。

若问蔡先生何以能有这种种成功——他能罗致人才，能造成学风，能影响到全国大局，使后之言历史者不能不看做划时代的大节目，其成功之因果何在？我可以告诉你：此无他，他只是有他的真好恶。何谓真好恶？儒书上指点得明白："如好好色，如恶恶臭"便是。有真好恶，而后他的一言一动，不论做什么事，总有一段真意行乎其间。这样，他便能打动人。人或者甘心情愿跟着他走，或随着他有一段鼓舞于衷而不自知。朱晦翁尝说的一句话，“是真虎，必有风”，正谓此。他不要笼络天下人，他更不想强制天下人听他的。一切威迫利诱的手段，他都不用。然而天下人却自为他所带动。他毕竟成功了，毕竟不可磨灭地成功了；反之，那玩手段的欺人自欺，亦或自觉得一世之雄，却每每白费力，落得一场空。这亦就是儒书上“不诚无物”一句话了。

总之，我所了解的蔡先生，其伟大在于一面有容，一面率真。他之有容，是率真的有容；他之率真是有容的率真。更进一层说，坦率真诚，休休有容；亦或者是伟大人物之所以为伟大吧。

（选自《纪念蔡元培先生》，载于《忆往谈旧录：回忆梁漱溟》，全国政协文史和学习委员会编，中国文史出版社 2012 年版，题目为编者加）

循"思想自由"原则，取兼容并包主义

顾颉刚 *

我考入北大的时候，听说教育部曾请严复来当校长，他怕事烦不干；继请章士钊当校长，他又因自己年轻，怕对付不了一班老教授，也不干；后来请了浙江的数学家何燏时来当校长，他干了不到一年，就被风潮赶跑了。此后一直由工科学长（相当于后来的工学院院长）胡仁源代理校长，沙滩的红楼就是由他计划建造起来的。1916 年冬，北洋政府教育总长范源濂聘请蔡元培先生回国任北京大学校长。1917 年初，蔡元培正式到任。他满心想把法、德两国的大学学风移到中国来。他办校最大的一个愿望就是学术自由、百家争鸣。

北京大学原名京师大学堂，辛亥革命后才改名。蔡元培先生来之前，校名改了，本质并无什么变化，封建主义仍然占统治地位。1913 年我考入北大预科时，学校像个衙门，没有多少学术气氛。有的教师不学无术，一心只想当官；有的教师本身就是北洋政府的官僚，学问不大，架子却不小；有的教师死守本分，不容许有新思想；当然也有好的，如教音韵学、文学批评

---

* 顾颉刚（1893—1980）：名诵坤，字铭坚，号颉刚，江苏苏州人。著名历史学家，古史辨学派创始人，现代历史地理学和民俗学的开拓者、奠基人。1920 年毕业于北京大学，后任北京大学、云南大学等校教授。新中国成立后，任中国科学院历史研究所研究员、中国民间文艺研究会副主席、民主促进会中央委员等职。代表作有《古史辨》《当今中国史学》等。

(《文心雕龙》)的黄侃先生，教法律史的程树德先生(他著有《九朝律考》)，但不多见。学生们则多是官僚和大地主子弟，有的学生一年要花五千银圆。当然，这样的豪富子弟数量不多，大约不过两三人。至于一年花千把银圆的人就多了，少说也有好几十。像我这样一年从家里只能拿二三百银圆来上学的，就是穷学生了，在学校里简直没有地位。一些有钱的学生，带听差、打麻将、吃花酒、捧名角，对读书毫无兴趣。那时的北大有一种坏现象：一些有钱的教师和学生，吃过晚饭后就坐洋车奔八大胡同(和平门外韩家潭一带)。所以妓院中称“两院一堂”是最好的主顾(“两院”指参议院、众议院，“一堂”指京师大学堂)。这种坏现象是从清末保留下来的。那时在学生中还流行一种坏风气，就是“结十兄弟”。何谓“结十兄弟”？就是十个气味相投的学生结拜做兄弟，毕业后大家钻营做官，谁的官大，其他九人就到他手下当科长、当秘书，捞个一官半职，“有福同享”。这个官如果是向军阀或大官僚花钱买来的，那么钻营费由十人分摊。这样的学校哪能出人才？只能培养出一批贪官污吏！蔡元培先生来长校之前，北大搞得乌烟瘴气，哪里像个什么“最高学府”。我当时比较注意读书，暇时看看京戏，就算是好学生了。

1917年初，蔡元培先生来北大，逐步使北大发生了巨大的、质的变化。他到校第一天，校工们排队在门口恭恭敬敬地向他行礼，他一反以前历任校长目中无人、不予理睬的惯例，摘下自己头上的礼帽，郑重其事地向校工们鞠了一个躬，这就使校工和学生们大为惊讶。他到校不久，就向全校发表演说，倡导教育救国论，号召学生们踏踏实实地研究学问，不要追求当官。蔡先生自己虽然在前清中过举人、进士，点过翰林，但他后来到欧洲德、法两国留学，接受了西方资产阶级自由、平等、博爱的思想。他一到任，就着手采用西方资本主义国家大学的教育方针和制度，来代替北京大学那一套封建主义的腐朽东西。他最注意的是文科，认为文科的任务是该用新思想代替旧思想的。他到校之后就断然聘请《新青年》主编陈独秀当文科学长(相当于文学院院长)，以后还陆续聘请了一批有真才实学和有新思想、希望改变旧社会的人来任教。

我在1917年的日记中曾经记叙当时的蔡先生：

其一，“蔡孑民先生来长吾校，锐意图新，将以农、工、商三科与原有的专科学校合并，大学本干，独留文、理、法三科，文科在沙滩，理科在景山东街，法科在北河沿，对于哲学门尤为注重。文科学长自夏仲彝去，改聘《新青年》杂志主编陈独秀。”（二月）

其二，“先生之为人，诚实恳挚，无丝毫虚伪。……其言讷讷也，如不能出诸口；然至讨论学理之时，则又滔滔不绝。”（八月）

蔡先生的办学方针是“思想自由，兼容并包”。他提倡学术民主，主张不论什么学派，只要持之有故、言之成理，就应允许其存在；不同主张的教员，无分新旧，应允许其自由讲学，让学生自由进行鉴别和选择。五四运动前夕，蔡元培和林琴南曾经发生过一次有名的公开辩论，轰动了全国。林写信给蔡，攻击蔡主办北京大学以来“覆孔孟，铲伦常”，“尽废古书，引用土语为文学”。蔡于1919年3月18日写了一封公开信答复林琴南，阐明了自己的办学方针：

对于学说，仿世界各大学通例，循“思想自由”原则，取兼容并包主义。……无论有何种学派，苟其言之成理，持之有故，尚不达自然淘汰之运命者，虽彼此相反，而悉听其自由发展。

对于教员，以学诣为主。……例如复辟主义，民国所排斥也，本校教员中，有拖长辫而持复辟论者，以其所授为英国文学，与政治无涉，则听之。筹安会之发起人，清议所指为罪人者也，本校教员中有其人，以其所授为古代文学，与政治无涉，则听之。嫖、赌、娶妾等事，本校进德会所戒也，教员中间有喜作恻艳之诗词，以纳妾、狎妓为韵事，以赌为消遣者，苟其功课不荒，并不诱学生而与之堕落，则姑听之。夫人才至为难得，若求全责备，则学校殆难成立。且公私之间，自有天然界限。譬如：公曾译有《茶花女》《迦茵小传》等小说，而亦曾在各学校讲授古文及伦理学。使有人诋公为以此等小说体裁讲文学，以狎妓、奸通、争有夫之妇讲伦理者，宁直一笑欤？

在蔡先生这种办学方针指引下，那时北大不但聘请左派和激进派人士李大钊、陈独秀当教授，请西装革履的章士钊、胡适当教授，还聘身穿马褂、拖着一条长辫的复辟派人物辜鸿铭来教英国文学，甚至连赞助袁世凯称帝的筹安会发起人之一的刘师培，也登上了北大教坛。蔡先生主校以后，许多学者名流来到北大，一时人才云集，面目一新。像鲁迅（周树人，教中国小说史）、钱玄同（教音韵学）、吴梅（教戏曲史）、刘半农（教新文学）等，都来到北大教书。李大钊、陈独秀和他们一起，高举科学与民主的旗帜，与封建主义思想文化展开斗争，为轰轰烈烈的五四运动开拓了前进的道路。

蔡元培为了贯彻自己的办学方针，还采取了一系列的有力措施。例如，在他的提倡下，学校成立了各种学会（最有名的有少年中国学会，由李大钊、邓中夏主持）、社团（如新潮社等）、研究会（如马克思主义研究会、新闻研究会、书法研究会、画法研究会等），还有“静坐会”等体育组织。蔡先生还亲自主持成立了一个进德会，师生都可入会，条件是：不嫖、不赌、不娶妾。学校还开音乐会，办体育运动会，允许成立学生自治会。总之，是要努力把学生的注意力引导到研究学问、研究大事上来，让学生有正当的文体活动，有健康的、高尚的爱好和情操。因为各类学术政治团体纷纷成立，校内经常举办讲演会、辩论会，思考和讨论之风盛行，师生都活跃了起来。无论在教师还是学生中，都有左、中、右，有共产主义者、三民主义者、国家主义者、无政府主义者，有立宪派，甚至有帝制派、复古派（如中文系里的国故派），真是五花八门，无奇不有。从那以后，学生们打麻将、吃花酒的越来越少，研究学问和关心国家前途命运的越来越多。在蔡先生的主持下，北大名副其实地成了国内首屈一指的高等学府了。

（选自《蔡元培先生与五四运动》，载于《回忆五四运动》，全国政协文史和学习委员会编，中国文史出版社 2017 年版，题目为编者加）

敞开胸怀，开气象新

顾颉刚

蔡先生当时声望很高，但不轻视青年人。记得我当时作为一名学生，曾经向蔡提出：北大中国哲学系应改为哲学系，以便包括世界各国的哲学。蔡先生不因噎废食，接受了我这个青年人的建议，后来就在北大成立了哲学系，讲授中国以及世界各国的哲学史和哲学流派。另一个例子：梁漱溟比我小半岁，投考北大未被录取，他在《东方杂志》发表了一篇讲佛教哲学的文章，蔡先生看了认为是“一家之言”，就破格请梁漱溟来北大任教，讲印度哲学。

蔡先生当校长期间做的最骇人听闻的事是开放女禁。那时有一个勇敢的女生王兰（王昆仑的姐姐）向蔡先生请求入学，蔡就让她到北大当了旁听生。这件触动了封建主义神经末梢的小事，当时轰动了全北大、全北京。此后招生时，就允许女生和男生一样地应考了。

那时，由陈独秀等主编的《新青年》办得非常吸引人，畅销全国，李大钊同志等在《新青年》上发表了许多文章，为五四运动做了思想准备。我们学生组织了新潮社，由新潮社办了一个杂志，名叫《新潮》，与《新青年》相呼应。《新潮》的影响也很大，一出版即在一星期内销完，以至于再版和三版。那年头，办杂志要赔钱，我们通过文科学长陈独秀向蔡元培先生请求帮助，蔡就决定由教育经费拨款支持办了这个刊物。我参加了《新潮》的发起和编辑工作。创刊时，主编是傅斯年。1919 年底，傅斯年出国留学，由罗家伦主编。第二年，罗出国，由我接编。我办了三期，因为北洋军阀政府不发学校经费，学校便不能再给补贴，经费不足；再加上印了不少《新潮丛书》一时卖不出去，积压了资金，才办不下去，停了刊。先后参加过《新潮》编辑工作的还有孙伏园、俞平伯、周作人、康白情、何思源等。《新潮》停刊后，当时主管行政财务的干事李小峰，把《新潮丛书》摆在家门口的地摊上卖，大概卖了不少钱。后来他开了一家书店，取北京大学和《新潮》杂志的前一个字，叫“北新书店”。

北京大学的变化影响到了北京其他一些高等院校。如北高师、女师、法政专门、俄文专修、高工、高农等，也仿效北大的样子，成立了一些社团组织，有时还和北大合搞一些活动。

（选自《蔡元培先生与五四运动》，载于《回忆五四运动》，全国政协文史和学习委员会编，中国文史出版社 2017 年版，题目为编者加）

蔡元培与南洋公学

蔡朝晖 *

1901 年，祖父带着实现教育兴国的强烈愿望只身来到上海，被聘任为南洋公学的教员。南洋公学是在 1897 年由洋务运动代表人物盛宣怀创办，最初的宗旨是使卒业于公学的学员既能通达中国经史大义，并有西国政治的基础。公学在各学科的课程设置上都体现出“中学为体、西学为辅”的原则。

是年，祖父受聘担任特班（培养高级人才）的班主任，他的挚友、维新人士张元济担任总理，美国人福开森任监院，而教员队伍中除个别专职外，其余均是兼职。祖父在旧学上原有很深造诣，甲午以后又锐意吸收新知，在改革教育中积累了丰富经验，这就决定了他能不负众望地把特班班主任的工作做得非常出色。

特班以“专志政学不必兼涉艺学”作为培训学员的基本准则，将三年课程分前、后两期施教，限三年毕业。前期的课程主要是英文、数学、理化，后期设高级理化、史地、政治学、理财学，大都用英语讲授。又规定“西课余暇当博览中西政事诸书，以为学优则仕之地也”。博览政事书的课程与“西课”在授课时间上大体持平，当时延聘了两位教习，祖父便是执管指导的教习。两期的侧重点均在西学方面，这主要是因盛宣怀办学的目的在于培

* 蔡朝晖：蔡元培之孙。

养洋务人才之故。祖父和张元济都是紧随着时代车轮前行的，他们与盛宣怀虽都主张学习西方，办学思想迥然有别，在教学中始终以爱国主义思想为主导。

祖父在特班的教授方法基本上参照书院式教学法，以自学为主，辅之以教师开启式的教学方法，使学员的疑窦如期得到解答。特班本着公开招考的原则对外招收学员，经过首批筛选录取了42人，他们中有后来成名的黄炎培、李叔同、殷祖同、邵力子等。祖父上指导课，让学生自由读书写札记，每月又出题让学生写文章，不论札记还是文章都为他们批改评阅。开学之初，先约同学谈话，发给他们一张分门别类的项目单，列出二十多个项目，如哲学、教育、法律等方面的参考书目，阅读的书籍分记叙性的和论著性的：记叙性的书要求札记要稽事情的前因后果，从教材的类比中，找出共同的机理，并对旁征博引的附佐书刊作解释说明；对论述性的书则要求做到简洁精要释疑义，可谓是引导学生循着阅读和写札记方式走自己研究的路径。在黄炎培的自撰文章中有如下的回忆：蔡师针对学员队伍中水平参差不齐的情况进行施教，如通习英语的人为数很少，即认为改学比较容易攻克的日语较合适，他自己编教材，教学生学会阅读日文书。

特班以功课抓得严著称，学员稍有怠慢或是违反校纪即会被勒令辞退。祖父除了不例外地履行这一准则外，更多的是用启发诱导式的教育方式。在教育过程中注重灌输爱国主义思想。他认为外文书本能帮助我们有效地掌握外部世界的情况，他本人不仅是一个精通古典文学的宿儒，还在而立之年已中翰林之后，开始了外语的学习，这对于正在求学的青年是极大的鼓舞。有一次，祖父曾以《春秋战国时候的爱国者》为题，让学生作文，目的是让国耻在学生心中有个不灭的地位，可见他爱国用心的良苦。

在黄炎培的回忆文章里，还能清晰地看到祖父责己非常严格，教学认真严谨。他每日令学生交来笔记，不仅亲手批改，而且每天晚上还轮流召唤学生到他的房间里就学生提出的疑难问题答询，有时候就当天的时事展开活跃的讨论。这种在紧张中充溢着活跃气氛的教学方式使学生得益匪浅，祖父曾出作文题："程正叔论寡女再醮之非，谓饿死事小，失节事大，然再醮失节乎？以公理断之。"他的男女平权的民主思想，也随之进入学员的潜意识。

有一次祖父召集特班的全体同学谈话，大意梗概是：中华民族正在极度的危难之中，国民性的麻木使百姓不能意识到苦难的由来，我们兴办学校正是为了唤醒在苦难中挣扎的民众，如用讲演方式取代文字书写方式，对开启识字不多的民众的潜智，用生动形象的譬喻使民众悟出深刻的道理是有很大裨益的。他授课时从无疾言厉色，同学们却乐于接受他的思想。为了尽快地提高同学的讲演水平，他从有限的原版书中抽取现成资料，翻译成中文讲演资料，他还组织讲演会，定期组织学生讲演。在祖父的倡导下，学习演讲之风在南洋公学广泛地持续下去。他们中有些人不会说普通话，就推请生长在北方的同学李叔同教普通话（李后来组织春柳社，首创话剧，皈依佛门后称弘一法师）。

祖父还有一段奋发勤学的佳话。当年，马相伯先生在徐家汇天主教堂所设的徐汇公学任教，祖父知道他精通拉丁文，执意要去求学，这对一个年已四十并且有如此繁忙工作的学者实属不易。若干年后，马相伯自撰文章，曾提到如下事实："当时蔡孑民在南洋公学（即现在的交通大学）任教职，要随我学拉丁文。我告诉他，拉丁文在西洋也成为古董，大学而外，各学校都不太注重，中国学者更没有学习的必要。无奈孑民先生执意要学，说拉丁文为欧洲各国语文之根本，各国语言多起源于拉丁文，说学西洋一切古代文化，若不通习拉丁语文，就无从了解。"那时祖父只有大清早才有供自己支配的时间，因此，他每天早上 5 点即步行十多里去叩马先生家里的门，这时的马相伯老人还沉浸在梦乡之中。由此可见祖父求学若渴的精神。

在南洋公学，一次发生了所谓的蓝墨水瓶事件：中院某班郭姓教员因胡乱猜疑学生把墨水瓶放在他桌上是意有所指，而引起争端，校方要开除学生，这在学生中引起了轩然风波。素具威望的祖父站在维护学生利益的一边。那时的汪姓总办置许多教员的谏言而不顾，坚持开除大批学生，学生不得已而全体退学。祖父目送学生离去，学生与老师挥泪道别，流露出无比眷恋的感情。以如此不公正手段迫使为数众多的学生退学，这在教育史上尚属罕见。当时一些人说，学生是受祖父平日提倡民权的影响。祖父愤而辞职，离开了南洋公学。祖父后来招集特班生谈话：“汪总办不让我们完成学业，我们应该自动地组织起来，扩大容量，添招有志求学的学生来更好地进修，同学中对某一门能胜任教师的则当教师，愿回乡办教育的也好。”于是 1902 年 11 月 16 日在泥城桥福源里设立爱国学社，由祖父任总理，吴敬恒任学监，章炳麟、蒋维乔等任教员。有些南洋公学的学员便成为爱国学社里的活跃分子。

在南洋公学特班卒业的学员中，涌现出了像黄炎培、邵力子、李叔同、贝寿同、殷祖同等著名人物，贝、殷二位是爱国学社学生的中坚。殷不幸早逝，贝后来成为著名建筑专家，谢无量以文史著名，胡仁源曾任北京大学代理校长。他们的成就有在学问上的，有在政治上的，有在教育上的，还有在佛学上的。后来他们经常在书报杂志上写一些缅怀祖父的文章，除了颂扬他的人格之外，也披露一些他在南洋公学执教的情况，盛赞祖父对他们爱国、民权思想的启发，介绍祖父的教学风范和治学业绩。

（选自《蔡元培与南洋公学》，载于《静安文史》第 7 辑，中国人民政治协商会议上海市静安区委员会文史资料委员会编，题目为编者加）

蔡元培与襁褓中的青岛大学

马庚存

1924年，私立青岛大学成立，校址在原德国占领时期的俾斯麦兵营，当时是北洋军队的营房，军队移防之后做了校舍。校舍正门的街道叫作大学路。这是中国人在青岛设立的第一所大学，该校因经费紧张于1928年5月停办。

1929年，蔡元培的学生何思源在山东做教育工作，曲阜师范学校师生公演讽刺孔子的话剧《子见南子》，引起轩然大波，何也因此受到南京国民党政府和山东封建势力的压迫，处境极为困难。于是何便以商量在青岛设立大学为名，邀请蔡元培、马寅初等人到青岛研究应对。

6月3日，学界泰斗蔡元培携眷来到青岛小憩，住在已经停办的私立青岛大学女生宿舍小楼中。蔡元培对何思源说："反动势力很难消灭，处处都能遇到，你应该下决心坚持抵抗，决不让步！"在他的鼓励帮助下，终于渡过了这一难关。这时，青岛正是槐花飘香的时候，但当时军阀割据、战乱频仍，济南为华北通衢，兵家必争，形势堪忧。青岛远离战乱，加之自然条件优越，蔡元培认定这里是教学育人的好地方，力主将国立山东大学迁至青岛，认真筹办。蔡元培进而为青岛大学的改建操劳，亲自参加筹备和决策工作。

南京国民政府教育部长蒋梦麟接受了蔡元培的建议，决定将拟议中的国立山东大学筹备委员会改为国立青岛大学筹备委员会，并接受私立青岛大学的校舍、校产，建设新的青岛大学即国立青岛大学。6月13日，教育部另行函聘蔡元培、何思源、王近信、赵太侔、彭百川、杨振声、傅斯年、袁家普、杜光埙等为国立青岛大学筹委会委员。

7月8日，蒋梦麟专程由南京来到青岛，参加国立青岛大学筹备委员会第二次会议，蔡元培、何思源、赵太侔、杨振声、傅斯年、王近信、彭百川、袁家普、杜光埙九位筹备委员出席了会议，研究有关建校的若干重要问题。开会地点在汇泉饭店（今汇泉酒家）。会议对经费问题进行认真研究，确定由中央政府和山东方面共同承担，中央政府和山东省政府各出24万，青岛市政府和胶济铁路各出6万，共计60万元。会上还确定了科系设置、院系人选、招生工作等一系列建校事项，还商定设工厂和农业实验场于济南。

8月3日，蔡元培致函南京政府，认为教育部决定取消山东大学和私立青岛大学，现在设一青岛大学，实则并二为一。“青岛之地势及气候，将来必为文化中心点，此大学之关系甚大”，信函由山东省教育厅长何思源面交监察院长吴敬恒，托请转财政部长宋子文，希望官方给予重视，批拨青岛大学经费。蔡元培强调，新的青岛大学一定要立足山东，立足青岛，办出自己的特点。依靠他的威望，青岛大学的创建“是无往而不利的”。蔡元培以他办北京大学的经验体会提出了许多具体意见，得到众人的尊重，特别是任命杨振声为首任国立青岛大学校长的意见，最后成为现实。

经蔡元培举荐，1930年4月26日南京国民政府国务会议决议任命杨振声为青岛大学校长，杨于6月25日到青岛，9月21日宣誓就职，大学同时成立，同日筹委会结束。学校确定以原德国兵营作为校舍，蔡元培为国立青岛大学题写了校名，制成木牌挂在校门口。后来蔡元培还为青岛市立中学题写了校名。

蔡元培一家住在学校北部的一座小楼内，后来改为女教工、女学生宿舍，著名女学者方令孺在此住过。青岛大学开学以后，因员工较多，蔡元培便搬出校园，在平原路 14 号买了一处住宅。蔡元培对青岛情有独钟，他多数时间住上海，每年来青岛住些时候。他爱好大海，喜好崂山，在青岛的生活使他得到很大的满足。

杨振声曾是蔡元培的学生，现在成为蔡元培教育思想的追随者，新校长继续成为老校长的学生。到青岛大学，杨振声带来的最重要的精神财富便是蔡元培先生主持北京大学时提倡的“兼容并包”“民主办学”的教学作风。他重视人才，求贤若渴，热情欢迎来自不同门第、不同流派的人才，他尊重的是人的真才实学，懂得靠人才办学的道理，并会依靠人才办学。

杨振声到校后，首先抓紧师资队伍的建设，广泛网罗人才，下气力组建得力的教学人才队伍。他热诚待人，以人格魅力吸引人才，使招贤工作比较顺利。比如杨振声南下物色教授的人选，在上海遇到闻一多、梁实秋，诚心聘请二人加盟，并分别主持中文系、外文系教务。闻、梁二人没到过这个海滨城市，便相携来到青岛，想探个究竟，再作打算。到青岛后，他们感到青岛的气候好，宜于生活。更难得的是，这里人情醇厚，校长对人亲切真诚，学校有发展前途，于是决定在青岛大学任教。

闻一多是著名诗人，他的《红烛》《死水》等早在 20 世纪 20 年代就在诗坛引起很大影响，曾在武汉大学任教，是难得的学界诗坛两栖人物。梁实秋也是著名诗人，同时对诗学很有研究，是国内屈指可数的莎士比亚研究专家，对图书馆管理也很有见地。这两个教授到校后，使国文、外文系两系的教学走上正轨。闻一多走上讲台，主讲“文学史”“唐诗”等课程，并在外文系讲授英文诗歌。梁实秋除了本系的授课外，还兼任学校图书馆馆长，在搜集莎氏著作方面，在学术界闻名一时。名教授带来了显效应，杨振声的引智工作获得显著成绩。

到青岛大学这所新成立学校任教的名流还有：教育家黄敬思博士，担任了教育系主任；生物学家曾省之博士担任了生物系主任；数学家黄际迁博士担任理学院院长兼数学系主任；化学家汤腾汉博士担任化学系主任；物理学家王恒守博士任物理系主任；戏剧学家赵太侔担任教务长。此外，还有诗人陈梦家、文学家沈从文、古典文学家游国恩、物理学家任之恭、化学家傅鹰等，都是年富力强的一时之彦或后起之秀。杨振声倾力邀请名家来青岛大学任教，一时间，青岛大学人才云集，灿若群星，使一些名牌老校对这所新校不敢小觑。

学校还利用青岛气候环境优越的条件，热情邀请到青岛开会、度假的学者来学校做学术报告。蔡元培就到青岛大学讲授过美学，受到师生的欢迎。

杨振声明确办学宗旨："本大学设立于青岛，定名为国立青岛大学……以提高民族文化、研究高深学问、养成健全品格及专门人才为宗旨。"国立青岛大学设文学院和理学院，文学院下分中文、外文、教育学三系，理学院也分设数系。9 月 21 日，在首届新生的开学典礼上，杨振声做题为《打基础，重质量，务实际，艰苦创业》的讲话，为学校定下了务实苦干的创业精神。青岛大学规模不大，初建时只有 100 多人，学科设置也很有限，但经过大家努力，学校在短短几年就取得显著进步，如 1935 年中央研究院成立首届评议会，这是最高学术评议机关，由国内学术界推选产生。由青岛大学改建的山东大学校长作为选举会成员之一，与北京大学、中央大学等知名老牌大学的十几名大学校长参与选举评议员，可见这所成立仅几年的新型大学受到学界同行高度重视，这是很不容易的。

1930 年秋，中国科学社在青岛召开第十五届学术年会，蔡元培、李石曾、杨杏佛、竺可桢、翁文灏、蒋梦麟以及蒋炳然、宋春舫等一批著名学者聚集青岛。蔡元培认为青岛市环境好，是国内少有的滨海城市，不像上海、天津、广州等要经过一段江河才抵海，他奔走呼吁建立一座研究海洋、进行海洋知识宣传、推动海洋科学发展的机构。在他的倡议下，中国科学会募集资金在莱阳路进行建设，推举胡若愚（当时任青岛市长）、蒋炳然、宋春舫为筹委会常务委员，胡若愚为主任，馆址选定在汇泉湾畔的海滨公园内，由青岛观象台负责设计并组织施工，建成后由该台负责管理。

这一举措得到社会各界的关心和支持，教育部、实业部、东北海军司令部、中央研究院、青岛大学等部门和团体纷纷捐款，宋春舫、蒋炳然、朱润生等人也竞相解囊，共募集资金29800元。青岛市政府在海滨公园划出15亩地作为馆址，分两期建设，参考欧美各国的水族馆，宋春舫负责设计施工，第一期先建水族馆，于1931年1月开工，1932年2月建成，5月8日举行开馆典礼。当时这是中国人自己建造的第一座饲养海产动物、向人们宣传普及海洋知识进行海产试验的场所，是亚洲唯一的一座水族馆。馆内有活动海水玻璃展池18个，标本室4个，露天鱼池2座，并附设研究室、解剖室、陈列室等。

1932年5月8日，水族馆开馆时蔡元培再次来到青岛，在开馆仪式上致词："此馆当为吾国第一矣，比年国家多故，百事尽废，独此馆得二二君子之力……"此馆长期是中国最大的水族馆，深受青岛市市民和外地游人的欢迎，开馆第一年就接待参观者74000多人。其建筑形式是中国民族风格、古代城堡式建筑，浑厚的城墙，飞檐斗拱，红柱绿瓦，在众多欧美建筑的衬托下，引人注目，成为著名的景点。

蔡元培继续促成该机构第二期的建设，1937年主楼建成。因日本侵华，抗战爆发，主要建筑落成后没有进一步设计建设。

蔡元培对建设水族馆花费了无数心思，还专门写了名为《水族馆》的诗：

水族馆中窗窈窕，海滨园外岛参差。
惊涛怪石互吞吐，正是渔舟稳渡时。

抗战期间，蔡元培在香港。1940年3月5日，蔡元培病逝于香港，他为中华民族的进步和发展奋斗了40余年，为发展中国教育文化事业做出了卓越的贡献。毛泽东高度评价蔡元培为"学界泰斗，世人楷模"，他是中国近代最重要的资产阶级教育家和中国教育改革的先驱。

蔡元培对青岛大学的成立和青岛市文化教育事业的发展，做出了重要贡献，青岛人民铭记这位文化大师的功劳，1994年青岛市文物局和《青岛晚报》

联合为在青岛生活过的文化名人故居设立铭牌时，蔡元培名列其中，但因当时未查清具体地址而作憾。近年青岛市人民政府为名人故居和历史优秀建筑设标志铭牌，已为这位文化大师的青岛故居设牌，以此作为对蔡元培先生的最好的纪念。

（选自《蔡元培与青岛》，载于《青岛文史资料》第15辑，青岛市政协文史资料委员会编，题目为编者加）

蔡先生的兼容并包

郑天挺*

蔡先生1917年到北大做校长，提出“兼容并包”。大家常举辜汤生（辜鸿铭，文科英文门教授，复辟派）、刘师培（刘申叔，文科国文门教授，帝制派）为例，这当然是事实，但容易被人们误解，似乎兼容并包只是包容反动落后的人物。其实，这只是蔡先生兼容并包的一个小角，而且是极小的小角。

过去中国学术上流派很多。经学有今、古文学派的不同，蔡先生同时聘请了今文学派的崔适（他的《论语足征记》《史记探原〈源〉》均在北大出版），也聘请了古文学派的刘师培。在文字训诂方面，既有章炳麟的弟子朱希祖、黄侃、马裕藻，还有其他学派的陈黻宸、陈汉章、马叙伦。在旧诗方面，同时有主唐诗的沈尹默，尚宋诗的黄节，还有宗汉魏的黄侃。在政法方面，同时有英美法系的王宠惠，也有大陆法系的张耀曾。其他学科，同样都是不同学派兼容并包。这是蔡先生在北大兼容并包较多的一面。

更重要的是，蔡先生一到北大，就请全国侧目的提倡新文化运动的陈独

---

* 郑天挺（1899—1981），福建长乐人，生于北京。中国近现代历史学家、教育家。1920年毕业于北京大学国文系。抗日战争爆发后任西南联合大学教授、总务长，北京大学教授、文科研究所副所长。1952年奉调南开大学，任校长，创建明清史研究室，主持校点《明史》，历十数寒暑。1981年任中国史学会主席团执行主席。晚年还担任国务院学位委员会历史组负责人等。

秀做文科学长；这时爱因斯坦的相对论学说兴起，蔡先生就请中国第一个介绍相对论的夏元瑮做理科学长。这种安排，震撼了当时的学术界和教育界，得到学生的欢呼拥护。李大钊到北大，是蔡先生请来的；李四光到北大，是蔡先生请来的；胡适到北大，也是蔡先生请来的。章士钊创立逻辑的学名，北大就请他用“逻辑”开课；胡适和梁漱溟对孔子的看法不同，蔡先生就请他们同时各开一课，唱对台戏。当时，很少学校开设世界语课程，北大开了，并附设了世界语讲习班。

1917 年以后的几年里，北大 30 岁左右的青年教授相当多，其中不少人和蔡先生并不相识，而是从科学论文中发现请来的。这是蔡先生兼容并包在北大的主要表现，也是最了不起的一面。我想，北京大学之所以能够始终走在新思想新科学队伍的最前面，未始不发轫于此。

蔡先生在北大最关心学生的课外生活。1917 年 11 月，蔡先生请著名画家陈衡恪（师曾）在北大讲“清朝的画法”（后以《中国之文人画》发表），并携带石涛、吴历、恽寿平和四王画幅十多件展览，由蔡先生自己主持，全校轰动。过了三天，有许多同学发起组织画法研究会，由学校聘请著名画家陈衡恪、贺履之、汤定之、徐悲鸿为导师。蔡先生还亲自写了一篇《北京大学画法研究会旨趣书》，指出“科学、美术同为新教育要纲”，要求参加的同学“不可不以研究科学之精神贯注之”。

接着成立的课外活动社团，除各系学会外，还有文学会、演说会、音乐会、书法研究会、考古学会、歌谣征集会、摄影学会、技击会（拳术）、体育会（球类）、静坐会、进德会等。其中音乐会发展最快、影响较大。一次蔡先生请古琴家王心葵（山东人）在二院大礼堂演奏古琴，同学们除了欣赏乐曲以外，还兴起了发掘古乐器和古乐谱的强烈要求。后由音乐会发展为音乐传习所，请来不少民间音乐家如刘天华等来所担任讲习和演奏。还培养出一些音乐人才，有志研究中国古代乐律的杨没累（早逝）就是音乐传习所的学生。静坐会由于蔡先生的朋友蒋维乔来校讲演，谈到静坐是休息头脑的好办法，因而成立的。参加的人不是全天静坐，只以每日下午 4—5 时为实习时间，并规定早晚可以自习，不得妨及功课，这是和宗教的禅定绝对不同的。

应该特别指出，当时基督教青年会和孔教会一类的宗教组织，在大中学校不是不存在的，但是在北大完全没有，而且始终没有过，所以老北大的课外社团林立，正是蔡先生以美育代宗教的一种体现。

（选自《蔡先生在北大的二三事》，载于《文史资料选编》第83辑，全国政协文史资料编委会编，文史资料出版社1982年版，题目为编者加）

蔡师鼓励我留学印度

魏风江*

记得在1924年4月，印度诗人泰戈尔来我国访问，受到各界人士的热烈欢迎。他在各地欢迎会上所做的讲演，内容广泛，涉及文学、哲学、教育、艺术及政治等方面，而最使我国学者感兴趣的，是恢复当时中断已久的中印文化交流问题。泰戈尔认为两国必须互派留学生，研习对方的历史和文化，相互增进认识和了解。他声称，愿把他所创办的国际大学作为中印文化交流在印度的中心，欢迎中国学生前往国际大学留学。

当时我国学者如梁启超、辜鸿铭、梁漱溟、郑振铎及其他有识之士，莫不赞同泰戈尔的创议。但自泰戈尔归去以后，我国战乱时起，人心不安，关于中印文化交流问题，也就无人提起了。

20世纪30年代初，日寇侵入东北，国人忆及中山先生遗嘱，中有"联合世界上以平等待我之民族，共同奋斗"一语，于是力求与南亚及东南亚各国人民友好往来。环顾全球，唯有同受帝国主义者压迫之民族，与我国人民最为亲睦，如能团结一致，力量是无比强大的。至此，与印度人民的交往，

* 魏风江（1912—2004），浙江萧山人。中国国际友人研究会理事，中国南亚研究会理事会顾问。毕业于印度国际大学和印度真理学院，1934年开始发表作品。1982年后任印度国际大学中国学院教授、宁波大学教授。著有传记文学《我的老师泰戈尔》《怀念英迪拉》《我与尼赫鲁一家的交往》《与甘地相处的日子》，译著《简明不列颠百科全书》《世界童话集》等。

又成为我国人民心向往之的了。

蔡元培先生早年曾在欧洲与泰戈尔多次会晤，交往甚密，对促进中印文化交流问题，两人早有同见。蔡先生任中央研究院院长以后，鉴于中印两国人民友好团结之重要性，乃命其学生谭云山持函赴印度谒见泰戈尔，商讨促进中印文化交流的具体规划。泰戈尔获蔡先生书，甚为欣喜，即复函蔡先生云："我十分欣赏你对促进中印文化交流之决心与规划。"

蔡先生认为促进中印文化交流，兹事体大，须集合有志者，群策群力以谋其成。乃在南京创立中印学会，邀约各界知名人士50余人，集会讨论。群推蔡先生为会长，以谭云山为常务理事。

中印学会成立后，亟须进行之事有三：1. 选派中国留学生，赴印度留学；2. 在南京建立印度学院；3. 在印度建立中国学院。

但事又有出乎意料者，即轻而易举地选派学生赴印一事，竟遇到极大困难。因当时我国学子多向往留学日本和欧美各国，无人愿往印度。

谭云山先生归国期间，曾在上海江湾立达学园任教，是我的老师。我毕业后，自告奋勇，愿赴印度国际大学，师事诗人泰戈尔。谭先生欣然带我到愚园路谒见蔡元培先生，前后共有三次。蔡先生连声赞我："难得，难得！有志，有志！"他表示要尽力支持我赴印度留学，并赠我题词一幅："智者不惑，仁者不忧，勇者不惧。"

我作为中印学会派赴印度的第一名留学生，于1933年底赴印，成为国际大学第一名中国学生。

初见泰戈尔时，我即呈上蔡元培先生与谭云山先生的介绍信，并详告南京中印学会成立之经过。泰戈尔盛赞蔡先生之为学与为人，称蔡先生为恢复并促进中印文化交流之奠基人。

我每年有函寄呈蔡元培先生，报告在国际大学学习情况。蔡先生命秘书陈大齐先生代笔复信，对我学有进步，甚表欣喜，并嘱我务必把印度语言文字学好，说这是研习印度学术、了解印度国情的锁钥；同时要我广交师友，为中印人民友好团结打下基础。我在国际大学七年期间，善与同学相处，随之参加各种反对英帝活动，并于1937年不远千里，奔赴圣雄甘地住处，乐与“贱民”同习功课五个月，结识了印度国大党的不少领导人物，这都是秉承蔡元培先生的意旨而行事的。

1936年3月初，谭云山先生由上海来到国际大学，带来蔡元培先生给泰翁的一封信，信中说：

历史上印度一度对中国文化产生无可比拟的影响。尽管近几个世纪来我们两国知识分子间的联系有所减少，可是对于我们每个珍视自己祖国文化传统的人来说，没有什么能比恢复这种传统的友好联系，以便我们学习贵国的使古代文化适应现代社会的方法和经验而更受我们欢迎的了。

1937年，国际大学中国学院大厦竣工，于4月14日举行成立典礼。原定蔡元培先生来印度主持典礼，泰戈尔及国际大学全校师生，翘首盼望德高望重的蔡元培博士早日来临，不意在吉日前半个月，谭先生接蔡公来信，谓因健康不佳，不能远道来印，命特告泰翁致歉意。信中并云：中国学院成立，为促进中印文化交流之开端，后必赖我人与泰翁及国际大学师生密切合作，精心探求学院发展与充实之道。所需经费与书籍，定当不断供给，无虞匮乏。

不久以后，中央研究院即寄来《四部备要》等古籍10余箱，并决定给予中国学院常年经费2.6万罗比（印币）。

学院自1938年起，陆续招收印度及各国学子研习中国语言、文字、历史、文学等科，数十年来，培养甚多优秀的汉学人才。蔡元培先生对促进中印文化交流之努力，结出了丰硕的果实。

（载于《杭州文史丛编》，杭州市政协文史委编，杭州出版社2002年版，有删节）

第三章
梅兰芳：浩荡美国行

就是破产，我也要到欧美一游

齐如山 *

这次游美的动机，是起于徐总统世昌与美国公使芮恩施（Paul Reinsch）饯别时，芮公使在席上演说中有几句："若欲中美国民感情益加亲善，最好是请梅兰芳往美国去一次，并且表演他的艺术，让美国人看看，必得良好的结果。"当时在座诸位大人先生们听了这话，大多数异常地惊讶，以为他有意开玩笑，芮公使又说："这话并非无稽之谈，我深信用毫无国际思想的艺术来沟通两国的友谊是最容易的，并且最近有实例可证：从前美、意两国人民有不十分融洽的地方，后来意国有一大艺术家到美国演剧，竟博得全美人士的同情，因此两国国民的感情亲善了许多。所以我感觉到以艺术来融洽感情是最好的一个方法。何况中美国民的感情本来就好，再用艺术来常常沟通，必更加亲善无疑。"

---

* 齐如山（1875—1962）：戏曲理论家，与梅兰芳亦师亦友。早年留学欧洲，涉猎外国戏剧。民国初年，就为刚刚崭露头角的梅兰芳编写了大量新戏，如《天女散花》《廉锦枫》《洛神》《霸王别姬》《西施》《太真外传》《凤还巢》等，并进行排演。在舞蹈动作、服饰化装、剧本文学性各方面皆有创造，开一代新风。在他的倡议奔走下，20 世纪二三十年代，梅兰芳几次出访日本、美国及欧洲，使中国京剧得以弘扬海外，跻身世界三大古老戏剧文化之林。1931 年，他与梅兰芳、余叔岩等人组成北平国剧学会，建立国剧传习所，从事戏曲教育。主要著作有《说戏》《观剧建言》《中国剧之组织》《京剧之变迁》《梅兰芳艺术之一斑》《梅兰芳游美记》等三十余种。他提出的"无声不歌，无动不舞"论点，是对中国传统戏剧最精练、最准确的概括。

这一套话在当时的诸公听着，不过以为或者有点可能性，并没人来提倡实现，唯独叶玉虎先生颇以为然，特来告诉我。我一听，便以为芮公使这话极对，深信若能这样做，不但可以融洽两国的感情，并且可以沟通两国的文化。我这话在表面看来似乎太武断，然而却也有个缘故，因为我深信中国剧可博得美国人的欢迎，并且可在世界上占一席地位，同时又深信梅君的艺术也可得到欧美人士相当的赞许。既然有这两点可以相信，那么他若到美国去表演，当然能够成功。既能成功，对梅君、对中国剧、对两国国民的感情，三者必都有极大益处。

自从有芮公使这一段议论触动我以后，竟引起我极大的兴趣来。梅君虽也怦然心动，极想出去一游，但他总是谦逊，怕自己本领不够。然而经我常常地鼓动，后来他也有了极大的兴趣。至此，我就决意要把这件事情办成。凡有我认识的美国人和由美国回来的留学生，只要在可能的范围内，我便各方面他们探询美国方面的情形，彼邦人士的心理及他们对中国戏的意见。又恰巧这几年里头，美国的世界游历团或单人来中国的很多，每逢来到北平，差不多都要来拜访梅君，梅君也必极诚恳地招待，也算是尽地主之谊，也算是国民外交分内的事，并且特别演戏请他们听，请他们批评。演完之后总要设法问他们对于中国戏的真意见。大致他们对于别的地方并不多议论，对梅君的表情姿态都极赞美。这也是游美计划能够实现的一个大原因。

同时又用了很多方法到美国宣传，如与那里新闻界、杂志社通信，寄相片，等等。经这一番宣传后，接着得到很多美国欢迎的回信，并且还有很多地方写信来约请，要订立合同——不过都含有买卖性质很大，所以没有交涉成功——但经过这种种的交涉后，游美的兴趣更觉浓厚起来。

正在这酝酿的时候，又得到燕京大学校长司徒雷登博士（Dr. Stuart）极力帮忙，替我们在美国宣传布置。同时傅泾波君也帮着给美国写信。这样一来，我就腾出许多工夫来专筹备各种别的事情。前后约用了两三年时间，才算稍稍地有点头绪。

既然一切事都有些准备，似乎可以动身了，谁料到款项又费了大事呢！

这正是千钧一发的时期，能不能动身就全在这最后一关能不能过去了。当时我们到处奔走设法，梅君意志是非常坚决，他曾说过："就是破了产，我也要到欧美一游。"他既然有这样的坚定精神，真所谓有志者事竟成了。后来，全由李石曾先生极力提倡，并约请司徒雷登、周作民、钱新之、冯幼伟、王绍贤、傅泾波、吴震修诸公出来，在经济筹措方面帮助，居然能够出了国。回想我们上了海船，四面茫茫大水，遥望着渐渐远别了的祖国，虽稍感到一点怅惘，但当时那种喜悦痛快的意味，却是笔墨所形容不出来的。

这就是游美以前的经过。为此事虽然极力经营筹备，各处求人，费了五六年的工夫，可是从来没有在外面发表过一次，因恐怕事不成功，白嚷嚷一气，反惹人嘲笑。

现在既然成功回国，要作一个稍有系统的报告，所以我在后面再一条一条较为详细地写出来，让后来有志出国宣传中国艺术的角色们看了，作为一种参考书，那就是我对于戏界的一点小小的贡献。

（载于《梅兰芳游美记》，齐如山著，题目为编者加）

到平后，一定要看一次梅剧

齐如山

欧美人士向来不看中国戏——在前清时代，西洋人差不多都以进中国戏院为耻——我尝以为这是件憾事。在民国四年的时候，我与梅君编了一出《嫦娥奔月》，这戏的前半出仍用旧格式，后半出就用极干净的华美场子，设法创制古装，并代为参酌古舞，安置了几种舞的姿势。梅君把种种舞式做得异常袅娜美观，出演以后极博舆论界的赞美。友人吴震修君对我说："以后有给外国人看的戏了！"

不久，留美国学会公宴美国公使芮恩施君于外交大楼，并约梅君表演《奔月》的后半出。看过之后，芮恩施公使及留美诸君都极赞美。芮公使特到梅君家中拜访了一次。这可以算是西国人士观中剧的头一遭。

后来又编了几出，如《天女散花》《霸王别姬》《上元夫人》等戏，把古时绶舞、散花舞、剑舞、拂舞等安在里面，也极博得中外人士的欢迎。从此遇有喜庆堂会，每逢有梅君的戏，欧美贺客必要一观，并且因为时间的关系，他们往往要求将梅剧提前，更都以与梅君一握手为快。

法国安南总督到北平来想看梅剧。美国驻菲律宾总督某君来平之前，也曾给美国驻华公使馆一个电报，说："到平后，一定要看一次梅剧。"于是外交部特在外交大楼宴请这两位总督，并且特约梅君演剧。二公看着非常满意赞美。演完以后，曾与梅君作长时间的谈话。

瑞典皇太子（S. A. R. Prince Gustavus Adolphus）来平后，也愿一观梅剧。外交部本想公宴他，但是皇太子却预先声明：“不赴公宴的。”于是费了许多周折，最后才议好，由梅君请他到梅宅茶会，并且特演一戏请他批评。皇太子本身是个大美术家，赞美不已。

以后印度大文豪泰戈尔到平来，也必要看看梅剧，特请梁启超、林长民二公介绍。结果，梅君的艺术竟使这位大文豪异常钦佩。

从此后，梅剧声名震动了西洋人的脑海。于是平、津、沪、汉各处的外国人，也没有不想看看梅剧的了。并且每逢梅君在戏院出演，也一定有许多外国人来看。后来恰巧美国有几次游历团来平，都把“观梅剧”一项，列存游历课程以内。从此“梅兰芳”三字，在欧美人脑中的印象一天比一天深了。

欧美人士既然看梅剧以后颇感兴趣——然而起初非在堂会不看，并且非古装戏不爱看，后来渐渐无论什么戏都可以看，而且也常进戏园看戏了。从前是只看梅兰芳的戏，后来也有看别角的戏的了。由此欧美人士对于中剧的趣味更觉深了一点。且有许多西洋人来研究中剧，如法国某君更立了一个会，要改良中剧，因这时各国对于中剧已经一天比一天地注意。十几年以来，洋文报纸也时有对中剧加以批评。各国对中剧讨论的出版物也日日增加，单就我个人所见到的已经有几十种，推想那未看见的更不知有多少。虽然不敢说这些书中都是恭维中剧的论调，但是他们大多数人注意到中国戏这一层，是敢断言的了。并且听说这类的书籍在各国销售很广，这足见未到中国来过的西洋人，也有很多注意中剧的。至于他们对中剧表同情与否，姑且不管。既然外国注意中剧者大有人在，那么拿中剧到外国去表演，也就算不了什么极新鲜极奇怪的事了。这也是我怂恿梅君及中剧出国的一个大原因。

自从美国芮恩施公使及瑞典皇太子亲访梅君，及法、美两总督约谈以后，驻华各国公使都曾来访谈。尤其英国蓝博森公使感情更好。梅君每次到上海、广州等地方，各国领事也都约宴，其中香港总督对梅君更特别诚恳。并且凡各国到平来游历的政治家、文学家、美术家、实业家以及游历团等等，更无不托使馆或本国绅商介绍，去访梅君一谈。大致外国人到北平来，都把故宫、天坛、长城、访梅君、观梅剧，作为同等必要的游程。我与梅君对于这些来访的人，也都尽力招待，一则可以尽国民外交的义务；二则借用这种机会做出国演戏的宣传，所以对来访的人或请茶会或约宴饮。十几年来，这种局面大小有八十余次之多，被招待的也有六七千人。并且每次招待时，外交部也定派官员来指导，帮助一切，自政府南迁以后，驻平的外交官员仍来助理，尤其是交通部路政司司长刘竹君先生，更热心地帮同招待，接洽宣传。

至于每次招待方法，一切用具都纯粹是中国古式的，菜蔬茶点都用中国极精美的食物，杯、盘、盏、箸以及屋中的点缀品，更无一处不用中国式的，尤其要选择最可表现中国精神古雅高贵的样式。因为这样可以使西宾眼光一新，比较容易留点深刻的印象。壁上书画总要悬挂墨笔山水、写意花卉，因为借此可讲解中国戏剧。按说图画必须像真，这是世界公认的学说，亦且是毫无疑义的道理。然而中国的绘画，不大讲像真，专注意用笔，这大概是由像真进一步成为美术化了（此非题内之文，恕不详论）。中国戏也正是这个道理，一切举止动作、言谈表示，都是由像真演进为美术化。又因欧美人士数十年来，颇注意中国书画，所以借此来解说中剧，更易了解。除此之外，又将十余年来搜罗到关于戏剧的图画陈列出，请他们看并为之解释说明。大家听了大致都首肯，且颇感兴趣。所以他们回国以后，都常来信联络感情，对于梅君赴美一层尤其热心，有代为筹划的，有代为布置的，都极愿尽这义务。这也算是招待外宾的一种成绩，然而所费的精神、时间、金钱也就不可计算了。

（载于《梅兰芳游美记》，齐如山著，题目为编者加）

一路行来一路优待

齐如山

梅剧团这次出国，经过很多地方，并且差不多在每处都要演几天戏，然而除了纽约、罗森外，在别的地方最多没住过二十天以上，所以在路上竟度过少半日子。虽然坐船、坐车，以至住旅馆，庞大行李的搬运，却没感到一点奔波麻烦；不但如在家中一般安适，并且处处感到新颖的趣味。这就不得不说是交通界的优待了。否则，不知要多费多少事，多花多少钱呢！

由上海一上船，船主和杂务长等都非常优待，除二百多件行李不要运费外，各种舱位也给大家极大方便。对梅君尤其客气，船主亲自领导参观各处，就是极秘密的地方也要详细地给他解释。关于饭食方面，船主时常请吃茶点，杂务长和监厨每天一定来问："饭食怎么样？吃得好吗？梅先生您爱吃什么，临时告诉厨房好了！"并且特别告诉厨房里，预备中国饭，因为剧团诸君平常没吃西餐的习惯，非吃中国饭不适口。

每当海上有风景，或出了什么新鲜事物时，船主一定打电话来，请梅君出舱赏看。并且讲解这里风景的特点在什么地方，新鲜事物是怎么发生的，是多少年未曾见了的。船主这样热心指教，因此梅君得以赏玩了许多美妙景色，长了许多见识。

船没到檀香山时，就接到檀香山华侨的两个电报，大致说："请告诉船主，最好晚两个钟头靠岸，因为时间太早，来接的人怕到不齐。"但这种例外的事，平常很少见，所以我们觉得要求船主照办，恐难办到，不过华侨既这样热心，不好辜负他们的美意，只好试着说说看。谁知刚说完，船主就慨然应允了，一定照办。这真出于我们的意料之外了。

离檀香山的时候，因为箱子装不齐，又特别商请船主，晚开一个钟头，船主也答应了。这也是不常有的事。

去美国时乘的是“坎那大皇后”船，回来由旧金山到檀香山是“大洋丸”，由檀香山到上海是“浅间丸”。这三个船主都一样地热心帮忙，就是一点小事，也想得非常周到。至于乘坐火车呢，也是全部行李不收运费，尤其有一件更令人感激的事，就是按铁路公司的章程，不许单挂车，但是这回特别给剧团挂了一个专车，为的是大家方便些。对剧团自然是方便，可是却把人家的定章破坏了，实是令人感激而抱歉。并且铁路公司都是特派两个人，沿途护送。若是将到较大的车站以前，一定有那里总公司的总理、各部分的主任，或是那站上的主要人员，都来电欢迎。到站以后，总有主要人上车慰劳并且很诚恳地问：有没有事交他们替办？不但到了站时这样，就是沿路也总有铁路各机关的要人请吃饭。所以梅君一路在火车上，竟没有花饭钱。

由纽约到旧金山，中间须在芝加哥耽搁十几天，若是将行李都卸下来，似觉太费事，于是那个铁路公司特别给挂了一辆车，存在站上。这样，就可以只把在芝加哥需用的东西卸下，不用的就存在车上，并且能随便起卸。这么一来，每天不过一两块钱的手续费，可是于剧团就方便多了。又因为我们要参观内哈拉大瀑布，那铁路公司又特给挂了一辆车，存在站上，不收费用。在美国一共坐了七八条铁路的火车，都是这样招待。

在罗森的时候，那里的飞机公司特请梅君乘他们的飞机到散提亚果城（San Diego）去了一次。来回用了一个多钟头，两站的办事人员，招待得非常周到。

以上是交通的情形。至于这次在美国住的旅馆，梅君因为面子关系，所以都是住最大的旅馆。如在西雅图（Seattle），住的是欧林佩克（Olympic Hotel）；在纽约（New York）起初是普拉擦（Plaza Hotel），以后是纽约克旅馆（The New Yorker Hotel）。在华盛顿（Washington）是华特门花园饭店（Wardman Park Hotel）。在芝加哥（Chicago）是斯提芬（The Stevens Hotel）。在旧金山（San Francisco）是费尔孟（Fairmont Hotel）。在罗森（Los Angeles）是俾尔谟（Bilmore Hotel）。在散提亚果（San Diego）是宜尔果尔特次（El Cortez Hotel）。在火奴鲁鲁（Honolulu）是夏威颜旅馆（Royel Hawaiian Hotel）。以上这些旅馆，都是那城里顶大的旅馆。其他团员住得虽然小一点，然而也受特别的招待，时常送礼送花。并且散戏太晚，照例旅馆厨房已没人，可是为梅君总是特别预备夜餐。

总之，剧团在舟、车、旅馆，遇有大小事情，人家都替想得周密，办得妥帖，所以这次旅行，无论在什么地方，总觉得极舒服。这不但是特别优待梅剧团，实在也是人家做事的精神圆满。我为什么写这一段事迹呢？一则是佩服人家拿着事情当事情做，二则也是感谢人家的意思。

（载于《梅兰芳游美记》，齐如山著，题目为编者加）

美剧界的叹服

齐如山

贝拉司克

到纽约的第二天，有一位大戏剧家名叫贝拉司克（Belasco）的就来了一封信，大概说："梅君这次挟着东方艺术到美国来，我极端地欢迎。但是我现在正病倒在医院里，不允许我出门，既不能看您的戏，又不能当面来欢迎您，我除了自己难过外，还觉得非常抱歉。只有此刻先诚意地祝您成功，等我病愈以后，再来拜访畅谈吧！"等等这些话。

贝拉司克君现在已经七十多岁，是一位极大的名角。他自己又能写剧本，又能导演，可以算是纽约戏界的全才。他一共编过剧本165种。也曾在巴黎演戏，博到很大的名誉。所以美国人士，无论戏界、学界或是别的界，都很尊敬他。现在有他这样一恭维梅君，于是戏界的人们也不敢忽视了。

当梅君在纽约将演完的头一天，贝君特别带着病来看戏，看完以后，到后台与梅君会面。他一见到梅君，就很恳切地握着梅君的手说："君真是世界上的大艺术家，怎么能叫我不佩服呢！这话并非虚誉，实在是我竟不能把我对您的爱敬形容出万分之一来。"又问梅君，演完以后在纽约还有多少天的盘桓呢？梅君说："还要住两个星期。"他喜悦地说："那好极了！我现在还没有十分健愈，大夫本来不允许我出门，今天因为您将要演完再不来看，恐怕更没有机会瞻仰东方戏剧和您的艺术了，所以我勉强地才出来这一次。若再等一个星期就可以出医院了，到那时我得了身体的自由，一定要请您看看我编排的戏，并且请您参观参观我收藏的物件。”梅君回答说：“要能这么样，我非常地高兴，非常地感谢！”

过一个星期，我们到他家里去参观！他所藏的书籍很多，摆满了三四间屋子，其中有各国的剧本和各国讲布景、讲行头、讲戏园建筑、讲电光和讲布置戏园子等的书籍。大概关于戏剧的书最多，其余也有小说、笔记、历史、诗歌图书等。又有一间屋子，满陈列着贝君历来排戏布景的小模型，由这些模型摆列的次序，可以看出社会上对布景欢迎的趋势来。大概布景以像真是最要紧的一个主脑，可是有时时兴繁难一路的，有时时兴简单一路的，有时候极欢迎用电光，有时候就不大欢迎电光，这要看台下的眼光趋向怎样，就怎样布置。贝君都一一地指示讲解，加之他明确的言谈，听着极有趣味。其余别的房间所盛的就是关于历史的物件了，其中拿破仑时代的东西最多，然而直接间接也都是与戏剧有关系的。如历代的旗帜、器械、乐器、家常用品等，差不多都可以作为排戏的参考品。看完后，大家合摄了一张像。照完了相，就去看他编的戏。以后又领着我们去看后台和机器房、电灯房的布置，也都一一指点着讲解。据他说，有许多关于电光的材料还是特由德国买来的，因为美国还没有这种出品呢！由此足见他们研究一件东西，真肯细心地追求，不怕费事。

卡瓦尔

有一位大导演家名叫卡瓦尔（Carl Cauall），是一个大剧场的主任。他曾在上海旅住过二年，回国以后，就专注意戏剧，对于电光很有研究，所以在纽约剧界极负盛名。我们到纽约的第二天，卡君就特到旅馆慰劳我们，并且说：“在纽约演戏，电光很重要，你们这次有没有带电光器具来？有人负责安置没有？”我们告诉他，对于电光一项，一点也没有预备。他说：“不妨事的，我可以极力帮忙。”又说：“我在戏界里稍有点名誉，各剧场后台的办事人们对我也都有相当的感情和信用，我可以随便使唤他们。我回去一定告诉他们，把各种材料预备妥当，如果有来不及搜寻的，可以把我剧场里的器具搬去用，就是我没有的，也定可以很容易向别人借来。好！就是这样！这件事情完全归我担任！梅君几时排演，只要通知我一声，我立刻就来替您安置一切。”

既然有卡君这样热心帮助，我们自然很放心，很感激他。到了排演的那天，卡君老早就到了，问明各出戏各场各段的情节、唱词的意思、身段的动作，然后才能把电光配好。当时因梅君太忙，我便替他自出场起到剧终止，某段应该在什么地方，或坐或立，或喜悦悲戚，连唱工带说白，共需多大工夫，都一一照戏台上表演出来，卡君按着一一配制电光，一共费了四个钟头的工夫，我已经觉得很疲乏了，可是卡君还精神勃勃，一点也不嫌烦地仔细研究，不单他做事不疲的精神令人佩服，就是那极端的热心，也着实令人可感。

剧员俱乐部

纽约有一个剧员俱乐部（The Players），会所是从前一位戏剧大名角波司君（Edwin Booth）捐助的，会员都是很有名的人，里面十分之八九是剧界里人，不过有一个条件：非是名角不能入会，十分之二是各界有名的人，如有大画家、影摄家、导演家、著作家和新闻家，等等。总之各界中出类拔萃的人才能入会，所以这个会算是剧界最高的机关，是专为剧界与各界联络感情、研究学问的一个机关。有一天，他们用全会的名义，请我们晚餐。梅君到场时，全体会员二百多人，起立鼓掌。

会长哈普顿君（Hampden）立起来致词。他说的大概如下：

本会前任副会长肯纳君（Skinner）现在到西方办事去了，他离开纽约的时候，曾来本会对办事员说：“梅兰芳这次到美国，是负着艺术界重大的使命来的。这一对于美国有极大益处，能使我们增加无限知识。本会应该开会欢迎，典礼尤其应该隆重，才能表示我们对梅君的敬意。”现在史君因有要紧的事，不能在纽约等候梅君，临行时谆谆嘱咐我，务必要开这个大会。所以梅君一到，我就与梅君商量了几次，想定一个日子，但是梅君太忙，直到今天才有工夫，果然惠然肯来，本会实在荣幸得很！

本会成立四十几年以来，对于这样盛大的欢迎会，只举行过两次，十几年来这是第一次。

梅君这次到美国来，不是一个简单的演员，而是宣传东方美术，沟通世界文化，可以算是文化界的大使。所以本会今天欢迎梅君，不但是欢迎梅君个人，而且还是欢迎东方的艺术；不但是本会众位会员欢迎梅君，实在还是波司君不朽的精神欢迎梅君，是代表全国艺术界欢迎梅君。

说到中国剧的组织和梅君的艺术，已经有很多人议论得很详尽了，所以今天好容易聘到梅君，大家都愿意和梅君谈谈，叙叙渴慕，所以我只把自己见的很简单地说几句，省得耽误工夫。梅君扮女子，不见得像一个真女子，却像美术中的女子，比真女子还要美得多。不但看梅君扮相须这样的看法，看中国剧处处都应该这样看法，因为中国剧处处都用美术化的方法来表演，实在是艺术界极高的组织。

哈君说完，又有某君读了一篇印好的欢迎辞。念完后，大家一致握手庆贺。又把波司君的一部历史书赠给梅君，并且把这本书特制了一个书皮，面上印着“赠与梅兰芳君”的字样，交与梅君的时候，郑重声明：“这本书向来不轻易送人，以前更没有特制书皮的举动，这次所以要特制书皮，是表示对梅君特别隆重的意思。”梅君感谢地接受了，以后，请本会各界里最出名的人，略献小技来助余兴。有两个人唱歌，一个人自弹自唱，还有一个人做幻术，各人的技术都非常优美。余兴完了后，又引导我们参观各屋里的纪念品。其中书籍最多，关于戏剧的作物也不少，此外就是历来各剧场所排有价值的戏剧全体化妆影片和各剧场布景的模型，以及历来各名角的相片等，罗列满屋，若一件件比较着看起来，非常有趣。梅君也送给会里自己所做的一张画和一对纱灯，作为纪念。并且也有小小的一段答词，大致如下：

“鄙人这次来到贵国，蒙贵国人不弃，非常愉快。又特别受本界诸位前辈的提倡奖掖，尤其荣幸得很！鄙人的艺能还很幼稚，望诸君多多指导才好。

“鄙人有一个意见，比如社会主义里面有一句话说：‘全世界工人联合起来。’鄙人也盼望全世界艺术家联合起来。鄙人这次来，本要吸收些新大陆的新文化，回去贡献祖国，所以非请诸君多指教，才可以使鄙人不白来一次，尤其诚望以后诸君，联袂东游，使敝国人得扩眼界，也使鄙人借此聊尽地主之谊。”等等。

说完后，闲谈了一会儿，就举行了聚餐，所备的饮食也极优美。

纽约剧界总会

纽约剧界总会（Actors Equity Association of America），规模很大。有一晚请梅君晚餐，到会的共有五百多人。梅君一到，全场轰然起立欢迎。会里特赠梅剧团诸君该会的名誉会员证，请梅剧团全体入会作为会员。这种举动是从前所没有的，这次是极力表示欢迎钦佩的意思。

有一天，会长来访梅君说：“纽约还有演剧家、歌唱家、音乐家，都十分渴望看梅君的戏，可是还没得看的，这是什么缘故呢？因为梅君每夜演戏的时间，正是他们出演的时间，虽然每逢星期三、星期六有白天戏，但可巧他们在这两天也有白天戏，仍是不得来看，你想这有多么苦恼！所以他们商量好了，派我来向梅君请求，想请梅君在无论哪个星期四演一次白天戏，他们就可以来瞻仰了。否则，梅君这样大的名角来到纽约他们竟摸不着看，实在是件大憾事。所以才不得已叫我来向梅君提出这分外的要求，并不敢请梅君一定答应，他们的意思是要和梅君商量商量，假若梅君以为可能破例儿一遭，他们就感激不尽了！”

他一说完，梅君立刻答应了。这也是一件从前没有的事。

其 他

自从在纽约开演以后，本市的评剧家、写剧家、演剧家、歌唱家、音乐家、剧场经理等来看戏的很多，有看三四次的，有看五六次的，甚至有看十几次的。他们每逢看完了后，一定要到后台与梅君打招呼，遇有不明了的地方，就必要详细询问，并且述说他们的感想和意见，也常请梅君到他们剧场去参观，看他们演戏。总之，他们的热心盛情是极可感的。现在把他们的批评和招待，大致写几件在后面，就可以想见其他的了。

有一位大女戏剧家叫孔卑尔（Mrs. Patrick Compbell），在纽约很享盛名。梅君演戏，她曾来看过五六次。她对梅君说："在戏台上的举止动作，处处都有一定的规矩，可是并不显着呆板，实在比西洋剧高出几倍。"又说："以前听人说中国剧是陈旧的，然若用艺术的眼光详细察看，就知道实在比西洋戏中最新的还要新。梅君在这里演戏以后，美国剧一定受极大的影响，或者要把组织变化变化，变成中剧化，也未可知。"

又有一位女名角名叫达佩尔（Mrs. Ruth Draper），是一个创演"独角戏"的大家。她看了五次梅君的戏，非常满意。她说："常看书并且常听人说东方的文化极高尚，唯独戏剧一层还没有人议论过，就是有说的，也不过一言两语，随便就带过去，绝没人详细议论过。这次梅君来演，才使人亲眼得见真正的中国戏剧。我看了几回，真是叫人五体投地。中国剧组织法的高超、思想的奥妙，实在梦想不到。当初我创'独角戏'的时候，就拿定主意不用布景，一切情节事故，都要用抽象的方法来表演，但是有好些地方若单用抽象的表演办不通，又想不起好法子来。这次看了中国戏以后，才恍然大悟，原来中国戏早就完全用这个法子，并且处处安排得非常妥帖美观。有许多地方我没有办法的，以后也都有办法了，这是多么愉快的事呢！推其源，不能不谢谢梅君，倘若梅君不来，我往哪儿去看这样的好戏，得来这些暗示呢！”

她又请我们看了两次她自己编排的戏，表演得非常活泼深刻，足见她真肯用心，也是绝顶聪明，才能做到这样。无怪乎每次出演，一定要卖满座。至于她演戏的情形方法，我有一篇记载，叫《观达佩尔女士演独角戏记》，写得颇详细，可以参看，这儿不必再说了。

有一位大戏剧家丽嘉利女士（Evala Gallsene），是创演所谓“小孩戏”（Peter Pan）的头一个人。所演的戏是专为供给小孩们看的，她对于观察儿童的心理、启发儿童的思想、引起儿童正当的趣味，等等，很下过苦功夫来研究。每逢出演时，观客总是拥挤不动，可是十分之八九都是天真活泼的小孩们，所以这位女士也很有名。梅君出演以后，她虽然不是天天来，但是至少也看了十几回，并且总是在后台看，为的看真切些，因为她想研究研究中国剧的原则。每次看完后，也一定把她觉得疑难的询问清楚，然后陈述她的意见。她对中国剧的组织法和梅君的表演法，极端佩服恭维！但是除了议论戏剧以外，对我们非常热心，关于在纽约一切办事交涉的头绪，帮助我们很多。如与戏馆子应怎样交涉，应怎样办理，广告应怎样登法，各种事情应该怎样布置，在后台办事和工人应该怎样对付，这种种的琐碎小事，都一件件地详细指教。

她曾约我们看了两回她的戏，她在博闻剧场（The Cire Repertory Theatre）出演。我们一到戏馆子门口，她就派人来招待，非常周到客气。一进去果然看见满园都是小孩，精神极活泼，都兴致勃勃，眼里满含着兴趣的目光向台上注视着。因为所演的戏于小孩的心理极有研究，所以特别受小孩的欢迎。台上演员和台下小孩，偶然也有问答的时候，发语都非常有趣，耐人寻味。我看着不觉想起中国的小孩们来，可怜他们的娱乐是什么呢？我还想做一篇文字，专记载这种戏的演法，所以这里不必详细说了。看完以后，丽嘉利女士特请我们到后台参观，对于布景和戏台上各种组织都一一地解释，态度极和蔼热诚。临行时，送给梅君一大本书册，里面完全是她排戏的各种图样，订制印刷，异常精美。

克耳玛娜蜗女士（Madame Kermanova）是一位演白话戏的大家。她本是俄国人，但是在纽约出演多年，名气颇大。梅君演戏时，虽常常来看，看完以后总要到后台坐一坐。但是她性情沉默，不爱多说话，天天到了后台，点头赞叹会子就走了。对梅君个人尤其佩服。她新排了一出戏，叫《三姐妹》，编的是俄国故事，演时特请我们看了两次，女士自己饰一位大姐姐，是一个不爱说话的角色，恰与本人的性情相合。

还有一位大戏剧家普隆科女士（Miss Vander Pleonck），也来看了十几次。她最恭维《醉酒》，说："没看《醉酒》以前，总以为女子喝醉了本没有什么好看的，若醉后调情，一定更不容易好看，不定怎么粗野卑鄙呢！真不知道在戏台上应该怎样形容法才好。谁知等看了以后，竟觉得醉态有醉态的好看，调情有调情的好看，中国剧能把人的情绪形容到这步田地，实在出人意料。就这一点，就可以知道中国剧组织法的高深，更可以知道梅君艺术的精妙了！"

此外还有许多名角，看戏以后也都到后台来谈论。有的说："《汾河湾》最好，近情近理，人人能懂！"有的说："舞剑的姿势最好看！"有的说："中国剧的高雅，实与希腊古剧相同。"又有的说："中国戏的规矩真妙，比方到相当的时间，我们觉得这时似乎应该唱了，果然就起了唱工，真令人看着舒服。"诸如此类的这些话非常得多，可惜差不多都忘了，尤其记不清哪句话是谁说的了。虽然他们所说的话不敢说不是有意恭维，然而真在行的话也非常之多。

纽约各大剧场如 Mertropolitan Opera House 等处，差不多都请我们去看戏，看完以后，一定约到后台参观，招待都很周到，但不必一一地详细说了。各名角、各编剧家、各导演家、各剧场的经理都常常来看梅君的戏，剧场的经理、前台的人员对于这些人非常注意，每天只要他们一到场，前台的人必到后台来报告说："某某名角来了！""某某剧家到了！"大概这是平常很难得的事情，所以前、后台的经理都认为他们竟来看戏，真是极好的现象。他们不但都来看戏，并且都约我们去看他们的戏，又招待得非常客气。

这种种情形乍一看仿佛没什么关系，其实发生的影响很大。因为中国戏与外国戏组织上差别得太多，所以普通美国人本不能了解中国剧，就是听人说好，也还不十分注意，等一听说各名角都来看过，他们不免有些动心，既是本国的名角都热烈欢迎，当然是好的无疑了，所以都要来看看，看过以后，以为好的不必说，就是以为不好也不敢说了，因为他若说不好，就好像外行似的。这是与叫座极有关系的事，所以每逢有剧界名人来看戏，前台非常注意，并且到后台来报告。若有一晚名角来得特别多，前台的人们就高兴得了不得了。

（载于《梅兰芳游美记》，齐如山著，题目为编者加）

观众的奇思妙想

齐如山

在纽约演戏的第一晚，观客就没有不满意的。第一出梅君演《汾河湾》，进窑的一段演完后，观客大鼓掌，“叫帘”（Curtain Call）到五次。第二出《青石山》，是朱桂芳与刘连荣合演，朱桂芳要大刀下场，极受欢迎，“叫帘”也有三次。第三出梅君舞剑一段，“叫帘”五次。末一出《刺虎》，这出更受欢迎，“叫帘”竟到了十五次，这实是剧场不多见的事情。演完以后，各界纷纷地送花篮、花把庆贺，花篮共有五十多个，花把有二十多个，梅君都抱不开了，赠花的还陆续地递给他，他又不能不接，于是拿着这一个，掉了那一个，引得台下乐个不得了。

又一位老太太看了《打渔杀家》，说：“中国的姑娘真好！无论自己多么不愿意，也要委曲求全，使她的父亲高兴。我们美国的姑娘，就永远不会将就人！”这大概是有所感的话。

又一位老太太，看了《刺虎》说：“费贞娥替她的皇帝报仇，思想真是高超，令人佩服。看她当着一只虎的面就笑，一背脸就恨，以那么年轻可爱的小姑娘竟有这样大的心事，又悲伤她的皇帝，又要敷衍她最恨的仇人，她那心里不晓得多难受呢！梅君也真能做得到家！”

有一位老太太对梅君说：“你生得这样好看，薛仁贵一定非常爱你，他赔礼的时候，就是你再多一会儿不理他，他一定还得想法子来央告你，你往后最好不要轻轻儿地就回心转意地就答应了他——非难难他不可。”

又一位老太太对梅君说："我看了好几回戏，总没有看见你的手，直到今天看了《打渔杀家》，才得看见。你这两只手生得可是非常美观，不宽不狭，不长不短，不肥不瘦，指尖不秃不尖，皮肤又白又嫩，真是好看极了！我简直没见过这样美的手！可是你为什么把这么好看的手，永远用袖子遮起来呢？我盼望你以后演戏务必穿短袖，好使你那美丽的手，永远露在外面，让人可以看见。"

又一位老太太看了《醉酒》，来对梅君说："皇帝约会下在一处饮酒，等人家把地方也打扫干净了，酒食也预备好了，他可一去不回来，杨贵妃怎么能够不难过，不闷得慌呢？心里难受发闷，就要借酒消愁，可是也就最容易醉，这是一定的道理，我也替你怪有气的。不过我想若是你，派人去请皇帝，他一定会来的，既然他平常那么爱你，你为什么不派人去请他呢？"

又一位老太太，看了《打渔杀家》，也到后台来说："可惜这么一位很可爱、很孝顺的小姑娘，闹了这么个大乱子，就逃跑了，她以后跑到哪里去了呢？我很想知道知道！"我们告诉她说："她以后跑到一个城市，恰巧就遇见她的未婚夫，这也是一位又勇敢又俊秀的少年英雄。以后二人就结婚了，并且二人非常相爱，很幸福地一同生活着！"这位老太太听了非常高兴，说："这样的老太师实在应该杀，可是这样可爱的小姑娘，却不应该受罪，老天这报应，怎么就这样对付呢？"

类似这种有趣的议论非常得多，可惜隔的日子太久，都不大记得了。这种评论乍看虽似颇幼稚，与戏剧的组织没什么关系，但因此足见他们的确把戏里情节和现实打成一片了，就是不通言语的人们，也深深地了解，深深地感动了。这正是戏剧的目的已经达到了！

总计在纽约演了五个星期的戏，天天来看戏的人固然不见得有，但是看过五六次、十几次的的确很多，所以观客对于戏中情节和做工明了的人，也一天比一天多。在初演的时候，虽然有极详细的说明，但是演到可乐的地方观客们未必就乐，等到演了一个星期以后，凡是剧中有滑稽可笑的地方，观客也必定大笑，由此足见已经比起初明了得多了。

在纽约演戏的末一晚，刚演完要闭幕时，台下有人提议说："梅君在纽约已经演完，不再续演，我们没有机会再看这样好戏了，可否让我们与梅君握握手，表示表示谢意？并祝梅君成功？"梅君立刻答应了。于是在台上摆了两张桌子，梅君站在桌子里面，大家上台站在桌子外面，和梅君握手，由右边上来，左边下去。一直握了几十分钟的工夫，还是好些人在那里拥挤着等，总也完不了，我们很纳闷：何以还有这些人？后来一详细察看，才知道有许多人下去以后，又转上来再拉手，不禁失笑。

自在纽约演戏头一天起，所有来看戏的人差不多都穿礼服，情形很庄重。到了旧金山，在中国戏园演戏的头一晚，上座极满。可是中国人比较多，所以台下人声颇嘈杂，吸烟的有，嗑瓜子的有，小孩子哭的也有，颇有些像在中国戏园子里似的。后来经华侨邝秉舜君上台演说，梅君的戏是怎样高尚，这次来到美国是怎样的郑重，于国际上有什么样的关系，我们看戏的人也应该自以人格自重等等的话。以后台下居然把烟卷、瓜子等都取消了，观客也非常安静。这固然是观客自爱，但也可见大家对梅君的重视。

观客对梅君的各出戏都很欢迎，评论最好的是《刺虎》《打渔杀家》《汾河湾》《醉酒》。可是看完拍掌最热烈的，却是各种舞，尤其欢迎剑舞，朱桂芳舞刀也很受欢迎。在纽约和芝加哥没有演《别姬》《散花》，到了旧金山因为有许多人要求，才开始演这两出，观客也非常地欢迎。《别姬》一戏，叫座的力量比哪出都大，在罗森的末一个戏就是用《别姬》作大轴子。华侨们却特别欢迎《廉锦枫》。

美国的习惯是每逢星期三、星期六总演白天戏，观客大半都是女子。按平常的情形不大容易满座，可是这次梅君演白天戏，没有不满座的，所以大家都认为这是一种极特别的情形。

在美国一共演了七十二天戏，大致有五十几天满座，其余至少也有七八成，所以票价由五元涨到了十二元，由此可见观客的拥挤了。

（载于《梅兰芳游美记》，齐如山著，题目为编者加）

政界：盛大招待

齐如山

梅剧团这次一进美国，就极得政界的帮助。我现在先说一件琐细的小事，大家就可想见他们对梅剧团是怎样的优待了。这次出国，共带了一百多只箱子，但是在美国出国进国的时候，税关上只在纽约开验了一次，并且只验了一件，尤其是到了檀香山，税关监督不过大致问了问就签字，任凭自由行动。一般华侨看见，都惊异得了不得，对我们说："这实在是向来不多见的事情，尤其对中国人，更是没有的事！"移民局委员也亲自到船上，说："我特地到船上来接洽，免得在站上留难，但是我看见梅君就行了。按例说，每人登岸都须有允许证，可是您这次来的人很多，若按手续一点一点地办起来，恐怕您太费时间，现在请你们就先登岸吧！一会儿把允许证给您送到旅馆里去，清清手续就是了！"离檀香山的时候，也是只看一件箱子就算了。开验的情形是打开箱子一看，见一切物件和所报的账簿一点不差，所以也就不往下再查。但这乃是人家特别优待，不然任凭办理得怎样清楚，也要按章程一件一件地检验。

梅君一到纽约，就有很多政界要人向伍公使朝枢打听梅君的消息，都想和梅君见一面。于是伍公使特约梅君到华盛顿演一晚戏。那天晚上，所有国务院全体官长、各国大使、地方官绅，大约一共有五百多人都来看戏，并且都看得非常满意。演完戏以后，伍公使介绍梅君和大家一一握手。大家极高兴，说了很多早就闻名和看过戏后对他艺术羡慕佩服的话。这次只有胡佛总统因为有公事离开华盛顿没得看戏。等回来以后，听见说有这事深以为憾。并且又听大家一致称赞叹赏，他也很想看一回，于是特嘱外交部与伍公使商量，想请梅君再往华盛顿盘桓几天，并演两天戏，总统才能尽一点主人的敬意，看一看大艺术家的艺术。这件事本来已经说妥，但因为与旧金山演剧的合同已经定好，不能抽身再到华盛顿去，所以特地与总统写了一封很恭敬的信道歉，才得不去。然而辜负了总统的美意，直到现在，梅君还以为这是一件憾事！

到旧金山的时候，市政长本来出外办公事去了，特地赶回来到车站欢迎。公安局长、商会会长、中国张总领事和各界代表也都到车站，还有三班乐队也到站台上迎迓。梅君下车后，市政长特在站外广场里当着大众致欢迎词，并有演说。演说完后，全场几万人鼓掌，那欢呼和掌声的剧烈好像是雷声震动，令人感到一种伟大热烈的情绪。以后，大家分乘十几辆汽车出发，每辆车上都插着中美两国的国旗。梅君和市政长共乘一辆，张总领事和我乘一辆。最前头是警察汽车六辆，前后的卫护，车上有警笛，因为有警车鸣笛前行，所有别的车辆都须让路，警察汽车以后就是两面大旗，上写着："欢迎大艺术家梅兰芳"，再以后就是各乐队。沿路伫立，想瞻仰梅君风采的真是人山人海。汽车慢慢驶到大中华戏院前，门口挑着两面大旗，上面写的是："欢迎艺术家梅兰芳大会"，步进里面，会场布置得非常齐整。在这欢迎会里，市政长、总领事、商会代表都有演说。梅君也有答词。

到旧金山的第二天，就去回拜市政长。到了市政府，恰巧那里正开市政会议。忽报"梅兰芳来拜！"登时把市政会议停止，改成欢迎梅兰芳的会。就借市政会议厅作会场，请梅君进去，坐在主席的位上，公举一位委员致欢迎词，以后又请梅君演说。梅君说的颇不少，立刻翻译出来，作为议案，永存在市政的档案里面。

在旧金山的时候，就接到罗森城市长波耳泰君（Porter）的电报，大意是"极欢迎并且极盼望梅君到罗森城来演几天戏"。在旧金山演完了，到罗森城时，市长因为有要事不能脱身，特派代表到车站来迎接，并且又派了三辆警车卫护着在前面走。梅君先拜市长，市长对于没有亲身到站迎接先说了些道歉话，又说："您在纽约和各处演戏成功的报纸，这儿的居民都看见了！所以大家都盼望着您来演戏！早已布满欢迎您的热烈的空气，您在这儿演戏的成功更是毫无疑义了。"并且说，他极应当帮忙，若有他想不到的地方，可以随时用电话告诉他，以便他随时尽力。在他谈话中，极表示热心和诚恳。

由罗森城乘飞机到散提亚果游玩时，那城里的市政府预先就知道了，特派代表到飞机场来迎接，并且说：若有什么地方用他们帮忙，请不必客气地对他们说，他们极愿意极希望尽一点心力。我们对他们这样热心，很表示感谢，但是这次来不过是游玩的性质，并没有什么事求他们帮助。他们因为怕我们人地生疏，有很多不方便，所以特派了两个人陪着到各处参观游玩。并请吃了一顿饭，大家一面吃，一面谈，非常高兴。

在罗森，梅君住的是飞来伯君的房子。这所房子坐落在森他摩呢加城(Santa Monica)，所以森他摩呢加市长特别开了一个大规模茶话会，招待梅君。当地要人都在被约之列，到者共二百多人。

船到檀香山时，市政长亲到码头等候。船一傍岸，如警察局长、商会会长、太平洋联合会主任和市长的代表，都上船来欢迎，梅君一一握手，下船在岸上见着市长，市长说："这儿很早很早就盼着梅君来呢！天天有人来问：'梅君到底几时才能来？怎么现在还不到？'等等的这些话。我只能回答他们：'请你们安心等着吧！反正来是一定得来的！'今天果然来了，真可以安慰安慰大家渴慕的心情了！"梅君谦让了几句，就和市长同车出码头。在这车前也有四五辆警察车领导；此外有檀香山总督特派的侦探随行。因为当时一般民众都扶老携幼地挤到街上，伸着头踮着脚等着看梅兰芳，所以一时颇嘈杂拥挤，因之派了些侦探，暗中临时保护。

梅君先去拜见总督，总督对梅君说："很早我就听到您的名字！并且听人们都称赞得了不得。今天我能见着您，真觉得幸福。最近看美国报纸，知道您到处都极受欢迎，这次来到檀香山，本地人民都非常高兴，他们对您的热诚，真不能以语言形容。只要听听街谈巷论，都谈您的名字，就可以知道这儿对您是怎样的热烈了。因为檀岛居太平洋的中心，对国界的观念较大陆差一些，并且政府对本地居民与外国人感情的联络也极力提倡，所以这里中美日等国的人民都极融洽。梅君是世界上的名人，在中国当然不用说，在日本前几年已经受极大欢迎，这次在美国又博得最高名誉。这里住民是这三国人占最多数，那么梅君这回一定是这些年在这岛上最受欢迎的头一个人了！”以后他又引导着参观总督府和里面各处挂关于政治历史的相片。

又去拜市政长，那时市长正办理公事，听报梅君到，赶紧出来迎接，说：“刚才已经见面了，何必这样多礼！”后来谈到本地的居民，市长也说：“这里人民对国际观念、种族观念较别处小得多。至于本地人数要算日本人最多，大约有十三万多，占全岛数十分之四，菲律宾人七万，中国人三万，美国人也有三万，葡萄牙人两万八千，欧洲人共有二万五千，本地人也有两万五千，混种人两万，高丽人六千。这许多人民虽然种族国度不同，可是在各学校都共同上课，自天真烂漫的童年就在一起，所以处得感情极好！”又说：“这里的中国人受过高等教育的很多，所以和美国人的感情尤其好。梅君是世界上的有名的人，现在肯到这里表演中国艺术，我知道以后文化上的感情更要增进许多。”

又去拜联太平洋会，该会主任和多数会员出迎，请进会议室。坐定后，主任就说：“本会的宗旨专为联络太平洋岸各国居民的感情，虽然已做了许多年的工作，然所生的效力还不如梅君来这一次多。我们只看美国各处报纸所载，就可以知道梅君的丰功伟绩！太平洋最重要的国家是中、美、日三国，而这三国的人没有不欢迎梅君的，我想最受太平洋各国各界欢迎的，梅君当然是头一个人。本会尤其是馨香祝之。这次若有用本会的地方，就请不客气地随时通知一声，一定极力帮忙。因为梅君的工作和本会的工作是一样的宗旨，所以并不是帮助梅君，却是梅君帮助本会。”

第二天，檀岛总督育德君（Govenor Lawrence Juud）开了一个大欢迎会，所请的都是本地要人，如舰队总司令、陆军要塞总司令、市政长各领事、税关监督、移民局局长、商会会长、大学校校长及教授、各学校教习、各机关各团体的主要人物，并有前任总督三人，大资本家，等等，合起来大约有一百多人。总督夫人特赠梅君一个大花绳，亲自与梅君套在脖子上，并且说：“这种样式从前本地国王戴的，现在套在梅君颈上，不可不奏乐庆贺！”于是命：“音乐队奏乐！”登时乐声大作，大家欢呼庆祝。以后唱土人的歌谣，音节非常自然悦耳。总督把梅君给大众一一介绍，并对梅君说：“今天这会，本地的要人都到了，我特意要给您介绍；并且让他们得以见见世界的名人，才不负他们参加这欢迎会的本意。”

第五天，海陆军官长俱乐部也特开了一个大跳舞会，欢迎梅君。招待得也极周密，大家都在灯光照耀如白日的大舞厅里，往来穿梭欢笑，非常高兴，简直都忘了天已将明。

以上所说，都是政界提倡欢迎的实在情形。按理说，梅兰芳这次游美，不过是个人旅行考察的性质，既非外交官，又不是政府特派的官员，政界上本可不必这样盛大招待，但是他们都深深地认为梅君是沟通两国文化的国民大使，此才来正式招待欢迎。关于这点，我们不能不佩服人家的眼光和好意。

不但美国政界如此，就是我们中国的公使、总领事等也都极力指导帮助。

（载于《梅兰芳游美记》，齐如山著，题目为编者加）

商会：欢迎梅君

齐如山

纽　约

我们到西雅图的第二天，就有该地商会会长发起“欢迎梅君大会”，自由加入的团体有二十多个，每个团体派几位代表参加，到场的有二百七十多人。晚上八点钟，梅君一到，全场起立鼓掌。饭后，有商会会长演说，大学教授讲演“中国剧”，以后我也讲了一回“中国剧应该怎样的看法”，末了梅君致答词。当梅君说话的时候，全场又都起立静听，因为这起立静听是不多见的事，所以他们这回如此是要表示特别欢迎。

到了纽约，当天就有一位太太开茶话会欢迎。到会的差不多都是有著作的人，此外有批评家、新闻记者、大资本家等有一百多人。大家对梅君都是渴慕已久的，乍相见面，似乎异常的亲密熟悉，有些来过中国的，就说曾在北京看过梅君多少出戏，每出是什么情节，表情是怎样深刻有味，说得滔滔不绝。那许多没来过中国的就说，这几年美国报纸上不断登载梅君的消息，所以社会上都知道梅君的大名，现在居然来到美国，真叫我们意外的高兴。这是因为大多数人都没见过真正的中国戏剧，好奇心盛，所以都急于想看看。同时又有一位太太也请茶会，陪客都是戏剧界、美术界、新闻界中人，大约也有六七十位。有一位大美术家说：“纽约可算社会交通极方便的一个大埠，所以世界上的美术家来往此地的极多，不但欧洲各国的美术家来的很多，就是中国的也不少，唯有真正的中国戏剧还没有见过，想不到中国的戏剧大王梅君兰芳今天居然来到这里，真是美术界的一个极大荣幸！在几年前，报上就说：‘梅君快来美国了！’自那时起大家就盼望着，并且美术界的人往往把这事作为谈话的资料，因为有很大的研究性质，所以较别界的人盼梅君来的心更切。今天居然盼到啦！并且到的第一天，大家就得以与梅君握手，纽约美术界的快乐荣幸可想而知！梅君以后如有用得着我们的时候，就请随时通知一声，一定极力帮助，这不仅仅是帮助梅君个人，实是帮助艺术发展。因为艺术是没有国界的，所以艺术界的人当然也不分国界，照此说来，不但我们应该帮助梅君，就是梅君对我们的事情，也应该多多指教。”

梅君回答：“中国的美术，流传到各国的很多，唯有戏剧这一种到欧美来表演的还很少，所以这一次我决意不远来此，一则要看看美国的新文明，二则也要演几出戏，请诸位批评批评。不过中国的戏剧有一种特殊的组织法，若要表演得自然到家，不但须具有演剧天才，并且非有十几年的工夫研究揣摩不可。在国内的老角色、老前辈们，功夫也大，研究也深，表演的程度比我好万倍，但是他们因种种缘故不能出国。我现在正当年轻力壮，为了增加见识，正好出来走一遭。不过我的功夫、能力、学问都还没有深造，较诸老辈还差得远，以后我有表演坏的地方，那就不见得是戏剧的组织不好，恐怕就是我的技艺不精。所以以后不但要请诸位对中国戏剧批评，并且对我个人的技术，还求多多指教才是。”

梅君说完，旁边有一个人搭腔说：“就这一套话，就可以知道梅君的学问已经很深了，因为您这几句话，句句都见学问！”

以上这两个茶会都是预先定规的，并且其间颇费周折。我们刚一到西雅图，就接到两边主人的电报：都要在梅君到纽约的当天五点钟举行茶会，给梅君接风。经傅泾波君设法调停，但两边都不让。我们在路上时，又接到两边几件电报，仍是谁也不肯移后。这两位太太都是纽约交际界的领袖，又因她们把别的客都请定了，所以不能改，这固然有为自己面子的地方，但推崇梅君的意思也很可感。所以梅君对两位都不好得罪。但两位的住所又在一条街，相离不远，若先到这边，就得罪那边；先到那边，这边也会怪罪，当时颇为难。后来电请熊总领事崇志、郭博士秉文二位出来调停，先到一家停五分钟，再到那一家去盘桓半个钟头，以后再回来，这样才算解决。

纽约大音乐会也开了一个大茶话会欢迎梅君，到会的都是戏剧家、音乐家、歌唱家等二百多人。会中特别预备了中国茶点。主席起立说："今天我们举行的形式，是一个茶会，所以也无须乎做正式的讲演，况且梅君由北京起身到这里，远道跋涉，又是刚到纽约几天，酬应非常的多，身体与精神的疲乏可想而知，我们哪里敢请梅君演说呢？但是今天我们却定求梅君说几句话，这有两个理由：一来是今天蒙梅君于百忙中特莅我们这个小茶会，那么我们这个茶会，实在有莫大的荣幸，所以不能不请梅君说几句话，以清俗耳。二来今天是东西大戏剧家、音乐家、歌唱家的一个大聚会，实是有史以来的创举，尤其是本会绝大可纪念的日子，这样看来，更应该请梅君说几句话，作为永久不忘的纪念品。"

主席说完，全体大鼓掌。以后梅君演说，当他立起来的时候，大家又起立鼓掌。梅君说的大概如下："现在要想求世界上的和平，最好是联络各国国民的感情；若想求各国民的感情融洽，最好是从美术和艺术来入手。因为美术和艺术是最富于情感的，是人人思想共同有的趣味，并且是不分国界的学问，所以拿他们来联络国民的感情，最容易收效果（全场大鼓掌）。我以为这种见解极对，所以决意要往各国一游，研究研究各国的戏剧音乐等艺术，虽然我的能力渺小，做不了这样大事业，但我决意向这条路上走去。至于中国的戏剧音乐组织的方法与各国的有很多不同处，可是中国乐四千年以来没有更改过的宗旨，就是提倡和平。所以乐曲的组织，最好的就是一个'和'字。这很多年失传的乐固然极多，可是存留着的曲谱也还不少。但是我们同来的几位音乐家，因为年龄的关系，还没有研究得很深，我个人的技术较诸国内的老前辈，也还差得多，都不足代表中国的戏剧音乐，这回来不过稍微表演一点自己所学得的，请诸公批评批评就是了。至于我来的最大宗旨，还是要考求考求美国的艺术，希望大家多多指教，能够多长些学问见识，也好回去报效祖国。”

说完全场鼓掌。该会主任又说：“听梅君的话，这次来的意思，是要由美国带回一点学问去，将来的结果，恐怕是留下点学问回去。”全场又大拍掌。

有一位沃佛兰女士，是纽约交际界的重要人物。梅君出演的时候，在三星期之中她看了有十六次。她本想和梅君作一次友谊的见面，但又恐怕梅君太忙，没好意思来要求。当梅君在纽约头演完的前几天，她特托人介绍，在后台与梅君见了一面。第二天就请我们到她家吃饭。她家坐落在纽约市外河边上，地基有二百多亩，里面装饰布置得像一个大花园。那天共请了三十多位陪客，也都是纽约的知名之士。主人因梅君肯赴她的会，非常高兴，想留下一点纪念。梅君那年正是三十六岁，所以她买了三十六株梅树，在园子里另辟了一块地，请梅君破土，当天栽种，名字就叫作“梅兰芳花园”。这虽是件小事，但本地人对梅君的尊敬爱慕就可想见了。

加　州

在旧金山时，有本地商会特别帮忙。因为在几月前，该会里曾有很多人结成团体，到北平游历，那时梅君特别招待，周君作民也极力周旋，所以这次梅君到了那里，商会全体会员特开了一个极大的欢迎会。预先派两个代表来接梅君，梅君到会的时候，全体起立相迎。因为正会长有公事到东方去了，所以由副会长演说。梅君致答词。但后来等梅君到罗森城以后，正会长才回来，立刻与前任会长特带着徽章同到罗森来，代表全体赠给梅君一个非常精致的银质纪念牌。会长又演说如下：

“从前我在日本的时候，就看过梅君的戏。那时我常想：以梅君这样高深的艺术，若能到美国去演，一定大受欢迎，并且于梅君、于中美两国的友谊都有好处。这在当时，不过是一个乌托邦，谁想到现在这美满的乌托邦，竟完全实现了呢！去年本商会组织游历团到北平观光，大家都极想看看梅君的戏，可巧那时梅君正在休息时期，特别通融单演了一出给众团员看，众人看了真是又高兴又感激。又蒙梅君与周作民君对诸事特别照料，至于梅君的茶会尤其念念不忘。大家常想，受梅君这样优待，无以答报。现在幸而梅君降临敝邑，我们正该尽点义务，可惜梅君到旧金山的时候，我正有事在纽约，不能见面，心里着急得了不得。等我公事一完，赶回旧金山时，梅君又往罗森来了，这面缘真是太悭了！幸而罗森离旧金山还不远，我特地赶来，一则与梅君见一面；二则再看梅君几出美的戏剧；三则代表本会全体会员赠给梅君一个纪念牌，这牌虽小而众人之意则很长。我来的时候，全体会员特开大会送行，并嘱咐我转告梅君，去年有许多会员在北平曾看过梅君的戏，并且对梅君的盛情永远不会忘记。想不到梅君现在竟来到美国，使看过的又得重看，固然高兴；但没有看过而渴慕已久的，得观妙剧，尤其是喜出望外，更引起大家对东方文化的钦佩！旧金山是中国和美国来往的枢纽，所以对中国的感情向来很好，自从梅君演剧以后，全美国对于东方文化更明了许多，以后两国国民的感情，必更亲善了。”

又说：“以上所说，绝不是假话。我由纽约回来时，沿路听见的话都是对梅君的艺术，对东方的文化，极端的赞扬。对梅君个人的感情尤其好。有好多人说：‘不知怎么回事，我非常喜欢梅兰芳！’您听这种议论有趣不有趣？其实外国人到美国来演戏的也很多，但总不如这次梅君感人之深！大家对于梅君个人的艺术，对于东方的文化，都是从心里头不肯说一句坏话，这真是从来没有的现象。梅君可算没白费一番苦心，没白远涉大洋来此一趟，想梅君心里实应该痛快高兴！”

梅君的答词，大致是：

“去年贵会组织的团体到北平，因为日期匆迫，鄙人没得尽心招待，总觉抱歉得很！现在蒙贵会长又前事重提，更令我惭愧无已！鄙人这次来美国的动机，一则是研究些新学问，二则顺便演几出中国剧，请贵国人批评批评——并不敢说是代表中国剧，因为我的程度比本国剧界老辈还差得多——

现在蒙贵国人赞许，实在愧不敢当。但是鄙人所以敢在贵国演奏，是因为深知贵国是爱中国的国家。贵会诸公、贵国人民一定能极力帮助，就是鄙人这次在贵国能有一点成绩，也是全仗贵国人的热心提倡。鄙人感激之余，无可报答，只有把大家的好意谨记在心，永远不会忘去。请会长回去见贵会诸公，务必替鄙人多多道谢，并请转告诸公说：‘鄙人这次承贵国人民抬爱，回国以后，更当勉力用功，才不负诸公的雅意；并且回国以后，一定要把贵国国民的美意，遍告本国国民。’我深信两国国民的感情一定一天比一天的亲善。”

在旧金山还有几处宴会。四月二十四日，有选举权的妇女会公请茶会。到会的有一百五六十人，因为怕梅君太忙，所以大家预先在准钟点到齐，然后派人来接梅君。梅君到场，大家蜂拥欢迎，立刻请梅君上台演说。演说词与以上的大同小异，姑且略去。

四月二十五日，加州全省妇女会公请茶会。该会共有会员八千多人，当天到的有三百多位。全场都须立饮，唯独梅君一人有座。席间主席演说，大概如下：

“今天承梅君肯到本会来，实在感谢得很！现在我代表敝会会员，向梅君道谢。这次看梅君的戏，虽然一个字也不懂，但对戏里的情节却都能够明白。至于梅君的艺术怎样好，中国剧的组织怎样好，在纽约、芝加哥、旧金山各报纸上、各杂志上，都议论得极详细极深刻，不必由我再说了。今天我代表本会会员，只说说关于我们女子的事情。从前常听人说，中国女子不做什么事，整天只是在家里伺候她的丈夫，倚靠她的丈夫生活。谁知现在一看梅君的戏，才知中国女子并不像人们传说的那样无能！原来有本领、有道德的极多！比如《汾河湾》的柳迎春是那样苦苦地守节，等候着她的丈夫。《刺虎》里的费贞娥是那样忠烈，那样有机谋，来替君父报仇。《从军》里的花木兰是那样有本领、有勇气，以一个小小的女子竟能大战沙场，竟能支配一国的胜负，真令人钦佩爱慕！《庆顶珠》里的萧桂英是那样孝顺、勇敢，帮着她的爹爹办事，还尽力服侍安慰爹爹。《廉锦枫》中这个女子又是那样的孝，竟敢身入深海，替母亲摸参。只看了这短短的几天戏就知道许多有道德、有本领又可爱的女子，连我们看戏的都爱极了她们，恨不得立刻和她们见一面才好。由此可知从前所听的话，都是不实在的，所以我们非常感谢梅君。可惜梅君在这里演的日期太少，不然我们更可以知道许多好故事！还有梅君表情的深刻，尤足令人佩服赞叹。别的都不必说，单说说《汾河湾》这出戏吧！当柳迎春生气，她丈夫赔罪告饶的时候，她又想答应又想为难为难他，可是又恐怕太激烈了对不起他，并且恐怕二人若因此真伤了感情也不好，所以虽然在有气的时候，就赶紧应允了。这种心思同美国的女子真是一样，梅君却能尽情地形容出来，这足见梅君能用心，功夫也深，艺术也高，不然，梅君并不是女子，怎么能把女子的心事揣摩得这样到家呢！”

主席说完，全场大鼓掌。以后请梅君演说，演词也与以前的差不多，所以不录。梅君说完后，全场鼓掌，大声欢呼。会中指定高等职员四五十人与梅君握手，因恐怕梅君太劳苦，所以不许其余的人来握手。后来有很多人手拿小册，请梅君签名。会里又决议，不许个人请签字，只请梅君在会中的总簿上签了一个名姓，留作纪念。

四月二十六日，本地绅商各界公请午饭。到会的有三百多人。聚餐处在旧金山，要算是最大的饭厅。席间有梅君演说。

到了旧金山后，因为当地商会和绅董都极力帮忙，所以演完戏未起身时，梅君特地请大家来欢聚了一次。在梅君演说后，由前任市长代表来宾，说了一段话：

“今天蒙梅君相约，除了感到荣幸之外，还要向梅君道谢。旧金山的住民，对中国的感情向来极好，但是从前只有商业上的关系。凡是中国人到美国去的，都要由旧金山经过，所以本地人与中国人的来往较别处多得多。这次蒙梅君把中国最美的艺术，演给美国人看，实是有史以来的创举。美国人对中国的文化，早就钦佩得了不得。但大家所知道的，大半是由书本上得来。近几十年，因羡慕中国灿烂的文化，特往参观的人虽然很多，但终究是少数。这次经梅君亲身来表演，大多数人都已看到。凡看过的人都在背后议论说：‘看了梅君的戏，觉得非常痛快。虽然对歌唱说白一个字也听不懂，但对梅君的表情却深深地同情。关于戏中的喜怒哀乐，不但能明白，并且非常感动，甚至过几天以后，梅君的一举一动还像在眼前。这固然是梅君表演的成功，但一定也因为中国剧的组织法特别高，所以不通言语的观众们看着，才能不隔膜。’以上这些话，确实是我听见人们的议论，绝不是我当面恭维，不但不是恭维，并且社会上众人背后所恭维的话，对梅君的羡慕，我连十分之一也表达不出来。请梅君回国后，告知贵国国民：经梅君来这里一番表演后，使美国国民对中国文化的钦佩之心，又增加了好多倍。”

前任市长说完，梅君起立道谢，大家欢笑畅饮，尽欢而散。

到罗森城后，五月二十七日，美克杜君（Mcadoo）请茶会。又请了五十多个很有名的人作陪。美克杜君是前任总统威尔逊的女婿，曾做过财政总长，并做过几个大公司的经理。美国一共有河底电车道六条，却有四条是美君经手造成的，所以美国人对他极尊敬。他对梅君非常推崇爱敬，并有小小的一段演说，现在写在下面：

“近几十年来，美国人虽然极力研究东方文化，但有许多种学问，若全靠在书本上埋头工作，终觉得有一层隔膜，并且能知道的人总是极少数。尤其是戏剧美术更须多看表演，多参观展览会才能了解。这次梅君到美国表演东方美术的戏剧，每天不过演一个多钟头，可是直接间接得以领略中国文化的，总有三四千人。由此看来梅君造福于美国的，实在大极了！这种伟大的举动，各国人都应该仿着实行，那么世界的文化自然就能沟通了。”

说完以后，把美国开国至今的各任总统铜像全份，共三十一件，赠给梅君。这铜像铸得精致非常，实在是一种极可宝贵的纪念品。本地有一个早餐会（Morning Music Club），是本地绅商学各界的名人成立的。大概因为许多有钱人，早晨起床太迟，所以大家互相诫勉，立了这样一个会，来鼓励人们早起。因为入会的都是名人，所以这会的声誉也很大，遇有他处极有名的人到罗森城，也往往请他们入会。以前曾请英国的首相入会，这次又特请梅君入会，并吃早点。那天到会的有二百多人，主席给梅君一一介绍。介绍完后，主席有一小段演说大约是：“久闻梅君大名，现在做了他们会中的一分子，非常荣幸。”等话说完，梅君道谢，会里又请梅君演说。

檀香山

到檀香山的当天，本地总督育德君（Govenor Lawrence Juud）特开了一个茶会，欢迎梅君。所请的都是本地交际界的重要人物，有一百多人，但是在檀岛就算难遇的大茶会了。大家所说无非是早就盼着梅君前来，现在居然盼到等话。

檀香山有一个土人歌舞会，这会是政界特别提倡组织的，服务人员都有薪水报酬，专练土人的歌舞，也是恐失传的意思。每逢有外国人到了檀岛，一定要看看这种具有特别风味的歌舞。但都是要照例买票，才能入场。这次梅君来到的第二天，该会就派人来请，约定日期前去参观他们会里特别的布置。到了那天，梅君一到该会，会员全体唱欢迎歌，又特唱从前在土王驾前唱的歌，表示对梅君的尊敬。按会里的规矩，凡来看的人都应该与会里的舞女合舞，各人可以随意动作，不管舞术的好坏。这次会里公推了一位极美的女郎与梅君合舞了一回，该会认为这是一种非常的光荣。土人的歌舞、音乐、步伐虽然简单，可是腔调很优美，舞姿也很美观，腰和手的动作极袅娜伶俐，有许多地方比欧洲的跳舞还觉得好看。在梅君演戏的最后一晚，演完以后，该会全体到剧场，上台与梅君加冕。特置了几个花绳，公推几位舞女与梅君套在颈上，并唱加冕歌。台下掌声雷动，这实是该会特殊的举动。又有会中的一位女士，特用土语制了一首“欢祝梅君兰芳成功的歌”，当着观众歌舞了一次，观众非常赞美。梅君临行时，全体会员又特远送到船上，给梅君套了许多花绳，并歌舞特制“梅兰芳歌”欢送，直到船开行后，还余音在耳呢！

梅君这次来到美国，美国人民都不把他当一个普通的戏剧角色看待，都把他看作一个沟通两国文化的艺术家，联络两国感情的国民大使，所以都用外宾的礼貌相待。比如各城镇来约公演，或直接来约，或间接求熟人来约，但都是由各城镇的绅商联名公信，信上大致说："久闻梅君大名，并这次在纽约的荣誉，都想瞻仰瞻仰中国的艺术和梅君的丰采。"

（载于《梅兰芳游美记》，齐如山著，题目为编者加）

学界：推崇备至

齐如山

梅君这次在美国所以能成功，固然是各方面的赞助，但是学界的提倡，却是其中一个最大的原因。在我们没出国时，就没有用商业的形式与任何方面交涉，有很多事情都是由燕京大学司徒雷登校长替我们接洽。司徒校长认识的自然是学界中人多，因为一起头就是由学者的提倡介绍，所以社会上就明白梅君是一个大艺术家，是来沟通两国文化的国民大使；不是一个普通演戏的，不是为做买卖而赚钱来的。社会上有了这个观念，梅君的身价自然高了许多。所以学界更是特别注意。当梅君出演时，很多大学教授和学校教员都含有研究的性质，抽暇来听戏，听了以后，回去都对学生说："毕竟是东方文化！他们戏剧的组织法实在高得多！"又有许多关于戏剧、音乐、美术的教授教员都怂恿学生们去看戏，说："这种富于文学、富于美术的中国戏剧，实在高雅深刻，你们不可不去看看；因为不但可以借此机会欣赏东方文化，并且还可以暗示给你们很多戏剧美术的原理呢！"此外还有几位大名鼎鼎的戏剧专家更用心研究，时常来访谈讨论。有学界这么一提倡，社会上对中国剧、对梅君自然更另眼相看了。

杨君的评论

纽约有一位大文豪杨君（Stark Young），是研究戏剧的大家，并且是极负盛名的批评家，他自己也常编剧本，有时候作一篇论戏剧的文字在报上发表，大家都非常佩服传诵。不过他的文字是自由作品，向来不收报酬的，所以极深刻——有许多是别人研究很多年也不容易想到的，他竟能一语道破——他的议论绝不敷衍篇幅，非有心得的意见不肯轻易发表。这次梅君到美国出演以后，他竟作了几篇文章登在报上，对中国剧、对梅君都非常推崇赞美，由此惹动得观众很多。并且他的议论极在行。

有一天，他特地到旅馆来访谈，现在把他所说的大致写在下面：

> 看了梅君的做工、表情，使我联想到希腊的古剧。因为在古书里常有议论希腊古戏剧的地方，但是文字虽然能懂，他写的意思却往往不大明了，不消说自然是因为根本没有看过表演，所以难以想象出它的组织妙处。这回看过梅君的表情、做工及戏中的一切规矩以后，我这些年看不懂的书完全了解，一切疑团顿然冰释。梅君便不啻替我们做了一个实验，这真是我这些年罕有的痛快事，我不该欢喜欲狂么？大概中国剧一切的组织法，与希腊古剧有许多相同的地方。
>
> 从前常听人说："中国剧的做法太不像真。"但是现在我看了以后，觉得剧中意思的表演非常的真，不过不是写实的真，却是艺术的真，使观众看了觉得比本来的真还要真。
>
> 我最爱看的戏就是《刺虎》这出。因为它有历史上和文学上的趣味。贞娥自刎的身段非常好看，自刎以后，与一只虎同躺在台上的距离、尺寸、方向、样式都极有研究，尤其美观。这不能不佩服中国剧的组织，更不能不佩服梅君的艺术。
>
> 美国写实派戏剧家的做工、表情，都显着呆板浮浅，一看就懂了。梅君的做工、表情从眼的动作，到手的动作，都是恰好而止，没有过分

的毛病。姿态非常生动，使人看了后，也同样地懂了；但是懂了以后，仿佛还有点含蓄不尽的美的深的意味在里面。

关于梅君面上的表情，有人以为是写真。其实并不是写真，却是一种规矩的表现法，绝不是用暴烈的感情、浮浅的举动来表现的。这种地方是中国剧的组织法最高深的地方，万不是写实的办法所能办到。

在中国剧上，各角在台上坐的地方，都非常好看。虽然并不像真事那样自然，但是安排的浓淡距离，都有美术的研究。梅君坐立的地位，或靠前或靠后，或侧或正，常常有变动，使观客的眼光视线一新，精神一提，所以永远不会疲倦的。梅君脸上的化妆，眉眼的描法，都非常有研究。他的白、黑、红三色的浓淡布置，都像古代的瓷器。梅君俯仰坐立的姿态，也有许多地方与古画相同。这固然是梅君的艺术好，当然也是中国剧的组织好，不过梅君做来特别美观就是了。

我对于梅君所唱的小嗓子，觉得毫无一点隔膜。我以为梅君的小嗓子与女子的真嗓子的差别，与戏中的身段和平常人动作的差别，大致相同。这是纯美术化的动作，所以听着毫无不愉快的地方。

我想梅君在中国演戏，一定比在美国好得多。因为在这里演唱，我看着似乎有迁就美国人眼光心理的地方；可是我要劝梅君千万不要这样，致损中国剧的价值。凡是来看梅君戏的人，都是按照极高尚的艺术来看，或是按照古代雕刻来看，倘若他们有些不了解的地方，也毫无妨害。越是按照中国戏剧规定的演法极力发挥，观客越欢迎，越感兴趣。

我看梅君的嗓子很好，但似乎是不敢用力唱，其实不要紧，纽约的人既然公认了中国剧是世界的艺术，梅君就应该极力发挥中国剧固有的长处，发挥力越大，欢迎的程度越高。因为有许多人不是为取乐而来的，都是为研究艺术才来的，为研究东方艺术才来的，所以梅君万不可气馁，致损梅君艺术的价值，并损中国剧的身份和地位。中国剧的举止动作，极雍容大雅，位置的高尚、分量的沉重，实在在世界戏剧之上。

我这次看了梅君的戏，对于戏剧的原理明白了许多，对于世界艺术的原理也明白了许多，真是异常的愉快！

《汾河湾》柳迎春二次出场，用手扫簸箕里的土，述薛仁贵眼的身段，非常好看。但是第一次演这出戏时，只扫了一次，后来连演的几天，有连扫两三次的时候。其实据我看来，不及扫一次好看。

《刺虎》里贞娥的自刎，头一次刎的姿势，比后来的好看。

因为须生不很出色，所以梅君也因之减去了许多精彩，我想若换一个好须生，梅君当更要好几倍。

梅君享这样大名，还仍然这样谦恭和蔼，不耻下问，哪能不成为世界上的伟大人物呢！我对这点极端佩服。美国名角就不然，往往自满，目中无人，可是这次对梅君都一点也不肯骄傲，足见他们对梅君也是极佩服的了！

在美国，每几年里必有一个夺锦标的人，意思就是全国——无论政界、学界、商界、工界都在内——最注目的一个人，这次夺锦标的人一定是梅君无疑。

齐如山君所著的《中国剧之组织》里面，对中国剧的说明，极清楚确实。看中国剧以前，应该先看这书，对戏中的情形才容易明了，可是看了戏以后，再看这书，才知这书的价值。

以上都是杨君所说的话。杨君虽然头一次听中国戏，但是他的议论可说是真在行。并且梅君几天连演一出戏，若两天做戏稍有改动，他一定知道，并且还要来问为什么。这足见他真是用心研究，好学不倦。杨君说完以后，问梅君："请问我说的对不对？"梅君说："批评的岂止对呢！简直是非常的对！但是鄙人却不敢当就是了。"杨君又问梅君和鄙人中国剧的各种规矩，梅君一一地告诉他，他听了后，拍案叫绝，说："这才是真正的美术！这才是真正的戏剧！"以上杨君所说的话，都是没在报上发表过的，至于在报上发表过的议论，就不必在这里啰唆了。

梅君的讲话

一天，哥伦比亚大学教授公会公请茶会，到会的有一百多人，校长夫人殷勤招待。梅君有小小的一段话，写在下边：

承诸公抬爱，我今天能够到这个地方来，非常荣幸！非常痛快！我先谢谢诸公！我这次来到美国表演几出戏，谬承诸公揄扬赞助，才得了这样圆满的结果，实在感谢。但是我这次来的目的，是要吸收新大陆的新文化，是求学的性质，完全是学生的资格。希望各位教授，不必以来宾之礼相待，应该把我当作一个学生，常常地指导，不吝教诲才是！

说完，全场鼓掌说："梅君说话真是谦恭和蔼，但是我们却不敢当呢！"

纽约有一个万国学生会，是"煤油大王"出资建筑了一所房子，专预备赁给各国留学美国的学生居住。因在里面住既经济又方便，所以寄居的学生很多，于是就组织了一个万国学生会。会里有特别设备的大剧场，可容二千多人，常在里面开同乐会演戏。有一天晚上，他们特开全体大会欢迎，并领着我们参观各处。参观完以后，请梅君演说，那时来的人楼上楼下都已坐满，梅君登台演说。演词大致如下：

我向来不会演说，比方要让我在这个台上唱一出戏，我却觉得不很难。若是使我随便说一段话，我倒觉得不容易，而且也说不好，所以今天若有说错的地方，要请大家指正。我在中国的时候早就常听人说起这个会，都说："可以使不同国籍的学生们聚在一处，彼此观摩学问，并且可以联络各国国民的感情，用意真算是最好了。"我听着，就羡慕得了不得，想不到这次竟蒙诸君相招，又蒙引导参观各处，真是十分荣幸！并且听说贵会里各国的学生常常排演本国的戏剧，请别国的学生来看。这种办法，鄙人极端佩服！大概演戏的原则是把社会上的历史、风俗、道德、人情种种情形，用美术和滑稽的思想表演出来，这样才容易引起人的兴趣和注意，这样才与讲演有分别。比如若把本国的事情讲演一番，台下听众受的感动，总不及用戏剧方法排演一回感动得深。所以鄙人以为用戏剧来联络各国国民的感情，是最好的方法。鄙人这次到美国来受这一点小意思的鼓励，也是一个原因。不过自己的本事实在不够就是了！但是既知自己本领不足，只好希望努力耕种，不管收获如何了！这次来，蒙诸君提倡揄扬，竟得了一点意外的成功，实在感谢得很，不过鄙人所希望于诸君的，不但是提倡，还要说多多指教才好！况且鄙人这次来美重要的目的，是要吸收新文化，是要求学，所以与一个学生没有什么大分别。希望诸君抬爱，以旧同学匡正指导新同学的热心诚恳，来匡正指导鄙人，使鄙人能得一点新学问、新知识，回去贡献祖国，鄙人更感激不尽了！

说完，全场大鼓掌，一直延长了十分钟。

与美国学界交往

普林斯顿（Princeton）大学校长海本君（Hiben）和北平燕京大学司徒雷登校长是最好的朋友。因为这次梅君到美国，司徒君极力赞助，所以该大学教授诸公虽然素不相识，也非常地帮忙。未到以前，他们就不断地宣传，到了以后又常常指导，并且要请梅君到该大学演戏，本来已经说妥一定去演，但后来因为有别种关系，没能去成。以后又请去参观大学里的设备，又因太忙终于没去。直到现在，梅君一提起来还觉着过意不去呢！

卑尔格得（Bel Geddes）博士是一位大学教授，是很负盛名的导演，也是一位极有名的光学建筑家。大概现在美国剧场最新的用光法，大半是由他布置的。一天，他请我茶会，在座的四五位也都是有名的光学家、导演家。卑尔君对我们说：“这些年欧美演剧对布景非常讲究，不过有时于演员颇有损处，并且因为过于讲究，就时时感到困难，所以现在常想把布景免去，或者使它越简单越好。现在改良起来，美国演剧自以为够简单了，哪知看了梅君演戏，才知道中国剧原来就根本不要布景。这实在是意想不到的，并且实在是艺术组织最高的地方。”喝完了茶，引导我们参观他的工作。

一进他用功室，就可以预觉出他是一位光学大家，因为满屋子里——墙上挂的，案上摆的，完全是研究光学和建筑学的图案。按照各图，卑尔君都给梅君一一详细地讲解。他的最新工作是一个大工厂的图案，里面有很多利用光线的工作房间。另外还有两个剧场图案，是预备献给1933年芝加哥“美术博览会”的新建筑。这两个剧场：一个预备建设在米什干湖的湖底，使观剧的人一进场就感觉有身坐深渊海底的趣味；一个预备建在湖面，使观众可以划着小艇任意在湖上来往徜徉看戏，使人有一种幽美自由的意味。湖面湖底剧场，都有池座、包厢等，设备非常完满，这真是新的发明。假如这种计划能实现，我相信天下又要多增一名胜，文学上更要多加若干美事呢！我有一篇《谈西洋剧之用光法》，可与此合看。卑尔君又被约为芝加哥博览会关于戏剧的筹备主任。他很想约梅君在开博览会的时候，演几天戏。并且他意想中曾要编一出戏，创一种极特别使人想不到的布景和场子。约各国的名角加入担任演员，这实在是剧界的创举，他想请梅君也加入做一个正角，梅君已经答应了。

威尔佛雷德（Mr. Wilfred）是一位极有名的大光学家，从前曾帮助一般戏剧家研究光线的支配法，近来就专研究纯粹用光线感动人的情绪，刺激人的神经，他曾说：“不必借重戏剧的表演，也不用布景的衬托，就可以使人发生喜怒哀乐的感情。”一天，他来约我们去看他的新发明。一进他的屋子，就看见星罗棋布，到处都是机器，他实验开演了一回给我们看，果然光怪陆离，变化无穷，奇妙异常。并且看时，忽喜、忽悲、忽惊、忽惧，一时百感交集，这真是见所未见，不禁惊异美国的科学文明已进步到这样！我有一篇《谈西洋剧之用光法》，可参看。演完以后，威尔佛雷德君说：“研究的还没有成功，所以现在并没有公开发表——还在秘密着。因为梅君远路而来，再见不知何期，所以特请参观参观，至于本地人见过这机器的，不过只有三五个而已。”

杜威博士等请吃晚饭，主客合起来共有五十多人，都是大学教授或是老博士。大家对中国剧和梅君的艺术都极端赞美，并且有很多人还向梅君详询中国剧的组织和特点。杜威博士说：“这次美国人得以瞻仰东方文化，大家都非常愉快。我时常想把高深美妙的东方文化搬来，让美国人看看，但是苦于我没有这种能力，不过只仗笔来写写、嘴来说说，此外更没有别的好法子。现在竟得梅君亲来表演，实在是件最痛快的事了！我不但为梅君成功庆贺，我实是为东方文化庆贺，借梅君之力，得以把它的美点宣传表现出来；又为美国人庆贺，借梅君之力他们得以瞻仰最高尚的东方艺术。那么梅君沟通两国文化，联络两国的感情，其力量真是大极了，佩服！佩服！”

芝加哥美术博物院院长乐佛尔君（Dr. Laufer），特请我们到院中去参观。到了以后，院长亲身引导观看一切，并加以解释。他说：“大致博物院的性质都是为沟通各处的文化而设的。本博物院也是抱着这个宗旨做法，所以对各处与文化有关系的美术作品，都尽力搜求；对东亚的文化，尤其注意。但是费了二十几年的长时期，用了几千万的巨款，所生的效果还不及梅君在这里演两个星期的戏大！”

芝加哥大学全体教授请茶会，校长因到外省去了，所以没能见面。有一位教授说：“芝加哥一埠本算是内地，与纽约海口的地势不同，所以风俗习惯也稍有分别。本地居民看见的外国戏较少，见过中国戏的人更是寥寥无几，这次梅君来表演，使本地人得看中国极高超的文化，大家非常感激。并且本地人也极能领略戏里的意味，同声赞美。这足见这次梅君沟通文化的成功。我们真该为中美两国国民庆幸，代表两国国民向梅君道谢！”

旧金山大学校长请吃午饭。饭间，校长说：“梅君这次到美国来，用自己极高深的学问和技能，表演中国极高尚的美术，使美国国民得以瞻仰东方的优美的文化，大家都快乐得了不得！比如昨天晚上有许多学生去看梅君表演《春香闹学》，回来非常满意高兴，滔滔不断地议论剧情的有趣、梅君表情的活泼。我对他们说：‘你们不但要快乐，并且极应该感谢梅君呢！不然哪里有这样优美的戏剧给你们看！’”梅君笑着说：“学生看了《闹学》恐怕于学风有碍吧！”校长说：“这里学生扰乱的情形，恐怕比春香的还要厉害呢！”说得大家都哈哈大笑。

罗森城波摩那（Pomona College）大学校长晏文士君（Charles K. Edmunds）对我说：“本校教授公会已经议决，赠予梅君一个文学博士荣衔，您同意不同意呢？”我说：“当然同意！”后来他和梅君说，征求梅君的同意。梅君答云：“贵校的美意，我感激不尽，但是我实在不敢当！”校长说：“梅君这次来美国演戏，宣传东方美术，联络中美感情，沟通世界文化，这样伟大的功业，几十年来还没有过，所以本校才议决把这个荣衔赠予梅君，梅君不敢当，谁敢当呢？”梅君无法推辞，于是就这样议定了。按学校赠给荣衔的规矩，应该等行毕业礼时举行，但是因为梅君船期已定不能等候，所以特定一天举行。那天仪式极为隆重。我有一篇《梅君受文学博士荣衔记》，记载此事很详细，可参看。

波摩那大学校长来谈赠博士衔的第二天，南加州大学（Southern California University）校长也来说，愿赠梅君一个文学博士荣衔，梅君感谢地答应了。举行授衔那天，正是南加州大学的五十周年纪念。得赠博士荣衔的有五六十位，再加上本大学的毕业生一百余人接受文凭，都在该大学的大礼堂里举行典礼。参观的人有三千多，仪节非常隆重。校长每授给一人学位的时候，台下一定大拍掌。给梅君的时候，更是全场掌声雷动，一直延长了两分钟。

哈威夷大学校长格尔佛德君（Dr. David Crawford）特请参观他们的大学和图书馆等处。

以上所写的学界的赞助，只是个大概。此外还有许多教授极有价值的谈话，因为当时匆忙，没能够记下来，以致现在都忘了。并且不但把很多有价值、值得研究的议论没能写出来，就是所写出的这一点，也是残缺不全——甚至把许多谈话中最精彩的地方也遗去，这是最可惜的。

（载于《梅兰芳游美记》，齐如山著，题目为编者加）

侨胞：与有荣焉

齐如山

梅君这次出国，各界帮忙的很多，可是旅美的侨胞们尤其热心，到处赞助，这固然是侨胞历来的情形，因为凡是中国人到美国，无论是哪界人，侨胞没有不极力帮忙的。不过这次尤其热烈，一则因为美术界的出国，这是头一遭，所以大家特别感到兴趣；二则别界的人，差不多都有一点党派的分歧，美术就绝没有所谓界限，所以这次无论哪一界、哪一派都极力援助，此外自然也是侨胞爱祖国心真重的缘故。只有伍宪子先生因发生误会，稍稍有点反对的论调，其实是我们初到美国的时候，宪子先生本也极热心爱护，后来到了旧金山因为办事有点不对的地方，以致发生误会，得罪了他，不过后来大家也都明了，伍君还来了一封信解说这事，并嘱我们不要介意等的话，足见这的确是一时的误会。

现在把帮忙的诸君略略写在下面，纪念他们的热忱。

维多利亚港

我们刚到维多利亚港时，有一位司徒旄君，字英石，就到船上来欢迎招呼，指点得非常周到，并且在本地几种报上替我们极端地鼓吹，又和本埠诸位侨胞雇了两辆汽车，带着我们游逛各处名胜建筑，遇有趣的古迹或奥妙的建设，都给我们详细说明。以后又请在中华会馆茶会，末了又同船伴送我们到西雅图，沿路办理指示一切。司徒旄君固然是热心了，就是维多利亚埠其余的侨胞们，也对我们非常爱护。

西雅图

到了西雅图的时候，该埠代办领事和侨胞多人都来慰问。因为我们所办的护照有不十分合例的地方，照规矩是不能登岸的，但有当地领事作保，全体人员立刻登岸，没有一点留难。这固然是美国国家的特别优待，但是侨胞帮助的力量也极大。旧金山的侨胞也公推邝秉舜、司徒宽、陈健泰三位作代表，预先到西雅图等候欢迎。邝秉舜君等并带着几十张护照，防备我们应用。因为美国入境的护照，种类很多，不能通用，比如：若只游历的护照，就不能演戏，因为演戏带营业性质。我们这次所办的护照，有些不大合例，也正是这个缘故。旧金山有一个中华大戏院，每年由美国政府办护照八十张，预备随时约角应用，所以他们常有富余着的票，这次特地带到西雅图来，以备我们不时之需。虽然我们没有用着，但对人家这番好意，这番用心，却非常感激，不能忘却的。

到西雅图第二天，旧金山的几位代表和本地的侨胞，开了一个欢迎大会，他们都认为梅君这次出国是来宣传祖国文化，大家应该极力地帮助。开完会以后，又分头与各埠去电报、写信，代我们宣传，并嘱咐各埠侨胞要极力帮助。他们诸位的热诚，实在令人钦佩感动。

我们中国在西雅图的留学生不过二三十位。一天，全体请我们吃饭欢迎，并且说：“这次梅君来到美国，美国的空气想不到那么好，学界的空气尤其好。盼望梅君到纽约后努力地做去，不必害怕，不必气馁，一定能得极好的结果。不过中国剧旧有的短处，应该减去就是了。”我们说：“减去的已经不少了，但是也有许多地方，看着仿佛是短处，其实却是很好的地方。”于是把这回的办法大致说了说，大家极以为然，又谆谆嘱咐我们：“万不可仿效西洋的办法，失了中剧的精彩。”我们回答说：“这个自然！”

芝加哥

由西雅图乘车东行，没到芝加哥以前，接到芝加哥侨胞两个电报，嘱咐我们务必在芝加哥停留一天，好让大家欢迎，但是我们已经把到纽约的日子告诉纽约的办事人了，纽约的欢迎会等也已预备整齐，不能失信。所以，在芝加哥是不便停留的，于是给芝加哥打了一个电话，把这困难的情形说明并向他们辞谢。

第二天，车到芝加哥的时候，欢迎的人极多，有华侨会馆代表、学界代表、友谊会代表、梅氏公所代表等，都来慰劳。梅氏公所的人尤其多，招待也尤其热烈。按梅氏公所是旅居美国梅姓所组织的，在美国姓梅的中国人，统共有六七千人，在芝加哥一埠就有两三千，势力极大，因为侨胞对宗族观念非常的深，所以欢迎梅君尤其热烈。并且说：“如果有用我们帮忙的地方，只管来信，千万别客气，我们一定充分地帮助，这不但为梅君个人的关系，却是全国面子的关系！”

纽　约

车到纽约时，侨胞来的人更多了：熊总领事崇智、大实业家李国钦、美术学会会长郭秉文、大银行家张公权、华侨公立学校全体学生、广东八和会馆旅美全体会员，都到站欢迎，此外侨胞共到了七八百人，老早在那里等候。公立华侨学校特编了套《欢迎梅兰芳歌》，命全体学生在站上高声歌唱，表示欢迎。唱完以后，站上几千人鼓掌，轰然震耳，那伟壮的响声好像冲上云霄。欢迎的情形可算热烈已极，全体小学生又每人赠梅君一枝鲜花。出站后，就往普拉擦饭店，各侨胞又都同到旅馆，纷纷地述说纽约的情形和欢迎的程度，并嘱咐我们什么地方要留神，什么事情要注意。他们既然这样热心，这样热诚相待，我们自然很感谢，并请他们多多指教我们。

在纽约演剧成功以后，各侨胞对驻纽约的总领事熊崇智君说："这次梅君出国，于东方文化影响非常的大，总领事有什么意见呢？"

熊总领事说："这次梅君宣传文化的成功，不但于东方文化影响极大，就是于中美两国的感情也增进得非常多，这真是千载难逢的好机会！从前各国彼此遣派专使聘问，专为疏通意见，联络感情，这样国家要费好多金钱，可是所得的结果却远不及梅君到美国来的一次。国家不费一点钱，不费一点事，能够得这么大的效果，真是不容易办到的事，梅君于我们国家的功劳大极了！所以我一面要与政府去公事，请政府奖励梅君，一面要极力劝梅君趁这机会到美国内地各城游历演戏，以便宣传，果然能下这功夫，梅君费力并不十分大，可是于国家的好处就无穷了！"

各侨胞听了这席话，非常高兴。第二天，熊总领事和各侨胞都来怂恿我们，并替我们筹划到各城的去法，还有很多人往各处去信，替我们接洽。

在纽约的中国留学生很多，都很热心，没有开演以前，有几位常到后台帮着料理一切，等开演以后，又有许多到各处探听舆论，每逢听见一点有关系的论调，必来告诉我们，并嘱咐我们应该怎样对付法。

有一位王弘君，号弘尔，是山东人，在美国留学多年，专研究戏剧和电影，所以对于我们尤其热心。只要课余有闲暇时，必来与大家聚谈，并问有什么事可以交给他办。因为我们带的翻译太少，全仗王君帮助。自到纽约起，直到离开纽约止，中间共有两个月的工夫，王君每天必到，并且常替我们到各处去接头，带着同仁到各处去参观，连一切的零碎东西都归他替买。因为他在纽约人熟地熟，比我们初到的人买着又省事又便宜，又因为是研究戏剧的人，所以无论一件很小的东西，也买得很在行。

纽约全体华侨开了一回华侨大会，到会的有六百多人，共坐了七十几桌。演说的很多，不必都详细说了。大致总是说："梅君这次不远数万里来到美国，专为宣传东方文化，这种热心毅力，我们佩服已极！我们本应当尽力地帮助，但是这些日子——自从梅君来美的消息传到这里，这儿人们对梅君的空气好到无以可加，能够大成功，是没有问题的，也无须乎我们的力量。不过梅君有什么用着我们的地方，只要通知一声，大家一定全体赞助！”等话语。每人说完，全体鼓掌欢呼，由此令人感到众位侨胞爱国心的热烈。

纽约的梅氏公所开了一次欢迎会，到会的有二百多人。会长演说：“中国与外国发生交通这些年，彼此来往的人很多，可是中国人到外国宣传文化的，这却是第一次。不料第一次就是我们的同宗，这于我们梅家的同胞，有多么大的光彩呢！既是畹华给我们添了许多光彩荣幸，我们对于畹华应该怎样的钦佩！应该怎样亲热！”说到这里全场大鼓掌，会长又说：“可是我们不能空空地说钦佩、亲热就算了事，我们大家应该有点表示才对。要怎样表示法呢？就是倘若畹华有用着我们的时候，我们应该极力帮助他，热诚地帮助他，这不但是帮助梅姓全体，因为畹华成功于我们全体都极有光荣，并且是帮助我们中国，因为畹华这次来美于国家的体面很有关系。”说完，全场又大鼓掌。

芝加哥

芝加哥的侨胞比纽约的也不少，我们到了芝加哥，一下车就有四五百人在站台上等着欢迎，其中梅氏公所来的人尤其多，各团体送的花把有八九个。大家簇拥着梅君出了站，到旅馆后又分头替梅剧团诸君安置旅馆，接洽饭馆，非常热心。饭馆主人也是华侨，所以对于本团诸君招待得极周到，一切事都可以照诸位的意思通融办理，所以梅剧团诸人在芝加哥吃住都极舒服。

侨胞各团体也联合起来举行一次欢迎大会，共坐了五十几桌，大家对各种事都详细地指导。

梅氏公所也欢迎了一次。在纽约、芝加哥、旧金山三处都有梅氏公所，可是在芝加哥的人数最多，所以也坐了三十几桌。大家对梅君很亲热，宛如家人一般，每天总有一两个人到旅馆来问：“畹华有没有什么事叫我们做？有什么事须得我们帮忙的？”遇有应办的事，我们也就毫不客气地请他们帮忙，他们也办得非常热心。

旧金山

我们由芝加哥到旧金山，火车到某站时就有旧金山的三位代表预先来欢迎，并且说明旧金山筹备的情形。大约是华侨各机关联合起来，组织了一个欢迎会，会员都到车站欢迎。车一到旧金山，就见站台上人山人海，只算华侨就有几千。华侨的各机关各派代表到站，又公推了几位小姑娘，给梅君送花把。华侨各学校的学生、乐队也都到了，并排着队和市政府的乐队分拨前后随行。又举了十几个人，担任指挥照料。沿途所过各街都有很多侨胞站立，惊喜地望着，等走到中国街的时候人更多了，不但街上站满，连各楼窗前都站了个风雨不透，大家发狂似的拍手摇手绢，欢呼畅叫。我们坐车一直到了欢迎会的场所——就是中华大戏院——里面已经挤满，见梅君进来都起立鼓掌，甚至于有好多人高呼："梅兰芳万岁！”开会后，请市长、张总领事、美国商会会长、中国会长演说，礼节很隆重。

各重要人又特别开了一次茶会，大概说："这儿的一切宣传一点也不用费力了！因为在纽约的大成功，各报纸对梅君的评论，此地人已经知道得很详细了。至于梅君的艺术怎样好法，中国戏剧怎样高法，更可以不必说了，报上只消登出哪天开演就够了！”

华侨设立的各学校、各医院都曾开过欢迎会，并导观一切成绩。

旧金山梅氏公所也开了一次欢迎会，到会的有一百多人，说了许多家庭闲话，却是异常亲热有趣。

檀香山

我们还没到檀香山的头一晚，就接到檀香山的侨胞们一个电报，嘱我们与船主交涉，最好使船晚一点靠岸。大概因为船定的是6点钟靠岸，他们恐怕那样早，欢迎的人会不齐的缘故，所以后来又与船主一个电报，请务必在8点钟靠岸，好容大家欢迎。船主应允了。第二天清早，我们刚一进口，就有十几位代表到船上来，纷纷给我们套花圈，梅君项上的花圈已套得过了头顶。下船后，预备了六辆汽车，有几位陪着我们去拜地方官长，拜完以后，就到中华商会赴欢迎大会。会中他们报告我们说："在这里一共只演七天，日期似乎太短些，所以戏票卖得非常快，七天的票已经销了九成，若能再续几天，也一定能卖满座！"但可惜船期已定，不能更改。他们又说本地情形与美国内地不同：此处华侨受的教育比较高，很有几个人在美国大学里当教授，所以与美国人的感情尤其融洽。并且这里各国人都很多，大家自小在一起，自然容易亲密，因之对国界的观念很浅。这次梅君来，无论哪国人说起话来都非常欢迎，可见戏票卖得这样踊跃，并不是偶然。

有一位侨胞说："前些日子，本地人看见纽约的报上说'受五万万人欢迎的大艺术家梅兰芳'等话，作者的意思大概也是中国四万万多人，日本一万万来人，合起来差不多有五万万人。现在梅君又受到美国全国人欢迎，这么一算就是六万万多人了，这六万万的数目，差不多快合到世界上居民总数的一半，所以此地有人说：'梅兰芳的头衔，可以说是受全世界过半数人欢迎的梅兰芳。'"

自到檀岛以后，天天有人陪伴我们游逛各处名胜，参观各学校工厂等。尤其李克昌、叶香甫几位最热诚。大家都觉得中国的艺术在世界上成了功，于大家都有光彩，所以非常高兴。

全体华侨又合开了一次欢迎大会，到会的有一千多人，挤得几乎不能动转，闹闹攘攘，各人面上都带一副喜悦的神气。会里约了很多官长、绅董，又约了本地土人歌舞会，全体演奏助兴。并请出华侨各位闺秀，歌舞奏乐，各显她们的特长，姿势腔调都非常美观动听，并且言语举止都极高尚，由此可见华侨在海外受教育的高深了。

我们离檀香山的时候，因为这才算出美国的国境，所以各种箱笼都应该详细查验。各位侨胞都帮着整理箱件，公事安排运送，并且到各方面去接洽。他们对于祖国的爱护，处处关心，对于我们的亲热，指导照应，做事的勤敏，圆满周到，实在令人钦佩，到现在我们想起来还感念不尽呢！

（载于《梅兰芳游美记》，齐如山著，题目为编者加）

新闻界：如有材料，很盼寄来

齐如山

我们到了坎那大的维多利亚埠（Victoria），船还没靠岸时，就有三家报馆的记者来访谈，并且给梅君照了许多相。有一位访员说："两年前就听说梅君要来美国，那时坎那大各报关于这件消息登载得非常多——差不多天天有——不想现在果然来了，正如旱时久盼的雨居然下了一样，大家的高兴可想而知了！但不知梅君在美国演完以后，能不能到坎那大演些日子呢？"梅君回答："现在还不能定，但是若在时间的可能里，我非常愿来坎那大观光！"那位访员说："您若定准来以后，务必赶紧给我来一个电报，好在报上告知久盼着你来的人，也让他们喜欢喜欢。或者您若有应该发表的文字材料，很盼望寄来，报上一定充分地登载。这并不是专为梅君个人宣传，而是把东方文化介绍到坎那大省，这也是报馆应尽的责任。"

到西雅图和圣堡尔的时候，也有许多新闻记者来谈话，并且照相。

在芝加哥换车，只有一个多钟头的耽搁，可是新闻记者便来了十几位。他们发问："中国剧有什么特点？和美国剧有什么分别？"我们回答说："各国的剧本宗旨大概都大同小异。说到演剧的方法，可以用'歌舞'两个字概括中国剧。因为在中国剧里，没一点声音不是歌，没一点作用不是舞，处处都用美术的方式表演出来。这种地方是与美国剧像真动作不同的。"记者又问："在纽约演完以后，是不是还到芝加哥来一演？"梅君回答："一定来的！”记者说：“梅君这次在纽约一定能得大成功。不过，我们希望你若有什么要宣传的文字材料，只管寄来，一定按次发表，绝不能耽误。”又说：“梅君这次到美国来，正是沟通两国文化的绝妙办法，也正是报界赞助沟通文化的绝好机会。”等等的话。

到了纽约，一下火车便看见月台上立着许多照相架子。听见旁边的人纷纷议论：“这些照相机都是新闻记者预备欢迎梅兰芳的！”接着有许多访员来欢迎，在站台上只照了很多相，并没有长谈。到旅馆后，又来了许多访员，不仅纽约的新闻界，连各国的访员都有。他们都说“如果有要发表的材料，只管交给我们，一定尽量地发表，并且无论什么时候，只要有用我们的去处，都可以极力帮忙，有嘱咐都愿照办”等话。当天和第二天早晨的各报纸上，就都是“梅兰芳”三字了。

在一个报上，有一段梅兰芳的新闻，标的题目是：“受五万万人欢迎的一位大艺术家梅兰芳到纽约了！”他所以要写五万万人，意思大概是：中国有四万万多人，日本有一万万多人，合起来差不多有五万万。这个新颖的题目非常惹人注意，曾轰动一时。

开演以后，各报更是极力地赞美揄扬。其中《纽约时报》（*New York Times*）向来不注意戏剧，尤其不登戏评，这次竟做了一篇长文章，对于中国剧和梅君个人都极力称赞。并且还把这篇文章登在报面，占了两大行。纽约人士都互相传诵，认为这是一件极特别极可惊的事。

《纽约世界报》（*New York World*）也登了一篇评论，大概说：“看了梅君的戏，只能了解百分之五，就是在这五分之中，也不敢说一定是真的了解，但是看了还不到三分钟的工夫，我已经非常满意了。”又说：“我现在要奉告看戏的诸君：大凡看一种特殊或是新奇的艺术，起初总是不大容易领略，这是一定的道理。这次看中国戏，也是这种情形。起头一看，诸君一定感不到什么趣味，或者因为不懂，竟听得头痛也是有的。但是你们不可不耐着性儿听下去，倘若实在忍耐不住，就请你们到戏园子外面去换换新空气，疏通疏通脑筋，再回去看。总要耐过十分钟后，再往下看，就自然会感到梅剧的兴趣了。若是听得稍有一点不舒服，你就走了，那可是把看高尚优美的东方艺术的机会失了！这才是一件极可惜的事情呢！”

《论坛报》（*Herald Tribune*）上，也写了一篇评论，大概说：“梅君天资聪慧，艺术高深，加以青年玉貌，所以这次来美成绩极好。头几天开演上了满座，还在人意料以内，想不到演了四个星期，天天满座，由此可知美国人对中国剧欢迎的程度了。中国剧的组织法极高妙，实在不容易学，可是竟有机会看这样好戏，看这样完美的艺术，岂不是一件极快乐的事么？”又说：“梅君的表情深刻不用说了，只要看过的人都可以知道就是他的为人，不但文雅，并且极谦恭和蔼，一个大艺术家能修养到这样，实在令人钦佩！”

纽约有一家希腊文报，也做了一篇很长的文章，来揄扬中国剧和梅君。纽约人对这篇文字非常注意，大概因为希腊本是旧有文化的国家，他们的议论一定有些特别的见解，中国剧由他们一提倡，更容易引起众人的重视。

纽约别的各种报也都纷纷评论赞美，不把梅君看作平常的演员，不称呼他是大艺术家，就说是沟通文化的专使。各杂志也都是极好的评论，比如杨君（Stark Young）发表了几篇文章，极力提倡揄扬。他也真能把中国剧的妙点和梅君的长处说出。其余各杂志差不多也都争着登载，竭力提倡赞扬。有报纸和杂志这么一来，闹得全市喧腾，纽约各界人更另眼相看了。

一天，报界公会开历年大会，到会的共有四五百人，虽然各国的人都有，但都是本会的会员，只有我们几个人是特请来聚餐的。梅君一到，会长和各股主任、重要人员，都上前招呼行礼，并给各会员一一介绍，大家对梅君都非常恭维。席间畅谈一切，尽欢而散。第二天，各报就把这个聚会详细地登载出来了。这会里共有二十一国的通信员，所以各国的电报在第二天也都发出去了。这种鼓吹，对中国剧、对梅君都有极大益处。到了芝加哥，芝加哥报界公会也开了一个欢迎会。各报都极力地提倡，可是芝加哥的报和纽约的报，对梅君的观察点有一点不同。比如纽约报议论梅兰芳，总是用世界或欧洲各国的名角来比较；芝加哥的报就总用美国的名角来比，虽然他们议论的范围不同，但提倡的美意是一样令人可感的。

到旧金山，报界也极帮忙。在那里演戏的第二天，就有一个报上说："东方各报对中国剧的组织和梅君个人的艺术批评得很多很详细，并且都是非常恭维，但是据我看来，还没有把梅君的妙处说尽。"

又有一个报上说："我从前看过几次'唐人戏'（唐人戏就是广东戏，在旧金山有两个班子），当我没有看梅兰芳的戏以前，总以为既都是中国戏，一定差不了许多。谁知道看过以后，才知道梅兰芳的戏距唐人戏远的程度，比美国戏距唐人戏的程度还远得多！"

罗森的新闻界也很帮助，我们还没有到罗森，刚到旧金山的时候，就有很多罗森的访员来访谈，有几家报馆都来要材料，好拿回去预先宣传。

檀香山火奴鲁鲁只有一家英文报，报馆的主笔就是前任檀香山的总督。我们没到以前，这报就有很多宣传，既到了以后，该主笔又特约我们相会，对一切事都详细指教。报上对中国剧和梅君的艺术都极力说明赞美，生怕本地人们感不到兴趣。

总之，梅君这次在美国的成功，报界的力量很大。可是报纸的效力，完全在他们自动发表的评论和新闻来提倡，若只靠我们自己登广告，那不但花钱太多，效力也就差多了。

（载于《梅兰芳游美记》，齐如山著，题目为编者加）

民众：谈梅兰芳，看梅兰芳，听梅兰芳

齐如山

当我们坐“坎那大皇后”船到坎那大省维多利亚的时候，船还没靠岸，就远远望见在码头上有几千人向这边看。我们都奇怪，这样多人在那儿做什么呢？想不到梅君一下船桥，大家都蜂拥过来，拍手欢呼。我们才惊喜，原来他们都是等着看梅兰芳的。因为我们出国以前，在坎那大地方并没有布置，宣传更是一点也没有，谁知船一傍岸，居然有这样多不相识的朋友们在等着欢迎，实在出人意料。

在西雅图，有中美商界联合开“欢迎梅君兰芳大会”。市民们早就得着这个消息，到了那天，梅君到会以前，在会址门口就立了成千成万的人等着看梅兰芳，把一条大街都挤满了。等梅君一到，都轰然拍掌，梅君脱帽表示谢意，大家也立即脱帽还礼，一时但见万帽乱舞。直到梅君进了会场后，大家才欢喜地散去。

由西雅图坐火车到纽约去的时候，沿路各站都有很多人在月台上等着瞻仰梅君丰采。火车一停，就有的拥上车来请签字，有的在车外脱帽行礼，一直乱到车开才得清静。尤其是到了圣堡尔（St. Paul）和芝加哥时更热闹。在芝加哥因要换车，一出月台，便见人山人海，四面一看，都是扬着乱摇的雪白手绢。挤着来求签字的更是一个还没写完，那个早又递过，简直应酬不过来。

我们到了纽约车站的时候，看热闹的人更多了，秩序颇乱，后来有警察们由月台口到车站外门两旁都用绳子拦隔众人，在人丛中分开一条道路，另外有十几位巡警随行保护，才得安然走出来。两旁有脱帽的，有摇手绢的，更有许多抛鲜花的，抛得梅君满身都是鲜花，当时情景非常好看。梅君沿路脱帽，表示谢意。以后又有许多人拿着鲜花，亲身送到梅君手里，梅君也感谢地一一接收，后来接得抱不了，我就替他抱了好多，到旅馆后数了数，一共得了鲜花八十几枝。

到纽约以后，有几家大商店派人来商量，想借梅君的行头在商店玻璃窗里陈列几天。我们商量的结果以为固然是商店广告的性质，但间接也是替梅君宣传，所以就答应了他们。等陈列出来以后，那些商店窗前果然挤挤攘攘，围看的人不断。

自从开演以后，纽约各处街谈巷议，茶馆酒铺里的坐客们，大致十之七八都是谈论梅兰芳。有人说："梅兰芳真是大艺术家！"有人说："台上所说的话我们虽然不懂，但是看梅兰芳那样好的表情，也至少可以明白了十分之九。"有人说："怎么梅兰芳扮起女人来比一个真女人还好看呢？"

有一天，我和朋友们到一个饭馆里去吃饭，听见邻座几位正在高谈阔论。有一位问一个很漂亮的姑娘说："你看过梅兰芳的戏了么？"

那位姑娘说："我所有的亲戚都看过了，就是我一个人还没去过呢！"

那个说："你实在应该去看看！"

姑娘说："我起初总想既不懂音乐又不懂语言，一定没什么趣味。谁知他们看了回来，都说好得了不得，又说表情非常细腻灵活，一切情节看得非常明白。被他们说得我也心动起来，急着要去，不想这几天又总买不到票了！"

那个人又说："不但表情细腻——你只要看他手的动作，样式那种好看，真是形容不出来！"

姑娘又问在座的别人说："这话是真么？"

大家一齐说："实在是真的！尤其是你这大跳舞家，更该去看看，并且于你以后跳舞，一定有很大的益处。”

姑娘说：“凡看过的人都这样说，我更懊悔早不去买票了！不过，我一定要想法子去一次。”

又一个说：“怕你看了以后还要想看呢！”

一天，我们看自由神，在码头上候船的时候，就顺便到附近一个小公园里去散步。走了一会儿，旁边就围了一千多人。梅君每一出门总是这样，不必都详细地说了。

纽约有一个大花厂，忽然出了一种新花，该厂经理就到我们住的旅馆来，问我们说：“我们厂里出了一种新花，还没有起名字，我想把它叫‘梅兰芳花’。一来作梅君到纽约的纪念，二来我们厂里可以借这个机会宣传——使人容易注意。梅君愿意答应么？”梅君立刻就答应他了。他非常高兴，就将花和梅君合照了一张相，到各处宣传，果然全市轰动。过了几天，就是“鲜花展览会”，他把梅君的相片和花摆在一处，又写了一大篇说明。那天他特来请我们去参观。一进会场就看见各种花卉陈列着，烂漫如锦，鲜艳射人，非常美丽，可是大家最注意的却是“梅兰芳花”。花旁很多的人总是拥挤不动。这固然是人家对商业的用心无微不至，但也足见美国人民对梅君的心理了。

在纽约演戏的两个月里，天天总要接到几封南方各城学界团体、公共团体和各个人的信，都是欢迎前去演戏，差不多都是说，“看见纽约的报纸，知道中国戏非常高尚古雅。还有朋友们从纽约来的信，也说凡看过梅君戏的人，都说中国戏古雅，梅君的艺术高妙。我们看见这些报和这些信，对中国剧对梅君羡慕得不得了了。盼望梅君到这里一演，饱饱我们的眼福”等话。

到了旧金山车站，一出站台口便见有许多人等着看，挤得一步也不能走，连栈桥和房顶上都站满了人。后来因为市长命巡警极力维持，才得出来。沿路两旁停立的人也有好几层，还有许多人坐着汽车，停在街上等着看。梅君和市长同坐一车，因为人太拥挤，所以车走得极慢。走过几条大街，才到欢迎会会址——中华大剧场。一路见的都是万头攒动，白花花一片手绢，黑压压一层帽子，在空中乱摇，人声喧哗，非常热闹。到中华大剧场后，休息了一会儿，就举行欢迎会。来赴会的更挤得没一点空儿，连窗外都立满了人，伸着头扒着玻璃向里望。

我们到旧金山的第二天，旧金山妇女会——听说共有会员五千多人——就派了五个代表来表示欢迎。

她们说："旧金山这些日子裁缝太忙了！"

我们问："为什么呢？"

她们说："因为听说梅君到这里来演戏，有许多妇女都要特制时新衣服去看戏，所以裁缝特别得忙。这真是从来少有的现象，可是现在已经满城的人宣传，以为美谈。"

一天，到埠外赴朋友的宴会，回来的时候要乘飞机，但是买飞机票时须写姓名。那飞机公司里的人一见有"梅兰芳"三字，就特别招待，并且给下机的站台打电报报告，嘱咐他们对梅君务必小心护卫。下机站得到这个电报，立刻宣传到外面去，等我们下飞机出站的时候——距上飞机不过十几分钟——在门口等着看的人已经有六七百人了。

在罗森城的时候，一天去逛狮子囿，这是世界最大的一个狮囿，地方共几百亩，养着狮子一百多头。可巧那天参观的人很多，我们到得太晚了，囿门已经关闭，后来和囿主说明，囿主破例派人重新开门，并且引导我们各处参观。看完后，一出囿门，等着看梅兰芳的人早又聚了一千多，求签字的更是不断，一直签到天色黑了大家才散去。

檀香山有一种风俗：凡是欢迎一个人时，都要把一条花绳套在他的脖子上，说"Aloha"（幸福的意思）。这绳不许摘下——至少回家才可以取下——因为摘了去便是对送花人不恭敬的表示。我们到了檀香山，船一靠岸，就拥了许多人来给我们送花绳，梅君得的尤其多，他脖子上套的各色花绳已经过了头，盖着眼睛看不见事，没法子，只好道了歉，将绳摘去。但一会儿工夫，又套满了。这样一直摘了几回，套满了几回。据本地人说："这是从来没有见过的盛况。"

总而言之，梅君每到一埠，演过一两天戏之后，便听见到处大街小巷、茶馆酒肆，差不多都谈论梅兰芳。无论他们的议论注重哪一部分，但都同样的赞美。梅君若是到了一个地方去逛，总有许多人等着瞧。总之，梅君每到一处几天，哪儿的人便像吃了兴奋剂一样，全城鼓舞起来。谈梅兰芳，看梅兰芳，听梅兰芳——这种情形，也不能都详细写尽，以上只不过在每城举出一两件事，就可以知道各处人们对梅君欢迎的情形了。

（载于《梅兰芳游美记》，齐如山著，题目为编者加）

获赠学位：名至实归

齐如山

梅君兰芳此次游美，到处受无上之欢迎，学界尤为重视。前在纽约、芝加哥等处演剧时，各处学校校长、教授等观梅剧毕，多对学生讲演中剧之构造娴雅有法、梅君之艺术敏妙无匹。至关于音乐戏剧等班之教授，更无不告令学生观梅剧者，盖皆承认中剧有文学之价值也，及到罗森（Los Angeles）演剧将毕，有波摩那大学校长晏文士博士（Dr. Charles K. Edmunds）及邓勤博士（Dr. Kenneth Duncan）者，皆友人司徒宽之业师也。一日对司徒宽君曰："前读纽约、芝加哥等处之报，对于中国剧及梅君艺术之批评，异常佳妙，咸云有文学上艺术上极大之价值。及梅君到此演剧，吾二人及各教授往观数次，果如所言，且梅君之长处，报中尚有未尽者，真名下无虚也。吾侪协议，欲由本学校赠予梅君文学博士荣衔，君试为叩之。"

司徒宽君来商议于余，余告梅君，梅君逊谢，鬮佥以为此名誉学位，当无不可。司徒君以告校长，校长乃召集全体校董、教授大会，提出此议，得一致赞成。于是校长来言，六月十六日为本校毕业之期，赠予梅君荣衔典礼即于该日行之。司徒君曰梅君大致于六月六日离此，赴檀香山，必不克候。

校长曰："本校赠衔之礼，向极隆重，倘本人不到，则不便赠予，此校章也。今年春本校欲赠予施肇基君法学博士荣衔，因彼往欧洲，不克亲到，遂作罢。此次如梅君不能到，则殊为难处。"

司徒君曰：“檀岛行期已定，不能变更，奈何？”

校长曰：“容吾思之，或有变通办法，可提前开一特别大会行之，但仍须全体校董、教授通过，盖十余年前，曾有英国工党首相麦克唐诺君（Ramsay MacDonald）来美，东方某大学赠予荣衔，亦因彼不克候，遂提前开一特别大会赠之。数十年来只有此一例，兹可仿照行之。顾此事本不易通过，所幸梅君名誉伟大，或能全体赞成也。”

次日，又召集大会，提出此议，竟获全体通过，乃定于五月二十八日举行。届期，午后二时，梅君先到校长宅，余与司徒宽、梅其驹三人同行，盖梅其驹君亦襄理此事者也。梅君就校长室易礼服毕，由邓勤、徐璋两博士陪行至该大学。礼堂约可容千余人，台上列椅二十余列。校长、梅君、邓勤、徐璋坐第一排，其余则校董、教授百余人，分坐之。余亦滥竽其中，皆着博士服，雍容大雅。台下为学生，两廊为来宾，一堂济济，皆极肃静。对面楼上则坐高级生二百余人，尽着学士冠服，尤为庄严。

入座后，先由校长致开会词，奏乐，对面高级生唱《庆贺歌》毕，由福丽满博士（Dr. Luther Freeman）代表全体教授，登台讲演。先讲《青年人之义务及责任》，末云：

> 现由中国来一青年，大可为人取法，此青年为谁？即梅兰芳君是也。吾初次看梅君之戏，为《春香闹学》，见其滑稽之态，笑不可仰，及至后台晤面，则又见其静穆之气，盎于面部，接人谦恭和蔼，便知为一极大之艺术家。以梅君名满世界，而见年长者犹以执手于礼，此吾美国青年最缺乏之道德，故吾应以为法也！在中国之礼教，原系如此，如父兄并称，子弟列侍，可知青年人对年长者之举动应如何矣。故中国每见人恒问贵庚，盖倘比己年长，则当执弟子礼，所谓十年以长则兄事之，五年以长则肩随之，此亦吾人所当取则者也！

讲演毕，邓勤博士离位，对校长斜向立，校长亦起立。邓勤博士致词曰：

兹有中国大艺术家梅兰芳君者，艺术之高，世界之公认，无待赘述。但人只知其为大艺术家，而不知亦大文学家也。梅君于演剧之外，更竭力于戏剧之学问，研究剧学二十余年，创作甚多，贡献于社会者亦极夥，家中藏书甚富，关于戏剧图书尤多。近在北平首创戏曲学院，自任发起人。梅君不但有功于艺术，且有功于社会，更有功于世界，兹特介绍于校长之前，请校长赠予梅君文学博士荣衔。盖梅君贡献于社会者与校中赠予荣衔之规章，极相符合也！

言毕，乃请梅君起立，介绍与校长。校长曰："邓勤博士所言，君之贡献社会之成绩，本校长早有所闻。兹代表本教授公会，赠君文学博士荣衔。"言毕，亲授予博士文凭，复由其他两博士将"博士带"与梅君着于肩上，全场鼓掌致贺。

梅君登台演说，其词为语体，今径以原文发表之：

校长先生、校董事诸公、教授公会诸公、各同学、各来宾：

兰芳今日得蒙奖授荣衔，非常感谢诸公！此举是表现对于我们中国人最笃厚的国际友谊！兰芳不过是微末的，个人游历贵邦，是要吸收新文化的。随带表演自己一点艺术，借博贵同学者之批评。游历将完，细心体验，知道果然能够得到诸公对于我们民族，益加谅解和同情，这不啻是我们的艺术成功，乃是贵国人士的好感，能够明了我们这次游历的意旨。从广大的意义上言之，我们此来是要尽我们微小的力量，促进文明人类的最恳切希望的和平。按照历史的例证说来，真和平不能够从武力上得来的，人类希望的和平，不是暴乱后的平静，真的和平是要从精神理智与物质里面增进人类的发展和生长，要维持世界的真和平，人类是要互相了解，互相原谅和同情，是要互相扶助的，不是要互相争斗的。我们中美两大民族，希望的人类和平是根据国际的信用和好感。要达到这个目的，须要大家从艺术和科学上有具体的研究，要明了彼此的习惯、历史的背景，及彼此的问题和困难。

兰芳此次来研究贵邦的戏剧艺术，荷蒙贵邦人士如此厚待，获益极多。兰芳所表演系中国古代的戏剧，个人艺术很不完备，幸蒙诸公赞许，不胜愧怍。但兰芳深知诸公此举，不是专奖励兰芳个人的技术，乃是表现对中国文化的同情，表现对中国民族的友谊。如此，兰芳才敢承受此等真大的荣誉，以后当益加勉力，才当得起波摩那大学家庭的一分子，不负诸公的奖励！

梅君演说毕，复由梅其驹君用英语重说之。说毕，掌声雷动，历数分钟之久。

当即奏美国国乐，对面礼服生复唱国歌，全会起立。歌毕，礼成，各博士均来握手，口称“多克他尔”（博士）。梅君进致贺词，校长及当事诸公皆曰，梅君演说词命意异常之高，本大学赠予荣衔以来之演说，此为第一，即索全词排印，分散学生，永远保存。

复与众人拍照，又与校长合拍一影毕，校长特请梅君与余等在该校饭厅晚餐。厅共设三十余桌，每桌十余人。余与梅君及同仁共坐两桌，座上有校长家族、邓勤博士家族及教授数人。其余有学生三百余人，共食之制，意在表示亲近，故欢悦气充溢四座。食将毕，有音乐组之学生起立唱歌三次，以致敬意。末又移至梅博士座前歌之，尤为表示亲近也。饭毕，校长导观宿舍等处，时已八钟矣，乃兴辞而归。梅君、余及徐璋博士共乘一车，路间花木繁盛，橘柚尤多，蓓蕾满枝，异常美丽。次日各报饱载此事，亦皆云梅君之演说，设词命意极为得体也。

（载于《梅兰芳游美记》，齐如山著，题目为编者加）

第四章
张大千：试学唐三藏，还不能到西天？

青城峨眉写生记

肖建初　张心瑞*

抗战期间，父亲返回四川，定居成都。常住青城山上清宫写生作画，我们也随往。当时，岷江与雪山之胜，青城山涧泉石之幽，成了画家取之不尽、用之不竭的资源。蜀中气候，有冰雪而不严寒，有盛夏而无酷暑。千姿百态的山花野藤，浓妆淡抹的粉蝶鸣禽，品目繁多，优美动人，为他山所罕见。尤以清秋红叶，在悬崖或草木丛中，红、橙、朱、紫相映，遍布山谷。这令人欲醉的青城景色吸引着父亲，不分春夏秋冬，长年留在名山，为其传神写照。这个时期，父亲以青城为题材的作品不下千幅。其中以一枝红叶、一只蝴蝶、一根野藤为主题的作品，更为人们所喜爱。几片红叶，经过父亲的巧妙组合，别具匠心的描绘，形成娇艳的花朵；一只善于装点自己的蝴蝶，在寻花播粉的繁忙劳动之后，安详地栖息在清平的大自然里；一根古藤带着两三片朴素的老叶，体现它们在不适宜的环境里，不但顽强地生存下来，而且要愉快地活下去。这些在世界上微不足道的小小生物，父亲以歌颂的心情描绘了它们的形象。老而不枯，破而不残，虽是残山剩水，出现在父

* 张心瑞：张大千长女，自幼随父学习书法、绘画，在四川美术学院工作。肖建初（1910—2002）：四川德阳人，1936 年起师从张大千，成为入室弟子并被招为东床。四川美术学院教授，全国美术协会会员，国际文化艺术交流中心四川分会理事，当代著名国画艺术家和美术教育家。

亲的作品里，毫无颓废之感。真所谓笔有限而意无尽，为花鸟草虫画开辟了新局面。

1943年，父亲从甘肃返蜀，又到青城，带回天水红爪玉嘴鸦十余只，放之山中繁殖。在上清宫种植梅花数百株，修复麻姑池，为麻姑造像勒石。像用单线白描，造型端庄清俊，姿态生动优美，飘荡有力的彩带，更见运笔功力之深。这是父亲在临摹敦煌壁画之后，为神话故事人物造像的一幅作品。他运用唐人壁画的风格，以造型健美，性格突出，用笔简练，行笔敦厚等优点，改变了他过去作人物画的面貌。

对于称为“天下名山”的峨眉，父亲也是常来常往。峨眉有积雪封山，不能长住，但5月初已有早开的山花出枝于悬崖峭壁间。峨眉山势雄伟，大气磅礴，云海亦与黄山有不同之处：黄山奇秀，峨眉纵横。由于峨眉气候变化大，雨多雾浓，来往匆匆的人每每一无所见而回。所以有人说峨眉虚有其名。实则峨眉最不易画。由于雨雪甚多，竹树茂密，落叶甚厚，苔芥丛生，因而峰峦岩壑起伏，非如他山之外露而易捉着。父亲在峨眉有一寺便住一寺，这样逐渐画到山顶。后来他又专住到接引殿作画。他说，画山住在半山好，上下往返方便。既可俯览，又可上望。接引殿观日出不亚于泰山，金光万道，瑰丽耀眼，变化奇绝，大海巨浪不能及。父亲后来常以金、朱、青、绿画雪山风景即本于此。在接引殿曾以十余幅峨眉山景及山中野卉装点殿堂（皆丈余巨幅）。后山寺毁于火，画皆不存。今峨眉老僧宽明法师尚能追述其事。

（选自《父亲的画业》，载于《回忆张大千》，全国政协文史和学习委员会编，中国文史出版社2015年版，题目为编者加）

试学唐三藏，还不能到西天？

肖建初　张心瑞

1941 年，父亲往游嘉陵江，沿江而上至广元千佛岩，见唐代石造像已毁于修建公路，甚为惋惜。当时汽车已可到达玉门，因思西出嘉峪往寻敦煌石窟。遂乘车至天水，登麦积山。由于石窟多年失修，只能在下层观看，虽破烂残缺，但当年工程之浩大，艺术之高超，已可想见，于是便坚定了探寻敦煌石窟的决心。

西去敦煌，不仅车难找，路难行，食宿都成问题。朋友多劝其不去，父亲却风趣地说：我们试学唐三藏，还不能到西天？

在兰州遇到一位石油钻井工程师，他在玉门油矿工作，为父亲一行找到了油矿运输车，途中经过武威，得见西夏文碑记和其他一些历史文物，顿解途中疲劳。

汽车只能到达敦煌县城，欲去莫高窟，尚须穿行四十余里的沙漠，并须自带食物与卧具以及一切生活用品。于是雇牛车，租马匹，由赶车人引导，经八小时跋涉，到了莫高窟。父亲一跃而至洞口，由于沙土堆积，不能进入，但洞外残存的壁画与彩塑已使人惊叹不已，深恨相见之晚。

敦煌石窟文物，1900 年就被发现，早已闻名世界，然而我国在此之前尚未组织专业团体去过。

父亲到达莫高窟后，首先一面翻阅国外资料和国内点滴报道，一面做进入石窟洞内观察的准备。次日，天尚未晓，父亲即携带蜡烛与电筒，请了两名庙内僧人，带上铁铲排沙开路，尽一日之劳，得其大略。有三个寺院尚有喇嘛供佛；有的洞窟保持较好，窟门宽敞，光线充足，壁画与塑像保存较完整；而有的走廊已毁坏，许多洞窟通行困难；有的流沙堵塞洞口，不能进入。但无论洞窟大小，窟内窟外，下至墙脚，上至屋顶，满布壁画与彩塑。数量之多，艺术之高，确属罕见。从历史而论，上至北魏、西魏，经隋、唐、宋、元以至清朝，经过1500余年，连续不断，可说是一部最丰富的活的中国美术史教材。

经过夜以继日的精读细审，十余日后，初步走遍了能进入的四层洞窟大小四百余个。在此期间，父亲用他随身带去的绢素，选临了二十余幅尺寸不大、形象比较完整的唐代单身壁画，其中有供养人、天女、高僧和菩萨像。而且用赞叹的语言，概述敦煌石窟状况，函告成、渝两地文化教育界的亲友，并将所临壁画寄到成都举行展览，当他的《西行纪游画展》在成都展出时，博得了社会上和舆论的支持和赞赏，同时也受到很多好心肠人士的劝告，他们说敦煌壁画就是水陆道场的工匠画，庸俗不堪入目，画家沾此气息便是走入魔道，乃是毁灭自己，而为之惋惜。父亲对此置之一笑，却决心对敦煌壁画作系统的研究与临摹，同时将自己收藏的明、清字画卖掉，以作开支的经费。接着从青海西宁塔尔寺请来五位从事宗教绘画的喇嘛，他们善于磨制颜色，缝制画布，烧制木炭条，制金粉、画笔等。他们运用金粉的亮度可谓绝无仅有，烧制的木炭条，细如发丝，宽如面条，刚柔适度。这五位喇嘛画家在父亲临摹敦煌壁画的工作中，起了一定的作用。

父亲一生不喝酒，不吸烟，不玩牌。善饮食，爱步行，记忆力特强，长年无休息，每日工作八小时以上。如有来客，一面应对一面作画。在敦煌石窟近三年，工作不分昼夜，对于石窟壁画，很快就能道出某画在某窟某处，条理出不同时代的各种风貌，研究出各种变色的原因，及其剥落者的原始面貌，进一步探索不同时代的各种表现手法，掌握其特点，并寻找窟内相类似的壁画，互为参考，使残缺者完整，变色者复原。他临摹的每一幅画，都是用尽了功夫，务期忠实地恢复原状。其中如第 20 窟供养人罗庭环夫妇像，因画在洞口外面南北壁上，清同治时曾遭火焚，又长年受风雪吹打，下部残缺，无丝毫痕迹可寻，上部戴冠，亦多模糊不清，然而此画确属唐天宝年间难得佳作，像高七八尺，优美生动，人物各具性格，背后又加衬鲜花绿柳，富丽典雅，其题名字迹，殊不减于李北海。为了完成这一画稿，父亲推敲了很长时间。同时，为了便于以后对敦煌艺术的研讨，父亲还对石窟的结构、彩塑与壁画的内容、多寡、大小均作了文字记载，并作了年代的考证。莫高窟上下四层，从底层由南至北，按顺序往返编制了窟号，共为 309 窟。

距莫高窟十数里为西千佛洞，离敦煌县约七十里。戈壁分为南北两壁。南山党河急流灌其下，石窟崩毁殆尽；北壁有佛窟旧痕者绵延约三四里，壁中尚残存北魏至宋、回鹘、西夏等时期的壁画，自东至西共有 19 窟。考其原迹，当不在莫高窟之下。由于毁坏太甚，父亲只作了记录和洞窟编号，未作临摹。

安西万佛峡，唐代名榆林窟，去城南约一百六七十里。窟前绿树成荫，急流清澈如镜，但四周皆戈壁，无人烟鸟迹可寻，亦无寺僧，虽盛夏日中，水寒刺骨，风沙不停。窟的结构与敦煌莫高窟略异，外窟有里外窟，中通甬道，与他窟相连，今存 29 窟。自唐至宋、回鹘、西夏、五代均有壁画，亦有少数元代壁画。榆林窟第 17 窟的盛唐壁画，技艺之高，保存完好如新，又为敦煌莫高窟所未有。其西夏壁画，颇似宋代卷轴画，虽不似唐代壁画之富有生气，但工整仍属可取。父亲为探寻榆林窟，曾往返数次，临摹了其中具有代表性的作品十余件，因饮食与安全都没有保证，故未在此长留。

水峡口，考其原始应与榆林窟相近，绵延长数里，窟形与榆林窟相似。由于急流冲刷，仅残存六窟，为宋代壁画。考残迹，与北魏相同。父亲为洞窟编了号，未作临摹。

父亲在敦煌近三年，对于境内石窟寺院，都作了考察。他倾注精力做了当时所能做到的事，临摹了莫高窟、榆林窟两处流传下来的各个时期较有代表性的壁画，按原样大小，追索原作面貌。用喇嘛磨制的颜色与画布，严格按绘制程序进行，务期达到完整的效果。其定稿之认真，甚于他自己作画。他常说，临摹是向前人学习，不能随心所欲，必须得其意，忠其形，传其神，不能靠文字解说。在壁画里，无论造型与设色，虽时代相近亦有区分，要看自己是否下够功夫。

父亲所临摹的敦煌壁画，有二百余件，小者数尺，大者数丈，虽是临摹，有同创作，确系呕心沥血之作。

1943 年晚秋季节，父亲由敦煌回到成都。为了整理壁画，他又借居昭觉寺。1944 年分别在成、渝两地展出，观者称赞不绝。这二百余件作品，现保存在四川省博物馆。

（选自《父亲的画业》，载于《回忆张大千》，全国政协文史和学习委员会编，中国文史出版社 2015 年版，题目为编者加）

敦煌行

张心智 *

夜行戈壁滩

安西距敦煌据说有两站路（骑马或坐大车需在中途停宿两次），沿途是戈壁荒滩，为了避开初夏的炎热，行路都在夜间。没过几天，安西县的范某已经为我们准备好了去敦煌的大车、骡马、干粮、蔬菜、干柴以及用大葫芦盛的饮水。

在一个夕阳西下的傍晚，我们分乘几辆大车、十余匹骡马，浩浩荡荡地离开安西城直奔敦煌而去。走出不远已是明月当空，那月光正好为我们照明指路。父亲行路喜欢观赏沿途的一切景物，尽管是沙丘、戈壁，他骑在马上仍然是一边仔细观察，一边向带路的向导了解当地风土人情。行至深夜，一路上除了父亲和向导的讲话声外，便是大车轮转动在沙滩上单调的沙沙声。走了整整一夜，次日黎明到了第一站疙瘩井。我们一行便在这里休息、吃饭，要到黄昏太阳西落才能动身继续前进。

疙瘩井是一个不满十户人家的小村落。村庄周围光秃秃的，看不见有农

* 张心智（1927—　），张大千长子，四川内江人。中国美术协会会员。1941 年随张大千赴甘肃敦煌临摹敦煌莫高窟壁画。曾任宁夏回族自治区博物馆馆长，宁夏政协副秘书长。

田，仅有的三四个当地群众，正在赶羊出圈准备放牧。我们一行十余人就地架柴起火烧开了水，每人端着一碗大叶茶，啃着晒干了的馒头。看样子父亲吃得很香，而范老先生只好吃开水泡馍了。父亲当时还风趣地对我说，要不是到敦煌，在成都想吃这个还吃不到呢。我当时年纪小，不懂事，回答说，吃到吃不到，反正我不爱吃这个。没有想到这句话把父亲惹生气了。他说："老子小时候，屋头（四川话把家里叫'屋头'）穷得很，跟着阿婆（指我的祖母）在内江街上卖画，回到屋头连红苕（红薯）都吃不饱。今天你们享福了，挑这挑那，老子能吃，你倒不能吃。"说完怒气冲冲地转身走了。过了一会，父亲的气可能消了，他又微笑着对我说："你看，这里的人好穷啊，他们吃着带麸皮的黑馍馍，喝黄米汤，只有一把盐，但还吃不饱，哪还敢想吃这个（指白面干馍），你咋个能嫌白面馍不好吃呢？"

父亲一向健谈，无论是书画、诗词、戏剧、体育、历史及各地风土人情、方言、烹调等天南海北，一谈就是几个小时。虽然要在这个四面都是戈壁滩的荒村野地休息七八个小时，但由于父亲谈笑风生，大家并没有感到寂寞，不知不觉地几个小时过去了，又到了开午饭的时候。午饭是拌面片，还有一碟凉拌萝卜，和早餐相比，可说是丰富多了。因为晚上还要行路，饭后，我们一行用马褥子、线毯等铺在群众房檐下午睡。

下午太阳偏西时，我们一队人马继续西行。一望无际的戈壁荒滩，犹如干涸的海洋。黄昏时候，在我们的右侧五六十米远处发现一大群黄羊，这群黄羊似乎知道我们不会伤害它们，看来没有逃跑的意思。一个个好奇地昂首望着我们这伙生疏的客人，一直目送我们走了很远很远。父亲从向导的谈话中，知道戈壁滩上随时都可能遇到少则十余只、多则数十只乃至上百只的狼群。向导说，如果人少遇到了狼群，往往会被狼伤害吃掉。我们听了，真是吓得毛骨悚然。

月色朦胧，黄沙漫漫。一路上马蹄声、车轮声紧紧伴着我们，不知道是什么时候，又把我送入梦乡。一觉醒来已是凌晨，我听见车外有人说已到了甜水井。

甜水井和疙瘩井一样，也是只有十余户人家的小村落。这里没有农田，居民靠放牧生活，看来生活相当艰苦。村里唯一的一眼水井，名曰“甜水井”。可是井里的水不仅不甜，而且又苦又咸，只能供牲畜饮用。真不知道甜水井的美名因何得来？这里居民饮用的水，据说要用毛驴从数十里以外的地方去驮，一次仅能驮两木桶，一户人家就得使用好几天，所以当地居民说，这里的水和油一个价钱。这时我才明白我们在安西县出发的时候，为什么要带几大葫芦的水。

我们停下休息，准备吃早饭。这一顿仍然是单调的一锅白水面片，汤里漂着一点点油炸葱花和几滴滴油珠，另外用盐和醋拌两碗水萝卜。父亲怕范老先生不习惯，取出在酒泉时别人送的点心，双手呈送给范老先生，他自己端着一大碗面片呼噜噜地几下就吃完了。

甜水井蚊子很多，而且个大，足有半寸来长，人被咬后马上鼓起一个核桃般大的包。加上戈壁滩上气候闷热无风，人像在蒸笼里一样透不过气来。好不容易熬到黄昏，又重整行装继续登程。原计划次日早晨可到敦煌，由于大家在“甜水井”都没有休息好，走了大半夜，才到达距敦煌县城四十华里的四十里铺，已经疲劳得难以支持，决定停下来休息。我们连饭也顾不上吃，就分头找地方睡觉，有的躺在车上，有的借宿当地居民家里。一觉醒来，已经是烈日当头，可以说是离开安西后两三天来，睡了一次最好的觉。因为天气太热，又只好等到下午才动身。

四十里铺与疙瘩井和甜水井相比，却大不一样。这里有好几十户人家，有稀稀拉拉的树木和农田，因而尚无荒凉之感。父亲带着我和姨母在村里转了一圈，发现有的居民房前屋后还有梨树、杏树。有的居民看我们是外地人，还热情地让到他们家里休息。

父亲性急，恨不得马上赶到敦煌，和范老先生商量后，决定提前在下午5点左右出发。离开四十里铺，一路上经过许多小村庄，我们一行十多人，加上三辆大车和十来匹骡马，可说是浩浩荡荡。说话声、车铃声、马蹄声难免不惊动沿途村庄里的居民。村里的男女老少都站在门口好奇地观望，甚至连他们喂养的狗也跑出来，在路边窜来窜去摇晃着尾巴，汪汪地叫个不停。

晚上 8 点多钟，天黑以前，到达距敦煌县城三四华里的地方，只见前方有数十人站立在大路的两旁，其中两人骑着快马跑来，到了跟前大声喊话询问：“是范副议长和张大千先生吗？”父亲和向导骑马走在前面，回答说是。来人立即满面笑容地告诉父亲说，前面是章县长和张会长（县商会会长）等人，已经等候多时了。

夜抵莫高窟

父亲听来人说“父母官”和地方各界人士已来迎接，随即下马禀告范老先生，同时也通知我和姨母下车恭候。这时章县长和当地驻军马长青团长（骑兵第五军马步青部）等人走向前来一一握手，客套一番后，大队人马步行到敦煌县城外一座堡子里住下。

堡子的主人是一位大商人，叫刘鼎臣，原籍河北省，到敦煌已经多年。听说他往返新疆经营药材皮毛发了财，在敦煌置了房地产业安家定居，为人耿直，广交朋友。他听说范老先生和父亲要来敦煌，一再向地方当局表示接待。当我们一行到达他家后，刘先生大摆宴席，盛情款待。范老先生和我父亲精神很好，席间，父亲向章县长等人提出，次日要去鸣沙山月牙泉参观游览，同时也表示要满足主人们的要求，待参观了月牙泉后，专门抽出三两天时间为他们写字、作画。

次日凌晨，范老先生和父亲一行由章县长、马团长等人陪同分别乘斩车（系骡或马拉的双轮带篷的车）或骑马去月牙泉。月牙泉在敦煌县城南约 15 华里鸣沙山下，是个沙丘围绕中的一弯天然湖泊。湖面呈月牙形，泉水从湖底涌出，据说水深达数丈。离湖岸不远有一座小寺庙，大家在小庙休息片刻，随即沿月牙泉湖岸绕了一周。听当地朋友说，爬上鸣沙山高处，往山下滑行，将会听到隆隆的声音。我们一行二十多人除范老先生等少数几人没有上山外，大家都吃劲地爬上了鸣沙山，然后又一齐往下滑，不到两分钟时间，果然听到四面发出轻轻的隆隆响声，由远而近，越来越响。当我们滑到山的下半部时，隆隆的声音犹如重型轰炸机从四面而来，十分有趣。

午后，太阳西落，我们一行返回住所时，早已有好几十人等着，看来敦煌全城的名流都已光临。吃饭请帖一一送来，父亲性直，首先向来者表示感谢，他征求了范老先生意见后说："诸位盛情，范老和我心领了，饭就不必吃了。我与范老打算在县城留下两三天时间，专为诸位写字画画，希望诸位谅解。"经过多次解释，最后总算把赴宴的事推辞了。

父亲是急性人，晚饭后令我准备纸砚笔墨，当晚为求画者们作画到深夜。不到三天时间，求画者的要求算是满足了。父亲紧接着向章县长等人提出要动身去莫高窟，便在次日下午 7 点钟左右，由章县长等人陪同骑马、坐轿车，一行人浩浩荡荡离开住所，向莫高窟进发。

莫高窟千佛洞，离敦煌县城东南约 45 华里。出城十里左右即踏上了戈壁荒滩，父亲骑在马上，习惯地四面观望。一路上，有人哼着秦腔，有人唱着青海花儿，不知不觉四个多小时过去了，到达了目的地莫高窟。这时已经是晚上 11 点多钟了，当晚住宿在下寺。父亲和范老先生稍事休息，便急切地带了电筒、蜡烛开始参观下寺附近的一个大石窟。这座石窟高大且深，又因为是夜晚，石窟里更加漆黑，但从微弱的光圈中，能看出石窟中间是一座倚山而坐的大佛，高达数丈。在石窟甬道的左侧（北面）有一小窟（耳洞），父亲进入耳洞用电筒四面照看，在正面墙上见有彩绘侍女一身，面部丰满，眉目清秀，服饰线条柔和而有力，一手持杖，亭亭立于菩提树下。父亲赞叹不已，反复观察，久久舍不得离去。由于骑了几十里路的马，又已深夜，加上朋友们劝说，父亲只好带着遗憾的心情回到下寺住所。他躺在炕上还对我说："听说这里有三四百个石窟，我们半天看一个，也要两百来天。原来打算走马观花，往返三个月，现在看来要下马观花了，最少也要半年时间。哑弗（我的乳名），能陪爸爸在这里待下去吗？"我当时自然是留恋成都的生活，但对父亲不敢说半个"不"字，便有气无力地回答说："能。"父亲又说今晚看的那个甬道旁边的小耳洞，就是当年的藏经洞，可惜里面的写经被英国人斯坦因盗走了不少。当时的政府并不是不知道，而是软弱、无能、腐败，外国人明目张胆地公开抢劫，不仅不敢追问，哼都不敢哼一声。由于疲劳，后来父亲还对我说了些什么，就不知道了。

下决心在莫高窟待两年

来到莫高窟的头三天，父亲一直陪伴范老先生参观石窟。因为范老先生将要返回武威，父亲更是形影不离。范老先生回武威后，父亲听说下寺经常来人，为了不影响工作，便搬到石窟南头的上寺住下。这里距离下寺大约两华里，比较安静。从搬到上寺后，父亲首先考虑的是对石窟进行记录。他沿着窟群用铅笔画了一幅石窟分布草图，按图纸给石窟临时编了号。后来父亲便每天带着我提着一盏煤油马灯，开始对石窟逐个详细观察，同时用铅笔作记录。父亲在作记录时，还把复杂的壁画内容以及各朝代的石窟形式、绘画特点都一一告诉了我。由于当时我仅十四五岁，对父亲所讲的领会不多，有时心不在焉，现在回想起来，真是一大损失，也是极大的遗憾！

莫高窟石窟坐西向东，由南至北，窟群排列基本整齐。有的地方有四层，也有的地方有三层或两层，以至一层。窟与窟之间原来有走廊或栈道相接连，由于自然和人为的破坏，加之年久失修，走廊或栈道已经不复存在。两层以上的石窟，后来一部分在窟内的左右墙壁开凿了一个门洞，和左右的石窟连接，故不少石窟的左右墙面上的壁画都遭到严重破坏。少数个别位置较高的石窟，攀登时必须搭梯子或从山上绕道方能进入。这给父亲记录带来极大的困难。作记录必须把石窟里所有的内容（包括塑像、壁画和题记）全部记录下来，这不仅是繁重的脑力劳动，也是繁重的体力劳动。这一重大任务仅凭父亲和我两人，看来是很难进行下去（孙宗慰先生当时主要画石窟里的塑像）。由于石窟里面的壁画需要拷贝把画稿描下来，有很多地方需要先搭上扶梯，还要来回搬动。高处要用绳子把两架梯子绑接起来，或同时要用两架梯子并排而立，父亲上去作记录，我爬上另一梯子提着马灯给父亲照明，而下面没有人扶梯子当然十分危险。鉴于这一情况，父亲托城里的朋友介绍了两位油工师傅，一位叫窦占彪，另一位叫李复（新中国成立后在敦煌文物研究所工作）。不久城里驻军马团长又派来四名士兵，父亲无法推辞，最后留下了两名。他们来到莫高窟后，帮助我们在石窟里搬抬梯子。父亲和我上到高处也不害怕了。请的油工师傅，都会画画，有时候父亲还请他们帮助拷贝壁画画稿，这就加快了父亲的记录速度，从此工作也比较顺利了。

转瞬间两三个月过去了，父亲的记录工作仅记了四五十个石窟，即便是进行到年底，也就是说半年的时间，最多也只能完成四分之一。没有记完就回成都，岂不半途而废？父亲为此反复考虑，因为这次来敦煌一切费用都由自己担负，长期在敦煌，从经济上说，只有出，没有入，不仅在敦煌要用钱，四川家里一大家人要吃饭，怎么办？这些实际问题给父亲带来很大的压力。最后还是从事业着想，毅然下定决心在莫高窟待上两年。

艰苦生活中的最大乐趣

当时我出于年幼无知，对父亲在事业上的追求很不理解，心里暗暗叫苦，心想这下可糟了，年底回不了成都，以后一年多的艰苦生活怎样熬下去？

父亲首次来敦煌，地方各界人士在生活方面都很关照，但和这些新朋友尚无深交，特别是当官的，父亲尽量避开，更不愿意在生活上去麻烦他们。幸好我们住所上寺的住持者易喇嘛有一匹马和一头磨面的小毛驴，父亲和他议定付给一定的报酬，借用他的马和毛驴，每过十天左右派人到县城去买一次生活必需品。县城蔬菜缺少，有时还买不到菜，或是易喇嘛骑马出远门一时回不来，父亲和我们只好吃白水面或是馍馍夹油炸辣子，一个月总有好几天过这样的生活。要是吃一顿大米饭、菠菜炒豆腐之类，可以说是改善生活了。

从父亲决定要在莫高窟工作两年后，他更加繁忙了。为了准备下一步的工作，还需要筹备大量的经费。他白天在石窟工作，晚上回到住处在烛光下作画到深夜，有时候要画到后半夜两三点钟才放下笔休息（新作的画陆续寄回成都委托朋友举办画展）。当父亲和我感到疲劳时，便打开留声机听几段京剧唱片，如孙菊仙的《三娘教子》、金少山的《牧虎关》《连环套》等。当父亲画得比较满意时，便放下画笔也学着唱一段余叔岩的《打棍出箱》，或者给我们讲一段故事。这对父亲当时来说，可算是艰苦生活中的最大乐趣了。

（选自《张大千敦煌行》，载于《回忆张大千》，全国政协文史和学习委员会编，中国文史出版社 2015 年版，题目为编者加）

敦煌双雄

王子云*

我认识张大千先生以前，他的名字我早就听说过，我在国外时也看到过他的展品。1941年，于右任从西北视察回来后，对我们说敦煌莫高窟是我国最大的艺术宝库，藏有许多古代的壁画和彩塑珍品，要我们去看看，调查调查。于是由当时政府的有关单位主持，组织了一个共有十多个人参加的西北文物考察团，其中包括历史、考古、美术等各方面的专家，由我担任团长。我们于1941年冬从西安出发，到敦煌时，张大千先生早已在敦煌莫高窟工作半年了，这时我才正式认识张大千先生。他矮矮胖胖的个儿，留了一脸的大胡子，一领长衫，风度很是潇洒。

我们考察团到达敦煌后，也在莫高窟住了下来，断断续续在那儿待了有一年多。我们住在下寺，张大千他们一家及门人、朋友等住在上寺。那时在莫高窟就只有我们两家。但说来惭愧，我们这个由官方组织的考察团，经费却微乎其微。张大千虽是私人自费出来临摹，随行的人也不少，但比起我们，则要阔气得多了。加之当时莫高窟各方面的条件极差，什么都要从外面

---

* 王子云（1897—1990），原名青路，字子云，安徽萧县人。中国现代美术运动先驱、中国美术考古的拓荒者。早年毕业于国立北京美术学校，后来考入法国巴黎国立高等美术学院。一生桃李满天下，雕塑家刘开渠，画家王青芳、吴冠中、马海舟，文艺界的王朝闻、艾青等大家，都是他的学生。

送来，张大千见我们的生活很清苦，于是经常找些借口请我们去他那里做客，其实也就是吃饭，改善一下伙食，四川人称之为“打牙祭”。吃过饭后，我们则天南海北地闲谈，四川所谓的“摆龙门阵”。张大千这个人很健谈，知识、阅历都很丰富，有时他还把自己珍藏的古代书画名迹拿出来让大家欣赏。那时他已是名画家，也有钱，但他对待朋友、同行，确实是很热心的，对人也很随和，没有大画师的架子。

我们考察团在敦煌时，也临摹了不少壁画。由于经费紧张，我们用的颜料、画布等，都没有张大千的好，临摹的方法，也与张大千有所不同。我们是从文物角度出发，如实临摹，即壁画是个啥样子我们就画成个啥样子，而张大千临摹的敦煌壁画，把颜色都复原了，画出来就跟新的一样，非常鲜艳，甚至壁画上不好的地方他都给改好了。我们和他是各搞各的，各人按自己的路子办。不过老实说，不管用哪种方法，在当时的条件下，工作是非常辛苦的。我们都常常是早上进洞，晚上才出洞。洞内光线也不好，还要用各种姿势画，画上一会儿就累得不行，天冷则更糟，冻得画笔都拿不稳。张大千也是一样，经常是一头沙土，满身颜色。他曾打趣地向我说：“我们简直就跟犯人一样啰，跑到这里来受徒刑，而且还是心甘情愿！”

我们考察团临摹了敦煌壁画后，于1943年春离开敦煌。不久，张大千先生也离开了敦煌。回到四川后，由教育部主办过“张大千临抚敦煌壁画画展”，这对社会上的影响，以及对敦煌艺术的宣传作用，是相当大的。这是张大千先生对敦煌艺术的贡献。

（选自《敦煌老人忆大千》，载于《回忆张大千》，全国政协文史和学习委员会编，中国文史出版社2015年版，题目为编者加）

大千世界

冯幼衡 *

游居巴西，辟建八德园

1951 年，他和妻小从印度转到中国香港暂居，然后搭轮船经日本往南美打天下，那时他方值壮年，正豪情万丈。1952 年，先抵阿根廷的曼多洒，继而往巴西一游，发现了圣保罗附近摩吉山城的风景酷似四川的成都平原，树木苍郁、河流环绕，简直是人间胜境。他马上向地主—— 一位意大利药房老板买下这块土地，把全家从阿根廷接来，并在这儿开疆辟土，耗资 200 万美金开辟了人工湖——五亭湖，建造了一个有笔冢、竹林、梅林、松林、荷塘、唤鱼石、下棋石的纯粹中国格式的“八德园”。

从此，他在南美自己所营建的世外桃源里，度过了 17 年岁月。1972 年，在风景秀丽的美国西岸卡麦尔艺术城附近购置了“可以居”和“环筚庵”，又在当地定居下来。

1976 年，他自美返台探望朋友，在回美国的飞机上，他想起朋友们对他的关爱和中国台湾风物人情的醇美，于是，决定放弃已经营成心目中的理想中国式庭园的“环筚庵”，而在台北外双溪找到了“摩耶精舍”的现址。

---

* 冯幼衡，张大千在台北居住时的中、英文秘书。

一位怀有赤子之心的老人

“摆龙门阵”、品茗、逛花园、作画——是大千居士每天生活的基调。早晨大约 7 点钟，他就起来，开始一天的活动。

大千居士今年 82 岁，常为他看病的几位医生都认为他患了那么多年的糖尿病，还能保持这样硬朗的身体和过人的活力，真是奇迹。

的确，他的精神之好，一点不像一个 80 余岁的老人。他雅好美食，兴致来时，会亲自到厨房去，动手烧几个“大风堂”名菜。一旦发起脾气来，真情流露，大声怒吼，中气十足，哪有一点衰老之相？至于作起画来，画荷梗时，一气呵成，从无停顿；画荷叶时，大笔挥洒，浑然天成，让人不由看得目不转睛。画泼墨山水时，他全神贯注，把墨色和青绿倾洒而下，然后在混沌中拨出苍冥和大地河山，似乎凝聚于毫端待发待收的是万般的气势与无限的精神，旁观者唯有暗自心惊与叹服！

为了照顾大千居士的起居以及控制他的宿疾心脏病及糖尿病，目前有四位护士小姐 24 小时不停地轮流看护。他常对友人戏称：“我现在被‘四人帮’管制得动弹不得喽！”实则四位小姐都晓得，大千居士是最不受拘管的，如何控制这个任性病人的饮食起居，真是一门大学问。

保养顾惜画画的双手

每逢星期一三五早上，是大千居士做物理治疗的时间。

大千居士做物理治疗，主要为恢复他前年摔伤后的腿疾和加强手部的灵活。如果细心观察，当可发现，大千居士最怕他的手出毛病，因此随时随地，在饭桌上也好，聊天时也好，他会下意识地不停活动自己的手腕和手指，因为他说这是他“吃饭的家伙”。

午饭后，大千居士通常午睡片刻。他的午睡不像一般人那么安稳，他的睡眠往往一波三折，因为他白日里脑筋从来没有停顿过，上了床后，往往要看些书报（从国际大事看到艺坛、娱乐圈乃至地方版的大小新闻）才能渐渐入睡。但是他睡的时候，又不能完全把思虑抛开，有时在梦中会喃喃而语，念的不是作画的事，就是和家人的谈话。有一次他梦见自己斥责爱孙绵绵，绵绵羞愧地说，没有面目见人，要跳到河沟里。他惊得一身是汗，醒来时还伤心得落了泪。

他就是这样一个性情的人，一个82岁而不失赤子之心的可爱老人。有时，提起他的两位老师，清道人和曾农髯从前对他种种的关爱和赏识，他也会先眼睛一红，继而为之大恸。

他常说："我不是一个豁达的人。"因为他若见到特别喜爱的花木、盆景、石头，而未能如愿拥有，便会思念成疾；为了构思绘事，他也常苦苦思索，必至豁然贯通而后已。他常自叹为一个"情"字所羁绊——有恩情、亲情、友情、人情，也有爱情。他是一位率性而情深的艺术家。

执意保留传统的生活情调

在一切都讲求快速的现代，一般家庭对"吃"虽不至于仅以果腹为目的，但是力求简化却是大势所趋。像大千居士那样把"吃"当作一种艺术般爱好和追求的，恐怕是少之又少了。只有在大风堂，你才能看到一般家庭中快成为绝响的"吃的艺术"，也只有大千居士才能如此执意要生活在传统中国人所向往的生活情调里。

每天早晨7时许，他在护士小姐的搀扶下，先进早餐。一些大风堂的熟客、有早起习惯的友人，或是有事想与老人单独相商的，往往一大早就赶来，和他共进早餐。

他早餐常吃的餐点：油条烧饼、蒸饺（荤素都有）、小笼包、雪菜火腿面（他喜欢那清淡的味道）、红油抄手、红油饺子、臊子面、蛋炒饭、皮蛋稀饭、葱油饼、红豆松糕、黄鱼面、咖喱饺、萝卜丝饼。他在吃像萝卜丝饼、虾饺或烧麦之类的点心时，一定要佐以好茶。他曾迷上圆山饭店吕师傅的萝卜丝饼。他说从来没吃过这么好的萝卜丝饼，馅儿鲜美，外面的酥皮又做得恰到好处，即使当年上海著名的饼铺也远远不及。他第一次吃到这种萝卜丝饼是在赖名汤将军家里，立时大为倾倒。赖将军看他那么爱吃，要他把席中所有的包回去。他还不足，索性告诉赖上将："传药不如传方，你还是告诉我上哪儿去买吧。"遇到他爱吃的东西，他就是这么固执，必得之而后快。

书画、名点、好茶，不亦快哉

在四壁书画的环绕下，客人们尽情地谈笑着，往往不觉暮色将临。到了吃下午茶的时候，客人们纷纷从画室穿过天井，移驾到另一头的饭厅，准备享受一顿大风堂的好茶和美点。

下午点心和早点的花样差不多，有时会外加蚝油捞面、葱丝炒面、鼎泰丰的小笼包、银翼的豆沙饺、定做的青豆饺（甜），以及客人从永和带来的小烧饼，香港客从"镛记"带来的鹅肠、"天福"的湖州粽子等。此地"明星"的牛角面包烤热了香酥酥的夹点"忌士"，大千居士也很爱，这是唯一的例外——洋点心而能获得他的青睐。

吃下午茶时点心在次，最重要的还是"茶"，否则大千居士吃得就不开心。他最爱的是铁观音，其次是乌龙，平时也喝清茶。

大千居士喝茶是有学问的。他喝的茶，为怕灰尘，冲茶的第一道水要倒掉，冲第二道时，再依次倒入杯中：第一杯要少，第二杯稍多，第三杯再多……嗣后再从最后一杯由少渐多倒回来，这样每杯的浓淡和分量就均等了。大风堂平日都用扁平的铁砂壶泡茶，喝茶则用陶土制的棕色茶托、竹绿色小茶碗。至于喝清茶时，则需用白色的杯子，才能现出淡绿的茶色。这些规矩都不能造次，若是谁用大玻璃杯冲茶给大千居士喝，那就扫了他的茶兴了。

非常地好客

午饭时，除了大风堂的熟客外，桌上坐的多是自己人。晚膳时，大千居士喜欢留客，若看到圆桌上坐满了12个人，他就真正地开心。饭桌上气氛一热闹，他的胃口也大开，谈兴也高了。精神好的时候，甚至还亲自下厨，亮两手银丝牛肉、蚂蚁上树、辣子鱼给大家尝尝。

大千居士深知“独乐乐不如众乐乐”的道理，仿佛任何美味都要和朋友共享后才有真正的乐趣。如果说，有些艺术家是遁世的、遗世的，要在出世的心情下，才能幻化出飘逸出尘的艺术之花，那么大千居士毋宁是十分入世的，他不是不曾有过隐遁之思，但是绝大多数的时候，他都是那么热爱生命，热爱尘世间的欢乐，并且兴致勃勃地享受生活中的点点滴滴。

大风堂晚餐和中餐一样，平时是四菜一汤，但是有客时，则增为五菜或六菜。菜端上时是大盘海碗，座上食客再海量也可吃个痛快。

家常菜以川菜为主，其他菜为辅，如蒜泥白肉、凉拌茄子、荷叶粉蒸排骨、皮蛋拌豆腐、干煎明虾、油爆虾、鱼香烘蛋、蚝油豆腐、炝白菜、蟹黄白菜、棒棒鸡、宫保鸡丁、豆豉蒸鱼、辣子黄鱼等，都是常见的菜肴。

大千居士喜欢吃肉，看到青菜他便要皱眉头。有很长一个时期，他是无大肉不欢，必得东坡肉、樱桃肉、腐乳肉、梅干菜扣肉、垫红薯的粉蒸肉、红烧肉等菜上了桌，他才开怀。近来也许年岁大了，他比较偏好清淡可口的小菜和清汤。

令人回味无穷的佳肴

大风堂宴客时，又有另一套菜单，每每由大千居士自拟，书就后交付厨房，照菜单上的菜式去做，并依其序上菜。大风堂宴客的名菜有入口即化，且不油腻的狮子头，有以花雕酒蒸的酒蒸鸭，以及水脯牛肉、鱼面、六一丝、烩七珍，以及张府特制的煨排翅、鲍鱼，等等。

大风堂以前有过几位知名师傅，像在日本扬名的立万，拥有多家四川饭店连锁店的陈建民，以及不久前病逝于纽约以怪脾气知名的名厨娄海云都是。来台以后，大千居士也训练过新人，但都不能如意，后来又陆续用过几位川菜馆的大师傅，因不擅烧家常菜及大风堂菜，大千居士又开始训练一名悟性颇高、刀法要得的张姓少年。这位人称“小弟”的少年在大千居士悉心调教下，或许来日会是一位名闻四海的大师傅也未可知。

林园之胜，在在均可入画

初来大风堂的客人固然迫不及待地想看看大千居士的造园艺术，就是经常出入大风堂的客人，大千居士也常常会给他们一个意想不到的惊喜。

摩耶精舍的庭园不是一成不变的，它随时跟着主人的构思和意念而不断变化、创新。大千居士自己每天定要在摩耶精舍内漫步流连，让自己沉浸在一片浓密的绿意里，耳闻淙淙的溪流声，时有清风吹拂着他的美髯，一切是那么祥和美好。这时艺术家的心灵得到了憩息，生命中的活力不断在滋长，大千居士在自然的美景中感到衷心的喜悦，他的脸上也会露出孩童般纯真的笑容。

当他自己一人在护士小姐的搀扶下，在园中走动的时候，总是一面浏览景物，一面凝神思索着一草一木一石的布局，手指还不停地比画着。在他脑中呈现的，也许是一幅在一树错落有致、劲节孤高的梅花旁，斜倚一名美女的图画；也许是以盘曲纠结的黄山松和悬崖峭壁构成的奇绝之景；也许是如何表达出石的皱、瘦、透、漏、丑的章法……

在大千居士精心策划、不断建设之下，摩耶精舍的庭园目前已经很具规模了。

造境以自然、拙朴为主

从摩耶精舍一进得门来，就有一方池塘，里面有许多色泽鲜明的鱼儿彼此在游戏争逐。池塘的一边有丝丝杨柳垂拂其上，另一边前后竖立着几个高低形状不一的巨型木头，木头的表面显得斑驳而原始，外观却透着“拙”“厚”的意味。乍看，这一方池塘很有大千居士所画的“游鱼落花”的画意，着墨不多，但是轻松、悠游、精致兼而有之。

不但如此，这一景还有立体感，从各个角度看，这个池塘都有可观之处，都可以入画。甚至俯看、仰看都各有巧妙。几块巨木、石头，加上虬结的松树盆景，经大千居士一摆设，看来就有前景、后景之分。他以画理美化了真实的景物，丰富了人们的视觉。

进得摩耶精舍的四合院中央，是个天井。大千居士原有意从外双溪引进一道活水，环流天井四周，那该是何等清新可喜！然而当初房子肇建之初，没将这一节设计好，致使双溪之水无法在天井之内流动，这一直使他引以为憾。

不过，他仍然巧夺天工，在天井内修建了两个相连的池塘，和一条小小的沟渠，三者一气相通，环绕着天井。沟渠中有水草、小野花，颇富野趣。沟旁还有若干梅花，冬日里便有暗香疏影之美。而那两口池塘，一眼望去，竟有熟悉之感，原来它和石涛、渐江的画面大为神似。

池边堆的是几盆最名贵的黄山松，或盘曲，或倒立，或斜出。黄山松的特色是松子随风飘落于悬崖峭壁之间，因为终年不见阳光，汲取雨露而滋长，因此姿态奇绝，大异于一般松柏的向阳往上生长，而是有的向四边呈圆形生长，有的向斜下方生长，和黄山的奇峰突起、孤崖险境一配合，就成了最入画的黄山景致。

画境的落实

常出现于渐江大涤子画中的黄山清新奇辟之景，现在具体而微地呈现于摩耶精舍的一角，叫大千居士如何不得意？

从天井中穿出，则是摩耶精舍的后园。大千居士在这儿大兴土木了好久，一下建烤棚，一下筑亭子，一下修长廊，现在这些都已竣工。

来到后园右方，面临溪水，有一高敞，以粗的圆木为柱，以棕皮为顶，颇具原始风味的棚子，这就是“烤棚”了。大千居士有一阵子忽然强烈地怀念起北平的烤肉来，一方面他嫌外面卖的所谓“蒙古烤肉”已变了质；另一方面他也想好好重温一下在北平大啖十几碗烤肉的旧梦，因此大发豪兴，建此烤棚，为了让朋友吃到正宗北方烤肉的滋味。

由烤棚旁的绿地极目望去，一路都是美景，溪岸边堆有大千居士特选的巨石——当然这些石头的形状都能够“入画”，作为园中花木的背景。蜿蜒的白石铺成的小路旁，一路植的是浓密的梅花、山茶和紫薇。

路的另一头有七八缸荷花，夏日里，粉红的、洁白的竞开，荷的各种姿态——含苞待放时的稚嫩、盛开时的娇艳、残荷时的枯老，都在这儿呈现。这些最有价值的荷花，它们的风采早已收入著名摄影家胡崇贤的作品中，出现在大千居士自己笔底的荷花里。尽管每年一到秋初，荷事已尽，只剩得几根枯根空白摇曳，但是荷花的精神却已通过艺术而不朽！

“梅丘”之创，不让古人

近来大千居士最乐于介绍，也是客人们注意的焦点，都集中在林立于园中央的“梅丘”。梅丘是一块形状酷似台湾地形的巨型石碑。它是大千居士在美国西海峰的滨石乡社附近发现的，上面书有大千居士大笔挥洒、笔力遒劲的“梅丘”二字。

“梅丘”之得名，自然是因大千居士最爱梅花。但古人把“梅林”“梅村”“梅冢”这类名字都取遍了。大千居士说，他为了不落窠臼，才苦思出“梅丘”这个名字，自觉不让古人，别富创意。

非但“梅丘”是从美国运回来的，摩耶精舍中的一草一木、一盆一石，莫不是当初由巴西运往美国，再由美国运回台北。这笔运费他说出来令人咋舌，但是和大千居士历年来在他所好的盆石上耗费的巨额金钱相比，似乎又不算什么了，再加上他仍不以既有的为满足，继续不断地搜购，不了解他的人或会认为他“玩物丧志”，知道他的人就会理解，那是一种对“美”的追求与狂热，这是没有止境的。如果哪一天他停止了这种追求，他的艺术生命可能也就终止了。

金钱是为换心之所爱

就像他搜购心爱的书画真迹一样，只要他爱上的真迹，他总是一掷千金，无所顾惜。买盆景时，明知人家故意高抬价钱，但是即使上当、受骗，他也甘心，只求拥有心之所爱。他真是把钱视为身外之物的，难怪溥心畬把他比作李青莲，比起“千金散尽还复来”的豪概，他是一点儿不让李白的。

很多人说，如果大千居士会处理金钱，今天一亿美元的家当都有了。然而他今天仍是“富可敌国、贫无立锥”。何也？他把金钱都投资到盆石花木这些“无用”的东西上了！但是他从不后悔，虽然他曾富甲天下的收藏今天已脱手泰半，然而“大风堂名迹”这本记载他历年收藏的册子，已足以作为他永久的纪念，也可以让后人知道，大千居士曾经拥有过这些“雄视宇内”的瑰宝。至于那些奇石盆景，在他“观物之生”的时候，它们提供了他物情、物理和物态，给了他无尽的灵感和启发。正如石涛要“搜尽奇峰打草稿”一样，他四处搜求天下奇花异草来入画，正是艺术家的本色。

午睡起来，大概 4 点左右，是大风堂会客的时间。

每当此时，大画室里，总是一幅高朋满座、宾主尽欢的场面。大千居士当初把楼下画室建得高敞无比，为的就是想在晚年潜心作画，准备好在此画出几幅传世之作！但是谁想大千居士是一个辐射中心，他到哪，他的光热就吸引人到哪，因此画室不久就变成了会客室，而真正的会客室——客厅反倒人迹罕至，竟成了虚设。

书画珍藏要与朋友共赏

大画室的四壁挂的作品经常更换，有近代人的作品，也有古代名家真迹，总之每一幅画都大有来历。大千居士喜欢把他的收藏轮流在此亮相，一则避免尘封太久，二则也好和朋友共赏。

目前悬挂在画室的，右边是一幅《善孖伏虎图》，是大千居士兄长善孖先生在苏州网师园伏虎的相片。顺着目光转过去，是一幅大千居士老师曾农髯的“梅花”。曾老先生晚年才开始学画，因此看得出来，他画梅的技巧并不怎么纯熟，但是画出了文人画的风雅。

再过去是一幅曾农髯的四幅条屏，上面以古重厚拙的汉隶书着左思《三都赋》中的《蜀都赋》。上款题的是“怀忠先生正隶”。怀忠先生是大千居士父亲的名讳。

再过来是黄公望的《天池石壁》。这是大千居士不惜重金，要求北平国华堂老板割爱的一幅作品。画上有四川名翰林、张善孖先生的老师傅增湘所题的“大风堂藏一峰道人天池石壁园真迹无上神品”。

画像最为引人

挂在画室中央最醒目的地方，是一幅大千居士的30岁自画像。画中人蓄着黑漆漆的一脸络腮胡、两眼圆黑、凝视前方，其中有多少自信的神采，又有多少意气的昂扬？自画像四周，全是名家题款。这些名字有吴湖帆、叶恭绰、杨度、谢无量、散原老人、方池山、谭延闿、黄宾虹、溥心畬等32人。

其中联圣方池山（大方）题的是："咄咄少年，乃如虬髯，不据抉馀，复归中原。"杨度题的是："秀目长髯美少年，松间箕坐若神仙。问谁自写风流格？西蜀张爰字大千。"辛壶题："胸有诗书迥出尘，苦瓜画里认前身。谁知三十美髯客，笔底千秋压古人。"

细细看来，名家不愧名家，个个题得精彩，观者在赏画之余，还可以欣赏名家文采。不论壁上的画怎么换，大千居士最少总要挂一两幅他两位恩师的作品，以及他二兄善孖先生的作品。由此可见他对师长和兄长的尊敬怀念之情。

事事都关心

午睡醒来，大千居士精神正健旺，谈兴也高昂，于是和来客天南海北地摆起龙门阵来，从国剧名伶的动态，从前看过的四大名旦，金少山，郝寿臣，小翠花的绝活，艺坛近事，古人笔下的趣事，风雅人物，到中国历代画家的生平和绘事成就……听他聊起中国古代名家，尤其是他所专攻的石涛、八大，往往令人听得出神。以他数十年的涉猎和功夫，在中国艺术史方面，他可说是"学院派"以外的真正大师。他不仅在绘画创作方面，是画坛公认的"五百年来一大千"，就是论起鉴赏书画一道，他也早已超越"专家"的程度，而蔚然成一大家。

平剧（即京剧）名伶郭小庄也是大风堂热门的话题。

"小庄最近从花旦变成老旦喽！"大千居士语出惊人道。

"怎么回事？"客人很惊奇。

原来小庄上回演《王魁负桂英》戏中演出焦桂英化为厉鬼时，一个翻背跃下的动作把背弄伤了，至今未复原。她现在每来大风堂看望大千居士，都是拄着拐杖而行。

社会新闻也是大千居士深感兴趣的一个话题。每天入睡前，他都会把各大报的地方版看个仔细，许多光怪陆离的社会百态，他都耳熟能详。

作画——墨染河岳笔惊天

大千居士作画时，不怕人看，但是“观众”是谁，对他的画兴影响很大。遇到谈得来的对象，平日不想画的画，也在谈笑间完成了大半。如果碰巧他喜欢的人来了，他就越画越有劲，说不定还有神来之笔。遇到言语无味的来客，大千居士就要“唉”一声长叹，把笔一摔——“不想画喽！”

白天他要赶画的时候，多半躲在楼上新辟的一间画室作画，因为楼下的画室既已成了会客室，他嫌人来人往不清静。楼上这间画室在二楼的角落里，极其幽静，采光好，画室四围摆放着老人最爱的石头收藏。更有趣的是，在他画台旁的窗外，设有一槛笼，里面有一只乌猿和一只棕猿在顽皮地跳跃，不停地和作画的老人做鬼脸和滑稽动作，大千居士作画之余，亦不时对它们报以一笑。

老人作画一向一丝不苟，他从没有因为自己已是名家而有丝毫懈怠。外传他的画常是弟子代笔的，对他作画、为人稍有了解的人，就会知道那是完全不可能。以他对绘事认真和近于虔敬的态度，只要他画的画，一笔都不会假，一笔都不会造次。所谓代笔的传说，不过是造假画的人，故意放出的谣言罢了。

夜深人静，诚挚作画

入夜以后，是大千居士专心作画的时间。夜深人静了，他的精神才能集中。泼墨画多在白天精神好、体力佳时为之；入夜后精神耗弱，但是脑筋清醒，他就作传统山水。因为前者需一气呵成，非气势足不为功，后者则可以慢慢渲染经营，一道、两道、三道，慢慢皴，着力一深，画面自然浑厚苍郁。

大千居士在绘画方面能有今天的成就，绝非幸致。他一向主张“七分人事三分天”，他虽有绝顶的聪明，却深信“天才不足恃”的道理。

他九岁随母、兄学画，20岁时拜曾农髯、李梅庵（清道人）为师，从此发奋读书、习字、攻诗文。那段时期他定居苏州，一面与上海著名画家交游，一面用心摹拟名家的收藏。从20岁到30岁期间，他已把京沪间名收藏家的精品临摹无遗。洋溢的才华加上对古人笔法和神韵深刻的领悟，使他临摹出来的作品足以乱真。

曾农髯和清道人是大千居士习字的老师，而在绘画方面，古人石涛则可说是他真正的老师。大千居士浸淫于石涛的作品中，一直到五十余岁才完全摆脱石涛的影响。但是至今有时要完成一幅作品，他仍不免要指着自己的画道：“唉，今天这幅山水里头的帆船和人物仍旧是石涛的啵！”

（载于《回忆张大千》，全国政协文史和学习委员会编，中国文史出版社2015年版，有删节）

大千居士下厨记

蒹 葭

做菜原是雕虫小技壮夫不为的事，但大千先生却把它视为艺术。他不但论起吃“道”，处处皆是学问，就是亲临厨房化理论为实际时，他功夫的细腻和精到之处，也往往令人倾倒。谈到“吃”，大千先生的精神就来了。他会告诉你，缩得干干的皱巴巴的鲍鱼是上好材料，因为那是在活的时候抓到的，所以它感到痛，皱成一团；一般人认为好的漂漂亮亮肥肥厚厚的鲍鱼是早就死了的，味道反而差劲。他还会告诉你，明末清初的名士冒辟疆从北方找来一位厨娘，来时坐三人大轿，跟随仆从婢女十余人，来势不凡。她问冒辟疆：“你要做上席，还是中席？”冒问：“敢问何为上席？何为中席？”厨娘答：“上席需羊 300 只，中席需羊 200 只。”冒惊问其故，什么席要用上那么多只羊？厨娘说：“珍馔美味，就要用羊嘴那点羊馐，调汤炖菜都要用它取其味。”冒想，用 100 只羊的话丢不起人哪，只好说，就用中席好了。这就是大千先生饮食的哲学，要“吃”就不要怕贵，要用好材料，当真是“吃”无止境了。

一次用晚膳时，不知谁起的话题，谈到牛肉面。有人说台北以桃源街的牛肉面最有名，又有人说：桃源街的牛肉面味精多，半冷不热的，够不上标准；另一派则主张以前师大旁边龙泉街的牛肉面最棒，可惜早就拆了。大千先生不禁好奇地问道：“那么究竟台湾哪里的牛肉面数第一？”众人默然，似乎谁也想不出哪儿是真正绝顶美味的牛肉面。大千先生沉吟半晌，郑重宣布："明晚我亲手做两种牛肉面给大家尝尝。一种清炖，一种红烧，就请在座的几位，余人不请。"

立时举座欢跃，大家迫不及待地等着第二天傍晚来临，就是平日再忙碌的人也准备摒挡参加。能吃到大千居士亲手烧的牛肉面，这机会多么难逢！

第二天下午才5点多，摩耶精舍已是高朋满座，除了昨天的客人郭小庄父女、香港亦儒亦商的徐伯郊先生夫人、《联合报》的羊汝德先生而外，又多了闻风而至的历史博物馆的秦景卿主任、曾红遍大江南北的国剧前辈章遏云女士等，外加摩耶精舍的弟子多人。大家凑在画室里听大千先生说今道古，气氛已是十分热闹，想到即将品尝到的美味，空气里更有几许期待中的兴奋。

大家看大千先生坐得很笃定，奇怪他到底要什么时候做牛肉面。其实他五小时前便已在护士小姐的搀扶下走入厨房，命人煎豆瓣酱，搁牛肉，放作料，早把牛肉炖好了。

他做菜时，是自己指点分量，别人操作，但盐糖则必须亲自动手撒，并坚持一个原则：作料决不可像食谱上所书明的糖一匙、盐一匙什么的，那样就做不出什么好菜来。他主张加作料要用手抓，而且要抓得准，这才是真正的大师傅，然后细细地、匀匀地撒在菜上。

看大千先生做菜也是一乐。他调味就跟作画似的，太酸时就加点糖、太甜时就再加点醪抽（上好的酱油），不就跟他画画时藤黄多了就调点花青，花青多了就和点水和藤黄的道理一样？看大千先生在厨房里指挥若定，手抓作料的时候，你会发现他有着一双并非人们所形容的艺术家纤长荏弱的手，因之，你也可感觉到他并不是情感纤细、敏感多愁类型的艺术家；相反地，他有一双粗壮结实而又透着黄黑色的手，那是一双感情丰富的、果断任性的、执着于尘世欢乐的、做得出好菜、画得出好画，虽然到了80岁，仍然十分有劲、充满生命力的一双手。

候到快7点的时分，厨房传来话，请大家吃饭。上得桌来，只见四只大风堂特制的大盆已摆在桌上：两个白盆，一个盛红烧牛肉（带汁）；一个盛清炖牛肉（连汤）。另外一只带花纹的青盆盛宽面；带花纹的黄盆盛细面。此外还有一盘碧绿的芫荽和红辣椒丝炒绿豆芽（外边牛肉面都是加酸菜，这里是拌绿豆芽），以及七八个小碟，遍盛盐、胡椒、糖、醋、酱油、辣油各种作料，以备各人口味不同之需。还没尝，单看这漂亮的红绿颜色，已教人食指大动。红烧清炖，各取所爱。不过看趋势，年轻的似乎偏爱红烧，年纪大的普遍欣赏清炖；吃红烧的人觉得过瘾，吃清炖的人则细细品尝其鲜美。

这天，摩耶精舍饭桌上的气氛似乎和往常不大一样。平日边吃边说笑，这天大概牛肉面的味道太令人专注了罢，大家都埋头苦吃，似乎怕讲话耽误时间。平日为维持身材，一向粒米不沾的郭小庄小姐原来准备只吃一碗的，但她是北方人，从小喜欢吃面，又碰上如此令人垂涎的牛肉面，可是想添又不忍……就在她眼波才动之际，旁人立即起哄为她添了，她倒也爽快地说："干脆豁出去算了！"遂连添两次，吃了个痛快。片刻工夫下来，座上不管南人、北人，年轻、年老，个个都吃尽三四碗，阖座人频呼过瘾，大千先生也心满意足地笑了。这才是他最得意的一刻。他问大家："味道怎么样？满意不满意啊？"章女士的问答代表了大家的心声："好极了！味纯、肉烂！外面绝对吃不到！"

饭后大家又围着大千先生，问他牛肉面的做法。大千先生常向人表示，吃到别人的好菜决不要问人做法，因为那是他的绝活，不会轻易传人的，问了反而显得极不礼貌。这天大概大千先生太高兴了，要不就是他把做牛肉面视为雕虫小技，他竟详细地说明了做法。他说，红烧（实则正确的名称是"黄焖"，因为不需加酱油）牛肉的方法很简单，即：一、先用素油煎剁碎之辣豆瓣酱。二、放两小片姜、葱节子少许。三、牛肉四斤切块落入。四、花雕酒半斤（甚或一斤，视各人喜好）。五、酒酿酌量。六、花椒10—20颗。七、撒盐。八、烧大滚，再以小火炖，前后约四小时。清炖除了不要豆瓣酱外，其余方法同，只是自始至终要用中火炖，同时要不断地撇油沫，至干净为止。

从美食聊到四大名旦，客人们看年迈的主人亲手做羹汤，弄了一下午，也该疲倦了，于是纷纷告辞。在宾主尽欢、一切完满的情况下，主人也不再留宾。这时摩耶精舍天井中松影与月华交织，池塘里的水流涓涓，颇得“明月松间照，清泉石上流”的韵致，于是客人们带着齿颊间的芬芳，踏月而归。

（摘自台湾《中华日报》1983年4月16日）

第五章
傅抱石：待细把江山图画

烟云、山雨和黄昏

傅小石 [*]　傅二石 [**]

父亲对生活、对大自然有着深切的感情。他喜欢观察大自然的变化，从中汲取创作的灵感。当时我们所住的金刚坡是个典型的四川山区：层层山峦围绕着疏疏落落的村舍，到处是溪流、竹林和树丛，还有藏在深山里的幽静的古寺。无论你往哪里走都要翻山越岭。夜间犬吠声不断。到了夏季，常常是烟雾弥漫，不辨东西，而这种迷迷茫茫的景色，正是父亲所最为欣赏的。在那个季节，他常常站在家门口观看四周烟云的变化。若遇山雨欲来、风起云涌之时，父亲就会停下正在做的事，在轰鸣的雷声中奔到附近较高的地方，凝视那滚滚翻腾的乌云，时隐时现的山峰和在狂风中乱舞的树丛。直到暴雨来临，才穿着湿漉漉的衣裳回到家里。

父亲喜欢烟云、山雨，也喜欢黄昏。对我们兄妹来说，傍晚时分和父亲一同到室外散步，一边走一边听父亲说些有趣的事，确是无比的快乐。我们

---

* 傅小石（1932—2016），江西新余人，傅抱石长子。1958 年毕业于中央美术学院版画系。1970 年因保护父亲的四百多幅画作而被冤判入狱十年，平反后中风，右半身瘫痪，但以惊人的毅力改用左手作画，形成了自己独特的左笔泼墨没骨人物画风。代表作有《琵琶行》《春江花月夜》《敦煌壁画》《木兰从军》等。

** 傅二石（1936—2017），江西新余人，傅抱石次子。中国美术家协会会员、国家一级美术师、傅抱石纪念馆名誉馆长。擅长山水画和人物画，代表作有《峡江烟云》《待把江山图画》《风雨澜沧江》等。

总是先穿过门前的一片竹林，跨过清澈的小溪，再沿着用石板铺成的路，经过一条有茶馆和酒店的小街，最后登上高处的盘山公路。在那里可以尽情地欣赏日落时的山区景色：山头沐浴在金色的余晖里，村舍升起袅袅炊烟，牧童骑在牛背上唱着山歌缓缓归去。在这充满田园诗意的景色面前，父亲常常发出“美啊！真美啊！”的感叹声。在父亲的感染下，我们好像也陶醉在美好的大自然里了。

在这样的时刻，父亲和从事耕作的农夫一样也感到劳动后的轻松。所不同的是，父亲喜欢精神专注地观察周围的一切，有时还在小本子上记录着什么。

父亲喜欢观察大自然的习惯起初很令我们不解。我们不懂他究竟要在那变幻无常的烟云、狂暴的山雨和金色的黄昏中寻找什么。以后我们从父亲的画上找到了答案。父亲的得意之作，如《初夏之雾》《万竿烟雨》《潇潇暮雨》《暮韵》等这些备受赞赏、为父亲赢得荣誉的作品，所画的正是烟云、山雨和黄昏。而且画得那么真实，凡在四川山区生活过的人，看了父亲的画必定会感到无比的亲切。

于是我们明白了：父亲的画是从生活里来的，他那能使画面产生绝妙效果的技法也是从生活里来的。他所画的正是他强烈感受过的；他自己先陶醉在大自然中，然后再使别人陶醉在他的作品的意境中。

父亲是一个充满革新意识的艺术家。他热爱生活，忠于生活。在绘画技法上他十分尊重民族绘画的优秀传统，同时他又有大无畏的革新精神。早在20世纪40年代初，他就曾大声疾呼中国画需要“变”，认为只有“变”，才能使中国画适应生活、适应时代，才能恢复中国画的强大生命力，使中国画在世界艺坛上继续大放光彩。

（选自《回忆点滴》，载于《江西文史资料选辑》（第44辑），江西省政协文史委编，江西人民出版社1992年版，题目为编者加）

比印象派更印象派

沈左尧

1942年9月，抱石先生在重庆举行画展，这是他继东京书画篆刻展览以后在国内首次展出，即“壬午重庆个展”。

在中央大学艺术系，先生一直教理论课，同学还没有跟他学画的，见过他作画的人很少，有些教师甚至不知道他在作画。

当画展以中国画的崭新风貌突然出现在人们眼前的时候，大家都感到意外，像到了一个未知世界，惊叹不已。画展开幕之日，观众十分拥挤，风靡了山城。抗战中期，人们正在历经轰炸之后又迅速重建家园的积极精神与胜利渺茫的苦闷相交织的心理状态中，先生独开生面的艺术，有如一股新鲜空气冲破迷雾，使不少人受到启迪，展拓胸襟。那时，文艺界创作的戏剧和漫画正在鼓舞着民众的斗志。郭沫若先生的话剧《屈原》刚刚问世，抱石先生的第一幅屈原像也展出了。沫若先生在这幅《屈子行吟图》上题诗有云：“屈子是吾师，惜哉憔悴死。三户可亡秦，奈何不奋起？”最后高吟：“中国决不亡，屈子芳无比。”诗画配合，产生很大的力量。这两位文艺家对屈原的歌颂，不是为了“发思古之幽情”，而是通过历史知识的传播，使群众理解中华民族的伟大文化，宣扬中国不可侮、国家不会亡的真理。

在举行画展的同时，先生还在重庆、昆明等地报刊上发表了《从中国美术的精神上来看抗战必胜》等文章，从艺术的角度分析中国美术“雄浑”“朴茂”“积极”的风格来对比日本美术的“小巧”“枯瘦”“板刻”“破碎”，从而指出“日本这次发动侵略战争，就是把这幅最伟大、最积极的中国画看走了眼，弄得深入泥潭，不能自拔”。这是何等气派的战斗宣言！

先生的画高雅，又是过去在国画中从未出现过的风格，在社会上引起很大的反响，出现了收藏傅画的热潮。就在重庆预展的当天，除了“非卖品”，极大部分画都贴上了“红条”，被人订购。有几幅原来未标明“非卖”，先生又觉得其中有难得的灵感，不忍舍去，自己贴上“红条”保留下来。还有不少作品贴上了两个至多个红条：“某某重定”“某某再定”。这些人同时看中一幅之后，都产生了占有欲望，后来者就要求重画一张。先生作画向来是随心所欲，即使同一题材，每幅都是新的创作，没有相同画面，在重画时总是另一面貌，好在欣赏者皆重画意而不拘形式和细节。

这次重庆首次画展，不仅对同胞，而且对国际上的影响也很大。当时不少画被外国人购去，以后还经常向他求画，欧洲的法国、英国、德国、荷兰的在华人员都很热衷，尤以英法为最。显然，这同样与他们的文化修养和审美水平有关。法国使馆一位年轻的“中文秘书”戴典庐（De Dianos）成了“傅画迷”，他把自己的几乎全部薪金用于购买先生的作品，结婚时还请先生作画一幅，作为美好的纪念。法国、英国、荷兰的驻华大使在展览会上得画以后，都曾邀宴先生。英国大使还专程到金刚坡山村拜访求画。1944 年，法国大使的夫人请求先生作一幅画。她做了一个梦，梦见一座古老的教堂，庭院中长满马蹄莲、罂粟、康乃馨（石竹），繁花似锦，古木参天。她要求画出这个梦境。这个题目对先生来说太陌生了，他研究了这些花卉的形态，凭想象作画。结果那位夫人看了，惊为与她的梦境一般无二。殊不知，用水墨表现出朦胧感，恰是先生的绝妙画技，“歪打正着”，可说是与法国的印象派异曲同工。先生作画，所表现的就是将感官接收的外界信息经过意识加工的完整印象，具有东方的特殊性和深度，因此法国大使馆一位参赞爱里舍夫（Elliseffe）对先生的画给予在他来说是最高的评价：“比印象派更印象派。”

由于作品受到极大的欢迎，先生在壬午画展之后，仅隔二年就又在重庆、成都两地进行个展，并与郭沫若先生在昆明举行书、画联展，在这战时后方三大城市扩大了影响。在成都时，他与张大千先生过从甚密，他俩都是石涛的酷爱者，大千先生仿作石涛画可以乱真，抱石先生是研究石涛的专家，彼此知音，两位大师结下了永恒的友谊。以后虽睽隔多年，抱石先生逝世后，大千先生还从海外特意托人来向家属慰唁并表示关心。

抗战胜利后，1947 年先生在上海举行画展。在新的环境里，人们将怎么对待自己的画，起初他是心中没底的。何况那时生活拮据，连装裱画的费用也拿不出，幸得南京一家裱画店主人允予赊欠，计划才得实现。展览在中国画苑一开幕，心中踏实了。就像以往几次展览一样，挂满了“红条”。这里很多人第一次见到先生的作品就为之倾倒，并认准了画的价值。

1949 年，先生全家回到江西，因盘缠用尽，在朋友们的劝说下，又在南昌举行一次画展。在这兵荒马乱的年月，正如唐寅（伯虎）的诗句：“大好水田人不要，谁来买我画中山？”这回更没有把握了。然而出乎意料地竟又被订购一空，说明先生的艺术已经深入人心，何况桑梓之谊。还有一部分人在受到通货膨胀的威胁下，以为存一幅好画比黄金更有价值，确具眼力。

（摘自《傅抱石的青少年时代》，沈左尧著，南京出版社 1994 年版，题目为编者加）

无法而法，乃为至法

沈左尧

中世纪古堡、哥特式教堂、现代化摩天楼出现在中国山水画中，令人耳目一新。先生以中国山水画的笔墨、意趣，把西方建筑巧妙地糅合进去，统一于中国艺术风格之中，达到高度的和谐，而兼中西风格之美。

先生于1957年访问捷克斯洛伐克和罗马尼亚。异国风光激发着他的创作热情，旅途居次所见，皆入画稿。他运用中国画的“高远法”描绘出《克罗什古城堡》《布加勒斯特“火花大厦”》等，建筑物虽只占画面的一小部分，却在泼墨树丛的烘托下，呈现巍峨雄姿。又如《TATRA（塔特拉）山麓饭店推窗一望》，用奔放轻快的笔墨刻画烟云出没间的遍山枞树及多层方格式建筑，既充分显示了东欧情调，而水墨的深厚层次所形成的葱郁感又体现了中国画意趣。可以想象，当时在TATRA饭店卧室中推窗一望，未必就有如许烟云，假若作油画或水彩画写生，大概不可能获得这样的效果。

这些作品，对欧洲人来说是窥见了一个前所未知的艺术境界。有些罗、捷艺术家在惊诧赞叹之余对先生说：“我们从来没有想到风景还可这样画！”很明显，这些画在表现方式上与西洋画迥然异趣，特别是把一个固定视角所无法包含的物象，从不同的方向移入同一画面，在西方人是难以想象的。先生在全面观察了一个矿区之后，选择具有代表性的物象，构思出一幅富于典型性的场景。一位当地人看了说：“这里找不到这样的景色，可是这幅画却真实地表现了我们的矿场，真是奇妙极了。”对客观事物的高度概括提炼，最终表现的还是事物本身。艺术家真诚地反映自然，即使对别人来说是十分陌生的方式，照样也能够理解和欣赏。

先生的东欧写生之作说明了中国画这种形式并不存在描写题材的局限性，不同风物完全可以纳入个人风格之中。有一部分画作，如《文化古城克罗什》《罗米尼采风景》《布拉格》等，采用焦点透视法，近似西洋画的构图，可是给人的感觉却仍然是地道的中国画。

石涛说:“至人无法，非无法也，无法而法，乃为至法。”这是艺术上达到炉火纯青的境界，自然能“随心所欲不逾矩”。先生一支画笔横绝欧亚，得以随心所欲。他画欧洲古建筑繁复而一个个密集的尖塔，造型颇为严谨而笔墨洒脱轻快，把十分细致的物体以写意出之，不失原来风貌而又赋予中国画的灵动感。或中或西，全可取之为自己艺术服务。从这次远游的作品可以体会到，先生的绘画向来不守定法，或者说“无法”，也就是“至人”的“至法”。这是可以任意变幻，任意适应新事物的“至法”，如游龙夭矫，无拘无束。

（摘自《傅抱石的青少年时代》，沈左尧著，南京出版社 1994 年版，题目为编者加）

天才与天才的相遇

沈左尧

1931 年夏，绘画大师徐悲鸿先生因去庐山，回程途经南昌，下榻江西大旅社。抱石先生经人介绍，见到了徐先生，这是中国现代美术史上的一件大事。

那时抱石先生的画主要是学习中国传统技法，尚未形成自己后来的独特风格。然而徐先生一见，立即发现他那生动的笔墨、不凡的格局和传统形式中透露出的新意，从萌芽看到了参天大树，分外赞赏。正如悲鸿先生所作《九方皋》一样，善识千里马，爱护千里马，他为发现了一位天才而激动，第二天就到抱石先生家里回访。在那座大厦的新居里，徐大师见到了落落大方的时慧夫人，夸奖她慧眼识英雄。

这时，徐大师早已名满天下，抱石先生初出茅庐。天才相逢，各自都感到对方的光辉。一个有成功的经历，一个有远大的抱负，他们从艺术谈到文学，从历史谈到未来，徐大师的宏论使青年画家衷心敬服，傅先生的博学卓识使年长 10 岁的大师连连首肯。两人的性格皆是开朗、豪爽、热情，谈吐诙谐，举止洒脱，都具有艺术家的气质，心神相应，从此奠定了两人的终生友谊。

徐先生认为，这样一位有特殊禀赋的奇才，如果长期待在一个地方，不免存在局限性，必须出国深造，开阔视野，充实精神世界，才能够获得更大的成就。于是亲自去向当时的江西省主席熊式辉交涉，希望江西省培养自己的杰出人才，派抱石先生出国留学，为此还画了一匹奔马赠给熊氏，终于得到熊式辉的支持。但拨给的钱太少了，原来去法国的打算无法实现，抱石先生就东渡日本，揭开了他人生旅程上新的一页。

先生于 1933 年进入东京帝国美术学校研究部（现改名“武藏野美术大学”。他早就景慕该校教授、东方美术理论权威金原省吾博士，出国前曾通信联系。到东京后一直在金原先生门下，金原对这位中国弟子，又是第一个弟子的人品、学识和艺术才华十分激赏。金原先生是东方美术史家，对中国绘画艺术有很深的研究。抱石先生攻读的主课就是东方美术史，经常到老师家里研讨学问。教授一家都对先生极为热情，结下了异国师生的亲密友谊。先生回国后，因战事不便再去，金原先生还一直惦记着他的安危，并把他的作品保存至今。

先生在留学期间，仍是学术研究与绘画、书法、篆刻并重。江西省派他出国还有一个目的，是希望他回国改进景德镇瓷器，因此他也钻研工艺图案，虽然后来并未从事这方面的工作，却使他接触到美术的这一个领域。他还学习雕塑，回国后曾塑造过一些逼真的人像，这使他掌握了三度空间艺术，并大大提高了造型能力。

他在进修的同时还翻译了不少日本的学术著作，如在莅日当年就译出梅泽和轩的《王摩诘》，次年又译出了金原省吾的《唐宋之绘画》等书，从中获得很多启发。先生自来日本，把研究范围自中国美术扩大到东方美术，然而东方美术的核心还是中国；日本美术的源流也是中国；日本东方美术学者的着力点仍然在中国。因而得以参照日本学者的观点进行探讨，从而对中国的美术有更深切的理解。

抱石先生到日本的另一机遇是结识了郭沫若先生，建立在学术和文艺基础上的深厚友谊，对他一生起了颇为重要的影响。在文学方面，二人都研究屈原。郭先生把屈原的作品译成现代语言，以屈原的事迹为题材写成剧本；傅先生把屈原当作创作源泉，画屈原像，画《离骚》《九歌》《二湘》是人物画的代表作。这两位文艺家对屈原都怀着深厚的感情，也是对中国历史，对古代文艺的感情，它凝练了炎黄子孙的赤子之心。屈原的高风亮节激励着他们，使他们永远爱祖国、爱民族、爱正义。

（摘自《傅抱石的青少年时代》，沈左尧著，南京出版社 1994 年版，题目为编者加）

在学术上战胜敌国

沈左尧

30年代，我国国势很弱，身处异域，必须奋发自强。先生早就看到日本出版的《支那绘画史》上明明写着“中国美术，本是日本美术的母亲”。但某些日本人的夸大狂，往往把中国的东西贴上“太阳”商标，伪造历史，还要加上一句“中国有什么呢”。先生对此痛心疾首，已非一日。那时日本有一个自诩为中国美术史“专家”的伊势专一郎，在东方文化学院京都研究所发表了一篇论文《自顾恺之至荆浩·支那山水画史》。抱石先生一读不禁拍案而起。原来此文臆度妄说，谬误百出，尤其对顾恺之的《画云台山记》，句读尚未弄通，把原文曲解得面目全非。

可就是这样一篇劣作，却被日本报刊吹捧为“划时代的著述”。更有所谓“日本美术史权威”内藤虎为之作诗云：“谁知三百余年后，一扫群言独有君。”言外之意是中国已没有自己的画史研究家，而必须由这个伊势来代言了。真是夜郎自大、目空一切。

面对这些对我国学术界的侮慢，先生义愤填膺。他胸中早有一部美术史，对伊文的错讹明若观火，马上提笔写了一篇《读〈自顾恺之至荆浩·中国山水画史〉》，对伊势此文进行了批驳。原稿是用日文写的，估量日本报刊不肯发表，又译成中文，刊载于上海《东方杂志》。这篇文章澄清了那一阶段的山水画史，特别是《画云台山记》，因文体古拙，脱错甚多，历代美术史家视为畏途，先生以特殊颖悟及古文的深厚根基，解开了千年迷雾，提出了独到的见解。此文传入日本，使日本学界大为震惊，刮目相看，等于为中国美术史研究获得了一枚国际金牌。

这篇文章后来又经过补充，改写成《晋顾恺之〈画云台山记〉之研究》，与《唐张彦远以来之中国古代山水画史观》《中国古代山水画史的考察》等几篇专论一起，辑为《中国古代山水画史的研究》一书。由于对《画云台山记》的深入研究，先生还按照原文意向，创作了一幅《云台山图卷》。1940 年，郭沫若先生看到这幅画时，格外激动。因为傅先生在日本写文驳伊势正是在郭先生的支持和帮助下进行的，二人同觉扬眉吐气。沫若先生欣然提笔在《云台山图卷》上题了四首绝句。前二首是：

画记空存未有图，自来脱错费爬梳。
笑他伊势徒夸斗，无视乃因视力无。

乱点篇章逞霸才，沐猴冠带傲蓬莱。
糊涂一塌再三塌，谁把群言独扫来？

傅氏宏文遏制了日本美术界某些人的狂妄气焰，至此，郭氏乃得以讪之笑之，沐猴目之。当时日本帝国主义侵华势力正在嚣张，先生的《中国古代山水画史的研究》一书，被称作“在学术上战胜敌国”，显示了中华民族不会亡的豪迈气概。

沫若先生在题《云台山画卷》四绝句的后两首中，对抱石先生在中国古代山水画史上的研究成果予以高度评价：

识得赵升起建关，天师弟子多斑斑，
云台山壑罗胸底，突破鸿蒙现大观。

画史新图此擅场，前驱不独数宗王，

滥觞汉魏流东晋，一片汪洋达盛唐。

抱石先生归国之前，在东京银座举行了个人书画篆刻展览。九天展期中，沫若先生一直在会场接待来宾及记者。日本文部省大臣正木直彦、美术界耆宿横山大观等亲来参观，极一时之盛。这次展览显示了先生的多方面才能。除《渊明沽酒图》《瞿塘图》等绘画作品外，书法部分有多种字体，金文较为突出。篆刻作品不单是印章，还有边款小字。他在高约五公分，宽不足二公分的石面上刻整篇《离骚》，日本人誉为“神手”，拍了电影，报纸上说他不是用刀刻而是用精神刻的。那时日本有个人能在一粒米上写三百字的，曾轰动全国，被称作“米滴神手”。但他们发现傅先生的“神刻”更要高明得多，不仅字刻得小，而且放大后像碑帖一样，结体严谨，波磔毕现，是精湛的书法。

先生从日本载誉归国，接受徐悲鸿先生的聘请到中央大学艺术系任教。江西省主席熊式辉曾亲自来探望，请他回江西任县长，他不同意。在场的悲鸿先生插话说：“现在的傅抱石已不仅仅是你们江西的傅抱石了，他早已是全中国、全世界的傅抱石了。”

（摘自《傅抱石的青少年时代》，沈左尧著，南京出版社1994年版，题目为编者加）

好画送知己

赵清阁*

1943 年的早春二月，傅抱石个人画展在重庆观音岩中国文艺社举行。我久已仰慕傅画，接到请柬就去参观。这天下午，尽管山城雨雾蒙蒙，气压低沉，人们的心情也很低沉，但参观的人还是非常踊跃。他们来寻求美的享受，从那一幅幅描绘着祖国大好河山的优美图画里，他们感到一种崇高的情操，一种鼓舞人的潜在动力。我也一样，我着了迷似的沉醉于图画的景色意境。正当我浏览品赏得津津有味的时候，忽然有人走过来，向我礼貌拘谨地自作介绍，说他是傅抱石，我连忙和他握手招呼。只见他穿了一件旧棉袍，颈子上围了一条毛线围巾，头发乱蓬蓬的，一望而知是一个不修边幅的艺术家。他讲一口鼻音很重的江西话，从他那讷讷朴实的神态又可以看出，他是一个不善辞令的书生。

他陪我参观时我发现不少画上贴了红纸条，标明已经有人订购，我向他表示衷心的祝贺。但他告诉我：这些红条不都是真的被“订购”，有的是自己故意贴的，为了标价后又不愿出售。也有的画他压根不标价，写上“非卖品”三个字，这显系精品，只供观赏不肯卖。他曾带我看了一幅非卖品的山水中堂立轴，他说国民党宣传部长朱家骅要买这幅画，托朋友情商，愿出

---

* 赵清阁，女作家、画家，上海社会科学院研究员。

高价。而他坚决不卖，他很坦率地请朋友转达部长：他并不是一个只爱钱的人，如果遇到知音，他可以白送，分文不取。

这是多么可贵的高风亮节！这件事给我留下了深刻的印象，几十年来我确切知道，他送给过许多朋友画（包括我）。为此我不仅钦佩他的艺术，更敬重他的人格品行。

这天晚上，就在中国文艺社他请我和几个朋友吃饭，记得有著名画家司徒乔、秦宣夫、张倩英，还有老作家华林等。抱石好酒，酒后显得活泼豪迈，还醺醺然地拉胡琴，让大家清唱京戏以尽余兴。这是我和抱石第一次饶有情趣的会晤，这次的会晤，使我暂时忘记了烽火中的熬煎，忘记了山城雾的苦闷！

夜阑星散，我回到神仙洞的住处，乘兴填了一首“眼儿媚”的词，记志胸中的感怀。后来我把词给抱石看了，他认为诗中有画，竟绘成了写意仕女图横幅相赠，这幅画珍藏至今，倏忽40年了！画面的左边，绘了红楼一隅，仕女半身斜倚朱栏，作遐思眺望状。左首上录“眼儿媚”词，右上首自题长跋。拙词得以形象化，十分感幸。画面诗意盎然，睹者莫不赞为神品。

他的画线条潇洒，淡彩清逸；他笔下的人物，不仅栩栩如生，有血肉感，亦且韵味无穷。因为他是写生活，写情趣，写人和景物的思想风貌。用他自己的话说即“体现自然”。人物画如此，山水画也同样。读他的画使你感到：技法独特，与众不同；内涵丰富别具格致，耐人咀嚼。这一特点在古今著名的中国画里是少见的。他不受传统约束，又不背弃传统。他是一位继承遗产又敢于创造的画家，这种精神和徐悲鸿是一致的。他善于根据题材内容，随时改变技法，而使之协调统一。例如他画山，就不套用古人的皴法，跳出陈规框框，因时、因地、因景，变化多彩，不落窠臼。这主要是源于生活，源于情趣。我觉得“诗言志”，画也同样言志，其“志”就寓于生活、情趣。

抱石洋洋洒洒在生活、情趣的无垠无涯之中。没有深厚的功底和文学素养，是不可能有这种造诣的。所以他得之不易，别人学他的画也很难，或者说学傅画的皮毛不难，欲得其精髓，难！他从事美术教学数十年，似乎还没教出一个传人学生，我每每和爱好傅画的朋友们谈起这一问题，都很担心傅画会失传。其实是“杞人之忧”。30年后（1975年）他的三女儿益瑶来看我，告诉我她在学父亲的画，我极力鼓励。后来她到日本深造，也考进了父亲从前就读的母校，现在已经毕业，画艺也很有成就，技法继承父亲。傅画得传了，我为之额手称庆。

第二年又是一个早春的二月，一天抱石同志邀我到他家做客。他那时是郭沫若同志领导下的政治部文化工作委员会的委员，住在赖家桥金刚坡的全家院子。记得他还邀了司徒乔夫妇。傅太太——罗时慧同志忙得团团转，我们酒醉饭饱，又喝咖啡。天还很冷，大家挤坐在一间小屋子里，谈笑通宵。一向沉默寡言的抱石，也许喝了酒的缘故，居然一反寻常，侃侃而谈，对时局大发议论，还激昂愤慨地背诵了屈原的《楚辞》中“九歌”的诗句。我不禁惊讶地发现他非常关注政治，他是一个有强烈正义感的爱国主义艺术家。他说他正在酝酿，将把《九歌》的“二湘”和“国殇”诗意绘制成画。司徒乔不大讲话，直捋着他的美髯长须摇头叹息。他的夫人冯依媚则性格爽快，嬉笑怒骂，毫无顾忌。时慧也颇健谈。我倾听着，一边思忖，一边吸香烟。我们几个人都吸烟，屋里烟雾弥漫，灯光已被烟雾笼罩、掩蔽了。蓦地传来雄鸡报晓，已是翌日凌晨。我伏窗外眺，夜空依然昏昏昧昧，象征了当时的国家形势——黎明前的黑暗!

过了几天，抱石又赠我《著书图》一幅，画面仍系古仕女席地而坐，执笔沉思，石上隅有窗，窗台上置花瓶，插红梅一枝。整个构图简明典雅，给人以清新之感。朋友们看到赞不绝口。老舍同志题谓：“国画以善运笔墨为主，笔坚墨晕，体韵双妙，得为上品。今代画师，独抱石公能之。”郭沫若同志题诗一首。罗髫渔同志还填了一阕“唐多令”的词。我自己更是十分珍爱这幅画，一直随身携带。但“文革”抄家时被造反派拿去，险遭毁坏，“归赵”后犹见画上赫然践踏的一只脚印，这大概是用以表示“打倒在地再踏上一脚，永世不得翻身”的意思。为此这画和我的命运一样，是劫后余生！郭老一向对傅画评价很高，他向我说过：《著书图》神韵绝俗，与古今仕女画迥然不同。又如《湘君》《湘夫人》，神采飘飘，有跃然纸上呼之欲出的感觉。我知道郭老有《二湘图》，所以感受甚深。由于抱石和郭老同事文委会，接触较多，每有得意之作必请郭老赏鉴。郭老看了他的不少画，也有些研究，堪称知音，因此能够做出较贴切的评论。1957 年他曾为《傅抱石画集》题词，写道："抱石作画别具风格，人物善能传神，山水独开生面。盖于旧法基础之上摄取新法，而能脱出窠臼，体现自然。吾尝言：我国画界南北有二石，北石为齐白石，南石为抱石。今北石已老，尚望南石经历风霜，更臻岿然。"这题词精辟概括，而又非常中肯，可以想见他们的友情之笃。

我有些偏爱抱石同志的人物仕女画，对他那气势磅礴的泼墨山水画，我也读之不厌；只有对个别雨雾朦胧的画，我不太喜欢。但这不等于是画不好。1945 年 10 月日本投降后，我出川前夕，他送给我一帧册页钱行，画面是深秋景色，远山一抹，丛竹成荫，一叶扁舟穿江而过，丹枫随风飘落。水墨淡彩，清逸宜人，可称精品。几十年来，我总想挂在书斋案头，仰首凝视，仿佛置身江枫间，为之悠然出神！抱石喜爱文学，做到了古人"读万卷书，行万里路"的格言。他作画除了写生，也取材古诗词，他画过唐人诗意，也画了不少《楚辞》诗意。这也反映了他当时的思想感情和胸中块垒，他是借古喻今。那年月也只能这样。

20 世纪 50 年代初，抱石同志在南京执教，像所有知识分子一样，盼到了晴朗的一天，精神为之振作。画了不少思想、艺术都是高水平的作品。比如他取材丹枫画的《深秋》《西风吹下红雨来》，寓意深刻。还画过巨幅歌颂全国解放的《东方红》，红军长征的《抢渡大渡河》，以及毛主席诗意多幅，反映了他思想上的跃进。特别是与关山月合作为人民大会堂所绘的巨幅《江山如此多娇》，令人叹为观止！

大约 1953 年、1954 年间，抱石同志到上海，据他告诉我是应陈毅同志之邀来的。他想认识老画家刘海粟和女画家陆小曼，要我为他介绍。他是一个襟怀宽宏没有门户之见的画家。我以小曼有病不出门，只好陪他到福煦路福煦坊访问了一次，又在我的住处请刘老和抱石便餐见了面。抱石向来谦逊礼貌，尊刘老为前辈。刘老也很赞赏抱石的画，两位画家又都曾在日本学画，所以谈得还投机。抱石这时在南京执教，还写了些有关学习和研究中国画的理论文章。

有一年我随上海作家协会一个参观团去南京、马鞍山参观工矿，拜访了抱石时慧夫妇。他们住在玄武湖风景区的傅厚岗街，是很适宜于艺术家生活的环境，战前徐悲鸿也住在这里。又像40年代，在赖家桥全家院子那天晚上一样，他们热情地招待我吃了一顿丰盛的晚餐。饭后抱石让我看了他的一些近作，使我了解到新中国成立后他的创作力之旺盛，这是和他的心情舒畅分不开的。虽然一度由于有些人对旧社会知识分子走过的迂回曲折的道路不理解，甚至曲解，他受到过冷遇、歧视，但周总理理解他、爱护他，因此他获得了巨大的鼓舞，他的艺术又焕发了青春。他不知疲倦地工作，教书绘画之外还积极参加对外文化交流活动。他去过苏联、捷克、罗马尼亚一些东欧国家，举行了中国画展。他还在国外随时写生，画了许多异国情调的生活、风景速写。后来他在国内把这些画稿用水墨丹青绘制成中国画，而力求其形式与内容统一。他说这是一种探索，他希望中国的笔墨技法也能够表现异国的大自然。我在他的一次展览会上看到过他的这类作品，我觉得他的尝试是成功的，虽然看上去还不太习惯。不过他得到了国外的好评。

这时期他担任了江苏省国画院院长，又被选为全国人大代表，还忙于政治活动。他也常挤出时间各地参观，既是视察，也是为创作搜求题材。他告诉我他不只是“行万里路”，而是十万里路。他计划走遍全国，画尽祖国河山。这是多么豪迈的愿望啊！以他的激情和勤奋，他的愿望本来可以实现，然而他的一个最大缺点，就是太不注意健康，太不知保重身体。于是疾病毁灭了他的愿望，变成“壮志未酬身先死”了！

（选自《红叶盅酒祭画魂》，载于《江西文史资料选辑》（第44辑），江西省政协文史委编，江西人民出版社1992年版，题目为编者加）

二万三千里之壮游

亚 明*

60年代首，江苏省委宣传部领导同志亲临画院，恳切希望诸老画师，行万里路，壮游一回，到全国各地走一走，看一看，开阔胸襟，增长见识。诸老闻之乐乐。抱石先生当场即兴，唱皮黄一段，操琴者，宣传部长也。

抱石先生为首，一行13人，先至郑州。河南诸公盛情，共聚师院艺术系会议室。主人说明目下中原人民之难，师生皆终日外出觅可食之物，无甚招待……主人正说时，傅公向我使个眼色，二人目光同出窗外，见老榆树上有黄脸学生。散会途中，抱石先生对我曰："我们一定要发扬艰苦朴素精神。我有点辣椒就行（先生喜食之物）。"声音沉重，不同以往。

三门峡工地之气势，浩荡起画师之心灵。抱石先生情绪振奋，雀跃工地上下，时而专视宏伟大坝，时而仰首思想，时而俯望黄河，时而环观阡陌，周身汗湿而不顾。圣人出，黄河清。先生认定，今天的人民才是真正的圣人。归途中先生曰："无生活，谈何艺术？"

老友见面，语无了结。金陵、长安对中国画继承发扬之用心，可谓异曲同工。古都可览者，俯仰即是，抱石先生瞻仰圣地心切，长安诸公不善寒暄，不爱场面，决定速去延安，共同深入生活，以心得交流体会，以作品相互

* 亚明，画家，曾任江苏省国画院副院长、中国美协江苏分会主席。

学习。去延安途中，风云有变，行至铜川境内，大雨滂沱，川原上，艰险难履，风雨行车，驾驶同志十分小心，将车停至一小镇子，说啥也不动哉。此时，天已黑透，何处安身，尚无着落。停车坐看川原雨，诸公欲宿“铁笼”中。主人石鲁兄心急如焚，冒雨四出寻找可宿落地。不一会儿，石鲁兄进车笑曰：“傅公，诸位，山重水复疑无路，柳暗花明又一村。有一妇女浴室，愿租我等一眠，须等营业毕，方可入内。”吃过晚饭后算是住进“宾馆”。斗室无窗，四壁墨染，约有十来条长板分靠四周，宽仅一尺二三寸，板面上水汽如烟岚，气味浓郁不可言。傅公倒也满意，毫无不快之感，他遵守自己诺言。一天折腾，确实疲劳，不管三七二十一，和衣而卧。片刻，呼声大作，抱石先生熟睡哉。屋顶气凝水滴注面庞也不觉。次日晨时，天风浪浪，川原苍苍，北国秋色，一片金黄。先生漫步至小沙溪边，洗涤脸上污垢。我问先生：“如何？”答曰：“真舒服。这种地方日后难得。想也想不到的。老弟，这里有酒售否？”“有辣椒粉。”“回头弄它一包。”车过沙家店，先生不时举首翘望。他希望早到延安。在圣地时先生最为兴奋。瞻仰一切，饱览一切。延河、宝塔、枣园、杨家岭无不在抱石同志敬慕中。先生登上山顶，面对延安全城，白云在先生身边移动。离开圣地时，抱石同志得意对我曰：“我也到过延安了。”

华山天下险。傅公当然要一览为快，“搜尽奇峰”才满足。那时，车不便进山，从下车处至山脚尚有若干里，须步履，傅老虽年过半百，决不落伍。他兴致勃勃，背上口袋，上山哉。山区落日早。下榻青柯坪一道观内，老道算定我等腹已早空，售出秋茄子一盆，秋扁豆一盆，秋辣椒一盆，清汤一海碗。可称之为三秋一包华山道家清心定神全素席。抱石先生见辣则喜。笑对我曰：“有些洋人为何体臭？西方盛行食肉主义，故而体内血液中有害之酸性物质甚多，故香水越做越好，价钱也越来越贵。东方多食素，碱性物质多，中和酸性，香水也无甚大用。”说罢取出酒来，刚要上口，老道训斥声传来。先生一天劳累，又走数十里山路，只望一饮解疲劳。这一来，傅公与老道展开一场较为激烈之舌战。结果，酒是吃着，是在山门外老柿子树下（观内禁止吃酒）。此时与我说话，口中酒香扑鼻，先生似乎有点醉意。当晚，大家围坐素油灯下，继续时政学习，读完报，傅院长再谈勤俭节约之重要性。他的发言确实认真严肃。在西岳，先生不临绝顶，也不登山，立根山脚，行走于乱石杂草之中，朝暮专视着气象万千之西峰。意象欲生，造化已奇，他在“待细把江山图画”。

长安登车，飞越秦岭、蜀道今日非难也。山城更是先生烂熟之地。较场口枪声，嘉陵江怒涛，重庆迷雾，红岩曙光，又在先生脑海中翻腾。下榻后，傅先生提议先去红岩、曾家岩，随后自便。先生为人民图画之心清明如玉。在红岩，先生久久无语，他详阅那里陈列之珍贵文献、资料、图片，回忆昔日山城所发生一切。他在沉思，他在思考，他在观察红岩一草一木。山城茶馆之多，算得全国之冠。晚饭后，傅公约我去坐茶馆，边饮茶边听西蜀丝弦，先生饮得过瘾，听得高兴。深夜归，山城灯光已接连繁星。

光阴贵如金。乐山等车几日，先生着急，一再表示，有车就行。听说有一辆卡车要走，当然不能放过，经商议，同意傅公在驾驶室就座。发车时，一位壮汉早和驾驶员平起平坐，交涉久久毫无结果，壮汉满口粗话，捏紧拳头，谁也奈何他不得，抱石先生摆摆手，爬上装满化肥的卡车。路程非短，要行百余里，一路上车在跳跃，风在呼吼，灰在迷漫，先生坐在化肥袋上讲着昔日这条路上常发生的故事。

楚地深秋醉煞人。抱石先生指着长沙市地图上五颗鲜红五角星曰：“这就是我们必须首先去瞻仰、学习的地方。”韶山冲、清水塘、农讲所、爱晚亭、长沙第一师范，先生都认真听取讲解同志解说，他那小小的写生本上记满了主席青年时代的勤奋、胆识、胸怀。我等在长沙小住几日，打算将沿途草稿稍加整理，互相交流此行中之心得体会。抱石院长就传统、时代、生活、技巧、感情之间关系谈了他的体会。先生心得，应该说是我国画论中最新一页。

羊城迎远客，金陵催人回。先生在广州农讲所瞻仰时，接宁电报。次日回白下。随后，一大批讴歌山河新貌作品问世。先生新作《黄河清》《延安颂》《枣园春色》《红岩》《韶山》《待细把江山图画》皆是“诚贯金石”之作。先生可谓艺薄云天。

（选自《艺薄云天——纪念抱石先生》，载于《往往醉后见天真：回忆傅抱石》，刘未鸣、韩淑芳主编，中国文史出版社 2019 年版，题目为编者加）

江山如此多娇

关山月 *

过去我和抱石兄接触不多。抗日战争年代，他在陪都重庆中央大学和国立艺专教书，我在西南西北各地流浪写生。当我在重庆举行画展，他每次都来看，彼此虽有接触，总是短暂的。50年代以后，他在南京工作，我的工作单位在广州，除参加一些全国性和文艺有关的会议，难得见面一次。

1959年、1961年两年间，因有奇缘，我们曾有过两次难得的共事机会。一次是《江山如此多娇》巨画的合作，另一次是一同应邀赴东北旅行写生。两次合作都来之不易，也是合作得较有成效的。这是由于我们各自的主观因素和一定的客观条件起的作用。

主观因素和客观条件到底是什么呢？我认为主观上首先是有个共同的基础，即时代的脉搏和传统的根基，以及“笔墨当随时代”的共同观点和“为人民服务”的愿望。

《江山如此多娇》的创作曾写进总结。现在回过头来想，写得还不够深刻。至少有一点未总结出来，即在创作过程中曾要求保持各自的画风而协调

---

* 关山月（1912—2000），原名关泽霈，广东阳江人。著名国画家、教育家，岭南画派代表人物。中国美术家协会副主席、常务理事。代表作有《新开发的公路》《俏不争春》《绿色长城》《天山牧歌》《长河颂》及与傅抱石合作的《江山如此多娇》等。

统一。我们过去未曾合作过，对此委实有点担心，生怕由于合作不好而完成不了任务。从四个多月的创作过程中，有一条很值得总结（当时未曾写出来），即大家都是从全局出发，从效果考虑，保证发扬各自的擅长，尊重各自的优点，互相学习，互相尊重，取长补短，目标一致，当时我们都能自觉地在合作过程中甘当对方的助手，乐于当对方的配角，务求突出各自的优势与特长，全力以赴来对待这项严肃而艰巨的任务。

什么是客观条件呢？首先有了一个新中国，才有一个这样宏伟壮丽的人民大会堂，然后才需要《江山如此多娇》这样一幅大画。无疑这是时代的赋予，才有艺术的新生，都是时代的产物，我们有幸生活在这样一个伟大的时代，我们有幸接受了这样一个光荣无比的政治任务。

我们是如何对待这个有绘画史以来还没有过的光荣的创作任务呢？在合作过程中我深刻地认识到，像这样艰巨的重大任务，纵使我们之间都具有可取的主观因素而没有一定的客观条件是绝对完成不好的，甚至缺少任何一个组成部分的配合都是完成不好的。在开始时就明确了是以《沁园春·雪》为题材，主题是“江山如此多娇”。当时我们两人都分别根据词的内容来打稿子，可是几次的草图观摩，都由于抓不到要领，而未得到通过。这是我们主观因素的水平所限，要突破一点都深感穷思乏力。

我们正在苦思冥想之中，陈老总来了，郭老也来了，还有吴晗、齐燕铭，他们在每次审稿过程中，都提出了非常宝贵的意见，使我们大受启发，大展情怀。因为我们的思想水平所限，老是在词的具象上兜圈子，他们都在意象上提问题。陈总、郭老异口同声一针见血地提出要立“意”。陈总首先提出：“江山如此多娇”嘛，应先抓一个“娇”字。怎样才能体现江山之“娇”呢，他一口气说出图中一定要包括“长城内外”“大河上下”，还要见东海，见皑皑塞上的雪山、郁郁葱葱的江南大地，地理包括东西南北，季节包含春夏秋冬。只有这样才能“娇”得起来，才能充分体现“娇”的本质，才能体现“多”字的磅礴气势。我们一面细心倾听，一面掀起思考的波潮，确有茅塞顿开之感，一时豁然开朗。抱石兄思路比我来得快，接受能力比我强，体会也比我深。因而他又想到另一层的境界去了。而紧接着提出来要不要出现太阳？要不要出现人物？出现什么人物？……这时郭老说话了。毛主席“咏雪”的时间是在新中国成立前，所以说“须晴日”。现在新中国成立10周年了，还不出太阳？我看应该画上东升的太阳。其他在座的都同意这个意见，只是都不主张出现人物，认为有了人物就可能伤害了意境。我们根据以上的意见，进行了反复的研究讨论，并一再修改草图。幸亏我们平日都有一定的生活积累，打起草图来较能得心应手，更重要的由于我们早就建立了一个共同的艺术观，能使初次合作的金陵笔与岭南风在大画上融为一体，既保留了各自的画风而又能协调统一。此无他，主要由于我们有了一个时代脉搏与传统根源的共同基础，有了“笔墨当随时代”共同遵守的原则；都本着“师古不泥古”“师自然要主宰自然”和“艺术不能脱离政治，但不是政治的附庸”等共同的见解；以及在实践上各自均有一定的创作经验和较深厚的生活积累。这些都是我们能合作得好的条件。但必须指出：主观因素再好，如果没有这些客观条件的配合，要完成这样艰巨的任务肯定是不可能的。

苦战四个多月过去了。我们是日以继夜坚持工作的，有时星期天也不休息。到了9月中旬，基本上把作品赶出来了。回顾我们的创作能够顺利地进行，绝不能忘记上述诸位经常督促检查我们的进度，及时为我们出点子，为我们鼓劲打气。当成品挂到人民大会堂现场请周总理鉴定时，这天我们的心情特别紧张，因为当画幅挂到现场之后，我们看了也觉得不够理想，只好带着不安的情绪等待着总理审定的结果。正在想着想着，陈总陪着周总理来了，我们立刻上前去迎接，总理一面和我们握手一面表示亲切的慰问说：“你们辛苦了。”“未想到你们都还很年轻啊。”总理立即登上汉白玉台阶凝神看画。他曾上下阶梯多次，还爬到画的左右两侧的最高处反复地看，就是这样认真地审阅了将近一个钟头。然后当着大家发表他的意见：“我和陈总的意见一样，都认为画得好，我们都感到满意，画得很有气势嘛。”接着又说：“不过……我觉得画幅小了些，必须加宽加高（原尺寸宽7米，高5米半），最少要加宽2米，加高1米，太阳也太小了，和建筑一比就显得不相称，最少要加倍地放大。”

意见说完又叮嘱我们几句："时间不多了，画要改好，但要注意身体健康啊。"画一直赶到9月29日晚才装裱完毕悬挂到人民大会堂去。画刚挂好，就接到从外地送回主席亲笔的四份《江山如此多娇》，为什么要写四幅字条呢？原来他老人家事先在四幅字里每个字的旁边都用铅笔画了圈圈，他写四幅的用意就是要我们从中挑选要用的"江山如此多娇"六个字。我们只好按照他老人家画圈多的字来挑选，然后请张正宇放大照描到画面上去。这时，算是最后完成了任务。

我在这里说了一通以上的过程的目的有两点：第一点是说明任务的完成要靠各方面力量的配合，要靠多方面的客观条件支持，否则，绝对不能完成这样的艰巨任务的。第二点是想谈谈我个人的感情，从我现在所忆及的一切，现在想起来，好像做了一场梦。因为我和抱石兄都是来自旧社会，我们难忘过去在旧时代做一个穷画家的苦难与遭遇，这种亲身体验的经历与处境，很自然地会产生一种美恶与新旧的对比，像以上所写的动人场面与情节，这样上与下、主观与客观打成一片的合作关系在过去是很难想象的，作为一个从事绘画的旧知识分子能这样受重用和尊重，又能得到这样无微不至的照顾与关怀，有生以来第一次经受着这样的安慰和温暖。……就是这些，叫我们怎不怀念呢！叫我们怎能忘掉呢！

（选自《难忘的怀念 难得的同行》，载于《江西文史资料选辑》（第44辑），江西省政协文史委编，江西人民出版社1992年版，题目为编者加）

能者为师的情谊

关山月

我和抱石兄的另一次合作是较流动的、心情舒畅的旅行写生。由于我们之间的奋斗目标一致，生活情趣相近，所以一直都相处得很好，真正做到在思想和业务上互相帮助，生活上互相关心，有困难时又互相体谅互相照顾，特别是文艺思想上能做到无保留的争鸣与交流。因此，我们渐渐建立了能者为师的情谊，成为志同道合的战友。

创作《江山如此多娇》大画时我们一起生活在前门的东方饭店，休息时曾一同游公园，或逛逛琉璃厂。由于住地接近琉璃厂，我们去的次数比较多。不论是旧纸旧墨，或是其他文房四宝、民间工艺、出土文物或古本线装书都是我们的“宠物”，凡到琉璃厂都很少空手而回，每次各人都在夸耀一番自己的收获。在不影响工作的情况下，古字书店的老板，也经常把有价值的古字画送到东方饭店来，让我们挂在自己的卧室里慢慢欣赏精选，我们因有此便利的条件，都选购了不少名家的作品。我还为广州美院国画系教学的需要选购了一些有参考价值的古画。看字画也好，鉴定古文物也好，抱石兄经验比我多，修养比我丰富，鉴定能力也比我强。几个月来的确学了不少东西。我不觉得这是玩物丧志，却深深体会到这是一种很有意义的研究分析学习，它不但丰富了知识，增强了修养，也是在生活中添补了情趣不一般的美的享受。

1961年6月至9月和抱石兄应邀一同到东北旅行写生，先后访问了吉林、哈尔滨和黑龙江。北京“新影”派了工作组和我们一道登上长白山，游了镜泊湖，为我们拍摄了纪录片。我们在东北的行程分三段走，走一段停一段，停下来是为了反刍、消化，及时把搜集的稿子整理出来。三四个月来，大家都画了一批写生画，这批东西曾在北京公开观摩，后来辽宁出版社结集出版。

在出版前言里抱石兄写道：“在写生、创作上，也有若干的点滴体会。在我们近四个月的共同活动中，只要有所感的话，就随时把自己的意见提出来交换、研究，有时候争论争论，这是我们认为最有意义的一点。……因为我们是形影不离的，不是‘望衡对宇’，就是‘比门而居’，一幅未竟，往往几次丢下画笔坐拢来议论一番，互相琢磨，互相帮助，所以就我们个人来说，这段生活也是不可多得的。”这段话看来，显得他很谦逊，也很密切。旧时代的所谓“文人相轻”“同行如敌国”，在我们之间是不存在的。由于我们的关系是建立在事业上，我们是“志同道合”的，情感是真挚的，胸怀是坦荡而真诚的，因而我们的友谊是永恒的。

（选自《难忘的怀念 难得的同行》，载于《江西文史资料选辑》（第44辑），江西省政协文史委编，江西人民出版社1992年版，题目为编者加）

傅氏皴法

宋振庭*

那时我到人民大会堂开会，看到《江山如此多娇》正在挂起来，我觉得这幅画是有气势的，但笔墨多少有点拘谨，作为最高殿堂迎面的、标志性的画，还不太适合。那时我见过抱石先生的其他小品画是很好的。后来他到东北，见到他很多作品，他又送我画集，使我感到“山重水复疑无路，柳暗花明又一村”，中国画有希望！这时，抱石先生随身带着一本书，不是画论，是《地貌学》。这是科学！他给我看了这本书，告诉我一句话：“画山水你不从地质的纹理、地质的科学、地貌的科学去寻求事物的本来面目，仅从纸上来画山水是没有出路的。”我看了他一些皴法等技法，就觉得有了新的出路。

“中国画可能从傅抱石发生大的转折点。”这句话是我在1960年第一个叫出来的，而且当着他，当着许多人在场，这是第一。

第二，我说：“傅氏皴法是中国历史上一切皴法的综合，囊括前人，囊括中外，囊括古今。”“傅氏皴法”可能也是我第一个叫出来的，时间是1960年的六七月，后来叫作“抱石皴”。当时我提出这两个论点，还有人对我不

---

* 宋振庭，1921年出生，1937年入延安抗日军政大学学习。新中国成立后任中共吉林省委文教部、宣传部部长，中共中央党校教育长、教授，第六届全国政协委员。著有《怎样自修哲学》《星公杂文集》等。

满意，我跟他吵了架。

我和抱石先生相识后，谈画并不多，主要谈历史、谈画论，而哲学谈得更多，甚至谈宗教和禅学。后来他有意识地把他的几本著作给我看，有关雪舟、石涛、八大的论文，板桥传记，还有他新中国成立前后出版的一些书。他很客气地说："你有兴趣，就看一下，请你指教。"我看了他的著作以后，就说：这不仅是个画家，而且是大科学家、学者，是当代最高明的学者。所以我在南京《新华日报》上写文章说构成傅抱石的化学分子式不是普通的有机化学，不是氢二氧一。他是三个因素构成的：首先他是个大学者、大诗人。学者的冷静（科学）、诗人的情感、画师的笔墨。

中国历史上的画家，凡能占有这三条的，才能使中国美术史发生转折，没有任何一个例外。画家可以三者缺一，或只有笔墨，不是唐突古人，比如任伯年，在上海卖画，笔墨熟练至极，也是海派大画家。但他不是诗人，不是学者，归根结底，只是大画师。另外，仅仅是学者、教授的人也有。古人里也有好多，董其昌官也做得不小，苏东坡是大文豪、大诗人，但也就是即兴画那么几笔山水而已。如果二者兼备而缺乏诗人激荡的感情，还不是大艺术家。

中国历史上真正的大画家，具备上述三条，完成一代历史转折的宗匠是谁呢？我们不得见的是王维，诗中有画，画中有诗，而且晚年入禅。不管当时他对宗教怎么样，他有一个大的哲学思想的境界，是学者、诗人，又有笔墨。后来另有一些画家，最后一个是石涛，是大师，是诗人。所以论傅抱石，如果只把他看作画家，只是画师；看作学者，只是教授；看作诗人，只是书法家，不是三合一。三合一必须是高分子有机合成。怎样才能够产生"抱石皴"？是诗，是学问，是功力，眼睛的观察再加科学。

现在傅先生还留下一些没画完的作品，就是几块墨。这几块墨就是他想要表现宇宙自然形态的、原始的精、气、神，而且都是合乎地貌的。

除了以上这三点，抱石先生的小环境，自幼贫寒，是穷学生；留学日本，东西两岸的遭遇；在当时情况下，受到那样高的教养，这些都是重要因素。

我们现在的作家和青年人最大的矛盾就是不读书，不是“作家”，是“写家”，认字就那么多，生活基础就那么大，还谈什么灵魂工程师？外国的托尔斯泰、巴尔扎克，他们首先是个学者，才能写作。傅先生就同他们一样，首先是学者、科学家和诗人，最后才是画家。

（选自《关于傅抱石先生》，载于《江西文史资料选辑》（第 44 辑），江西省政协文史委编，江西人民出版社 1992 年版，题目为编者加）

无动作的有声电影

丁观加 *

1955 年 7 月，在班主任王祖德老师的推荐、鼓励下，我去投考南京师范学院美术系五年制美术科，出乎意料，我竟然被录取了。从此，我走上了艺术之路。进了南师美术系，我才能有机会在一些著名的教授教导下获得知识与技能。所以，每当我取得点滴收获与成绩时，都想到他们。在这些师长里，其中有一位是傅抱石先生。

我们是系里第一届五年制的学生，一个班级共有 50 个同学。班主任是陈毅华老师，当时系里的名教授全部为我们授课，如系主任陈之佛先生，还有以后担任过系主任的吕斯百、秦宣夫先生及黄显之、傅抱石、杨建侯等先生，分别在这五年中亲自上我们的各门专业课。高班同学对系里的老师都称呼先生的，于是，我们也对这些老老师喊先生，而对年轻的老师及班主任仍称呼老师。傅抱石老师为我们上《中国绘画简史》，也上过山水画课，我们学着高班同学称呼他为傅先生。

在迎新会上已见过傅先生了，他清癯的身材，目光炯炯，显得很有精神。当时，他给我们讲了孔子弟子因吃盐多了变成咸（贤）人的笑话。于是，觉得傅先生很幽默、风趣，因此，对傅先生来为我们上课，特别感到有兴趣。

---

* 丁观加，书画家，曾任镇江中国画院院长，傅抱石学生。

上绘画史课时，要到另外一个教室，那里安放了幻灯机。只见傅先生空手来到教室，走上讲台后，从上衣口袋里掏出一张小纸来，放在讲台上，但是他又不去看它。他一上来就问我们：“你们知道中国有多少画家？”他停顿了一下，目光从教室中扫过，然后，他说：“中国的画家实在太多了，光是清朝就有数百人。但是有突出成就也只有那么几位。清朝有好几个画派，这些画派的代表人物，是有重大贡献的，他们是对我国绘画史做出了成绩的人物。每个朝代都有代表人物，由这些画家所创造的艺术成就，汇合成了我们中华民族的绘画史长河……今天开始，我来给你们讲讲这些画家的事迹与成就。”为了提起我们学习的兴趣，傅先生给我们讲了李思训与吴道子在大同殿画嘉陵江的故事，同学们听得非常入神。然后，他让我们把厚厚的黑布窗帘放下来，教室里倏然漆黑一片，傅先生说：“同学们一边看作品，一边听我讲解，这是放幻灯片，我来配音，是无动作的有声电影。”引起同学们一阵笑声。

以后的上课，都是傅先生一面放幻灯，一面讲课。有时，他带来一些画册与报刊、印刷品，放在幻灯机上映出来，原来这是一架反射式的幻灯机。很奇怪，平常有的同学坐不住的，而一上傅先生的课，思想很集中，很少有同学讲话，而且课间也不休息，往往到讲完课了才下课。这时，傅先生连忙说：“啊呀，忘记下课了、忘记下课了。已到午饭时间了，肚子里唱‘空城计’了吧？”其实，我们也听得入迷了，忘记让先生休息了。

傅先生讲课带着外地口音，后来我们才知道他是江西人，又从他的作品的落款，得知他是新余人。这种真挚的热爱家乡的感情，深深地感染了我们，有的同学后来作画落款时，也把自己家乡地名写上了作品。

傅先生浓郁的江西口音，加上他有鼻炎，故语音显得很浑厚、朴实，以及他博学、风趣的语言，形成了傅先生讲课的特殊风味。后来，我在观摩、学习先生作品时，往往把这些因素加进去欣赏，感到江西的地方环境、风土人情，加上先生的天赋、才智、修养与灵气等，在我面前树立起一位举世瞩目的艺术大师的形象。

傅先生给我们上山水画课时，也联系绘画史进行教学。他说：“掌握了中国画的历史，才能了解各个朝代的画风。这些画风就是创造的鲜明的技法。可见，绘画的风格是每个朝代不同的。所以，我们既要学习古人的技法，又要开创今天的画风。”傅先生要求我们，不要一学古人传统就拔不出来了，所以，还要到大自然中去领悟真山真水，画出今天时代的作品。

傅先生的教学起步很高，这给我们学习中国画奠定了基础。

（选自《精神长存——怀念傅抱石先生》，载于《江西文史资料选辑》（第44辑），江西省政协文史委编，江西人民出版社1992年版，题目为编者加）

第六章
程砚秋：功夫者，工夫也

巧演《锁麟囊》

刘斌昆*

在我和程先生的友谊中，最令我难忘的是他邀我合作，同台演出程派名剧《锁麟囊》，他饰小姐薛湘灵，我饰丫头梅香。

第一次同台，时间是在1940年秋天，地点在上海黄金大戏院（今大众剧场）。这年秋天，程先生率鸣和社从北平南下到上海，这时他的名字已由艳秋改为砚秋了。他和黄金大戏院订了四十天合同，并带了一出新编的本子《锁麟囊》。因为这个本子是第一次上演，程先生郑重地研究了配戏的演员，黄金大戏院的经理孙兰亭等也参加了研究。程先生提出要我饰梅香。记得谈这事的那天晚上，我演开锣第二场戏，演的是《丑表功》，盖三省先生的彩旦，饰老鸨；我的三花脸，饰王八。戏一完，孙兰亭到后台来找我，说："刘爷，完了戏，请您不要走，到前台经理间来吃夜宵。"我去了，一看，程砚秋先生坐在那里，芙蓉草、顾珏荪（小生）、吴富琴（鸣和社的二路青衣）也坐在那里。一会儿，夜宵来了，是晋隆西菜馆送来的西菜，有牛排、鲍鱼汤、

* 刘斌昆（1902—1990），原名桂虎，生于上海，梨园世家出身。京剧丑角。青少年时拜郭春山、萧长华，以及昆曲名家徐凌云、汉剧名丑大和尚李春森等10人为师。他的表演幽默而不油滑，注重人物内心世界的挖掘，灵活化用基本功，主张用"俊"的艺术手段体现"丑"，并从生活和各种艺术形式中吸收借鉴，富于创造，自成风格，曾与周信芳、程砚秋等名家配戏，为海派丑角的代表人物之一。

炸明虾、油烹鸡等。大伙儿一头吃，一头研究。孙兰亭说：“程先生要演一出《锁麟囊》，这个戏是新写出来的，在北京还没唱过。这次程先生要在这儿第一次演这个戏，阵容要强一点。”说到这儿，孙兰亭用手指指芙蓉草和我，继续说：“所以，要烦您两位，赵桐珊先生、刘爷参加。赵先生担任赵守贞，刘爷担任梅香。今天就把单本给您两位一人一份。”夜宵后，大伙继续坐在经理间喝茶。孙兰亭作了具体的日程安排，说：“从后天起，下午请到经理间来，大家对词，先案头工作。辛苦几天，就要排练了。排练的时候，我们预告就出去了。排练几天，再休息两天，然后就上演。”交代完毕，大伙儿就分头休息去了。

接着，进入排练。砚秋是荣蝶仙老先生的手把徒弟，演戏很认真，我早有所闻。鸣和社的棒角儿挺多，光丑角就有曹二庚、李四广、慈少泉（慈瑞泉的儿子），程先生还是要请我饰梅香，这是看得起我，我焉有不卖力之理？这一天，下午两点排练，我一点就到了。这天程先生没来，是他的总管事高登甲老先生抱的本子，高和大伙说：“各位老板，各位先生，这个本子，程先生是头一次演出，在北平都没演，是特地到上海来上演的。希望大家大力协助，严肃认真地排练，演出水平来。最好是把这本子嚼烂了，嚼得滚瓜烂熟。”

高老先生抱本子，很尊重演员。排练当中，如果有人错了词或漏了词，他从不加以责备，让人下不了台。他纠正的办法很巧妙，就是先念一遍正确的词儿，然后和气地带着征求意见的口吻，提醒对方说：“这个词儿，大概是这样的吧，是吗？”对方听了，不伤自尊心，很乐意接受。高老先生抱本子这么耐心、细致、巧妙，我很佩服他，他也和我很讲得来。练完戏，我时常留下和他聊聊。第一次排练，我留下问高老先生：“怎么程先生有事去了，让您抱的本子？”高老先生告诉我说：“您不知道，程先生这个人，就是什么都认真。他对人的要求，错一个字也不行，一定要大伙儿背熟了。所以，今天我先来跟大家走一个过场，谁背熟，谁没有背熟，我就知道了。招呼打在头里，我不先打招呼，交代清楚，是我的责任。”听了这话，我说：“哦——

程先生对人要求那么高哇！是应该这样。”高老先生说：“嘿，程先生的事儿可多了，赶明儿我有空，说给您听。”从高老先生的工作，我看出了鸣和社的社风，就是这么严肃、认真、耐心、细致。往后，我参加排戏也越发认真了，每次早到一小时，练完了，再留着待一会儿，征求意见。程先生的事儿，我也更感兴趣了。当时我就和高老先生敲定，我准来听他说程先生的事儿。

演出前，一共走排了三次。第三次，程先生来了。他很客气，向大伙拱手打招呼说：“各位排练了好几天，都辛苦了。演出，靠各位了。”表示慰问。走排结束，我照旧留着没走，请程先生提意见，提要求。他也是很客气地肯定、鼓励。后来，我了解到，程先生虽然对演出、排练极为认真，但对合作者从不板着面孔煞有介事地提这个那个的要求，总是事先由高老先生打招呼。程先生性情温和，待人和蔼客气。每次南下归北，到北平的头几天，他总要到演员家里道辛苦慰问，看看他们家里的米、煤短缺不短缺。

第三次走排后，就上演了。过去，京剧上演传统剧目，事前没什么排练不排练的，连对词都不搞。只有新编的戏才排练，但也只是走排，不搞什么彩排。如果这戏你不会，就另请能者。《锁麟囊》是大戏，演出时前面没有开锣戏。戏编得又好又新鲜，但主要是程先生精湛丰富的表演、独特雅致的声腔艺术，很快就把上海观众的心紧紧地抓住了。黄金大戏院，每晚观客盈门，连演十场，十场皆满。十场演毕，改演了一天《玉堂春》，这下可热闹了，戏院马上接二连三地收到观众的来信，都是要求恢复上演《锁麟囊》。于是，再加演十场，依然座无虚席，盛况不减。第二个十场结束后，改演《牧羊圈》《荒山泪》《红拂传》《春闺梦》《六月雪》《青霜剑》《四郎探母》，插演了一个星期。又应观众要求，再演了五场《锁麟囊》。这五场，程先生作为对上海观众的临别纪念演出。演出非常成功，程先生载誉离沪北上。

行家伸伸手，便知有没有。自和砚秋结识以后，我晓得他功底很好，也了解到他小时学艺，文武都唱，唱打都很精彩，见功夫。耳闻不如目见，这次同台演出，那真是一次令人难忘的程派艺术欣赏。

那年，我俩都快四十岁了，身体开始魁梧了。砚秋的个头更大，怎么来表演一个行将出阁的小姐呢？我着实地为他担着点心。但是，他一出场，就打掉了我的多余的担心。在舞台上，他综合采用腿功、步法、眼法、指法和水袖等各种表演方法。他出场蹲步沉腿，身体显得矮了；又是含胸、拔背、垂肩、坠肘，加上垫着护领，就形成了美人肩，身体缩得小了，形象进一步秀气了。轻移莲步，唱四平调："怕流水年华春去渺，一样心情别样娇，不是我苦苦寻烦恼，如意珠儿手未操，啊，手未操。"这四句唱四个步法。第一句，出场，轻走一步接唱第二句。第三句边唱边走三步，这三步是蹲脚慢步，很难走，没有很厚实的腿功就走不开。程先生在这三步里，把太极拳和旦角的武功、不抬腿的鹤形步以及交际舞的舞蹈动作糅合在一起，走得很轻飘，很美。我饰梅香手托着他，一点不感到分量。这三步走了，已经到了台中间。接下去，梅香拿着囊，念："小姐，你看锁麟囊。"薛小姐看锁麟囊，又是三步。程先生继续唱四平调："仔细观瞧……"边舞动水袖。一般青衣的水袖都是一尺余，程先生的水袖是特制的，长二尺多，又大又宽。这么宽大的水袖，程先生要来，运用自如，真见功夫。他水袖一舒展开，显得非常宽大，再一收拢，两下一对比，配上原来的蹲腿沉步美人肩，一唱一做，就塑造出了一个秀丽婀娜的形象，一位娇惯、任性的闺阁小姐形象生动地展现在观众面前。在程先生生动的表演面前，观众已经忘掉了他原来的个头。

我搀着他出场，在一旁看得甭提有多真切清楚了。这种对比法的运用，在京剧表演中是个创造。程先生就是这样根据自身的特点，从各方面不断创造，从而形成程派艺术体系的。程先生看锁麟囊时的具体表演，是左看一下，右看一下，随着右一个、左一个微侧身子的翻动水袖，三步三翻，波浪起伏，美极了。可惜第一次演出，我事先不知道有这三步三翻动，所以没有动作配合上去。第一场演下来，我领教了程先生的武功底子，也领会到他让我配梅香，技术上的考虑是晓得我也有点武功底子。梅香是个丑丫头，作用是衬托薛小姐。我决计要起好这个衬托作用。

第二天演出，当他唱完前四句后，我就拿着锁麟囊预先后退几步，当他载歌载舞这后面三步时，我也配合地迎着他走三步，两人一起一伏，他的表演显得更精彩了。台下掌声、喝彩声大起。这天戏一完，程先生向我称谢，说：“刘先生，我们凑得很严。您怎么想出来的？凑这么三步。”《锁麟囊》主要是程先生的戏，我不过这么小小配合了一下，程先生就来道辛苦称谢，可见他待人之宽厚，对演员劳动之尊重。

《春秋亭》一场，程先生是大段唱腔，〔西皮二六〕〔快板〕〔流水〕，一共有五十六句，但他唱来回肠荡气、从容不迫。他的声腔、喷口、气口之运用，简直达到了出神入化的境地，上海人的说法叫没话头（没法形容）了。他发音时，在喉咙里用小疙瘩腔，像滚珠似的婉转而出；喷口，则像弹簧一样把一个字一个字弹出来，一句一句，清音细脆。〔流水〕一段中“忙把梅香低声叫”这一句，一口气唱了二十板，“叫”字的拖腔，委婉低回，腔里有腔。他的气口打远，把声浪打出去，打得很远。后来在天蟾舞台演出，能一直打到三层楼外，唱得连三楼的角角落落都听得很真切，可见程先生的青衣基本功之深厚。他唱时，台下鸦雀无声，唱到妙处，突然爆发雷鸣般的掌声，又一下子戛然收住。掌声骤起骤收，整齐极了。一场戏总要这样反复多次。

程先生的唱像磁铁一样，把我也吸住了。头两场演出，我怕配合不好，还有点紧张，顾不得欣赏品味。第三场演出时，我已熟练了，就在旁边精心地听。“梅香”站在“薛小姐”的轿边，得天独厚，听得比第一排都清楚，都过瘾。我是听得心甜魂醉，差点儿忘神把台词都给忘了。程先生的唱腔萦萦如丝，余音绕梁，音断意不断，听后真是别有一番滋味在心头。

（选自《情深谊长忆砚秋》，载于《御霜实录：回忆程砚秋》，全国政协文史和学习委员会编，中国文史出版社 2015 年版，题目为编者加）

如切如磋，如琢如磨

刘斌昆

程先生回北边半年之后，黄金大戏院又请他来上海，订了四十天合同。这四十天中，演了二十几场《锁麟囊》，仍旧邀我陪饰梅香。除《锁麟囊》外，程先生演的戏，没有我的任务。这次，我们已经是老搭档了，友谊有了发展。我时常去老公馆看他，有时他去打拳而未碰着，碰着就叙谈叙谈打拳呀、演戏呀，等等。

程先生的演戏态度很认真，很谦逊。凡演出，程先生不管他自己的上场时间到了还是没到，除了演《锁麟囊》外，他的大轴戏都是放在第三场，但只要开锣第一场一开演，他就来了，从不迟到。来了后，就在上场门坐下看戏，一直看到他要化装了才进后台。我作为黄金大戏院的基本演员，被安排演开锣第二场，或是和盖三省合作演《丑表功》《丑别窑》，或是和韩金奎、赵志秋合演《花子教歌》。所以，程先生看了我的一些戏。我们碰到一起聊戏时，总是我谈谈他的戏，他谈谈我的戏，这样来互相交流。程先生看旁人的戏，都很认真仔细，批评鉴赏的能力很高。我记得他曾问我："刘先生，每次我都看您的戏，您的一切动作，好像很顺，您练过什么功夫吧？"我告诉他："是练的丑角的基本功，这些基本功，都是老师的教导，我都是运用老师的基本东西。"我也问他："程先生，看上去，您也有武功底子？"他告诉我说："是的，动刀动枪的戏，我也演。跟老师学戏时，文武都唱。譬如《虹霓关》，前演东方氏，和王伯党开打，后演丫头。其他《穆柯寨》什么的，也演过。您倒看得出我有武功底子哪。”我一听，传说的程先生文武功都好确是实有其事。我说：“我看您在台上，腿底下功夫好，跑圆场，一阵风似的，全是腿功。所以知道您用过功。我看您上面云手和下面转手，上下手合，估计您的基本功也是很厚的。可能您用过很大的功，还说不定吃过很多苦头哪。”程先生点头称是，直率地告诉我：“我小时候学戏、练功，是吃过苦的。”我说：“您现在成名了，这真是功夫不亏人，功夫不饶人哪。”后来我了解到程先生练功时大腿还受过伤。“碰翘”时，还让老师打过。

我记得还有一次，我去老公馆，程先生对我说，听说我会弹古琴（七弦琴），并告诉我乐队有位老先生也会弹古琴。我说：“好呀，我回家去抱一张古琴来，向这位老先生请教请教。”这天，程先生兴致很高，连声说好，并把那位老先生请了来。我把琴抱来后，请那位老先生先操，他很谦虚，一定要让我先操。我不再推让，操了一曲《醉渔唱晚》。接着，老先生操了一曲《长门怨》。程先生连连拍掌赞好。因为晚上还要演戏，就散了。不料这一别，程先生回到北京，就卸装归田，不再唱戏了。

（选自《情深谊长忆砚秋》，载于《御霜实录：回忆程砚秋》，全国政协文史和学习委员会编，中国文史出版社2015年版，题目为编者加）

艺术长于借鉴

刘斌昆

离开丹东后，我们一队先到北京，他们一队应鞍钢工人的要求，去鞍山慰问演出之后才回北京。大家在北京小结、汇报演出期间，我和程先生重叙旧谊。

一天，程先生请我和老二上他家吃饭。程家在报子胡同，到时，派人用车子把我们接了去。他特地到全聚德去买了两只烤鸭，边吃饭，边聊天，他跟我家老二蛮谈得来。吃好饭，泡茶继续聊。他问起我，三花脸的基本功有哪些。我说："我稍微走一些给您看看吧。吃饱了，也走不全。"接着说声"献丑了"，就在程先生练功的地方走了一些小丑的基本动作，像抹不倒（不倒翁）、大推磨、左右捻捻转、老人步、醉步、鹤步、方巾丑的台步等。程先生说："真想不到，我还没见过三花脸有这么多东西（基本功），您还没走全哪。"

其实，我这些不过是引玉之砖。我问程先生："您的《锁麟囊》怎么唱得如此动听，让人听了舒服。您的喷口、发音，抑扬顿挫；气口，非常打远。我喜欢借用别的剧种，借鉴别人的东西，补自己的不足。您的气口，借鉴不借鉴哪？我为什么要问这个？因为您年轻时候《贺后骂殿》的唱片，我听了，非常好。您在年过半百后，气口还那么好，不知是怎么运用的？"程先生毫不保留地告诉我，那是在1928年，他到武汉，向汉剧李彩云老先生学的。他说："我年轻时候到武汉，常常去听汉剧。汉剧有位老先生，叫李彩云。他是老前辈，那个时候已经快六十岁了。我听他唱一出《落花园》，特别是其中反二黄那一段，运用声腔、气口，抑扬顿挫，喉音打远，非常好听。没有事，我就去听李老先生的戏。我拜李老先生为师，把这位老先生运气的方法、唱法拿了过来。"他还对我说："我现在喝酒，声带有点打折扣，厚起来了。我学这位老先生的唱法，就是要在中年、晚年时借鉴、运用。唱《锁麟囊》时快四十了，跟唱《贺后骂殿》时不一样了，就借用这位老先生的喷口、气口。我借鉴人家的唱法，跟您一样，都是取长补短。"

我听了后，对程先生艺术上精益求精，而且艺术目光那么远，二十几岁时就已经想到了中年以后的事，真是赞叹不止，钦佩极了。

（选自《情深谊长忆砚秋》，载于《御霜实录：回忆程砚秋》，全国政协文史和学习委员会编，中国文史出版社 2015 年版，题目为编者加）

御霜簃的人品和戏品

俞振飞 *

1937 年，法国定于 8 月中在巴黎举行世界博览会，很早就预邀砚秋同志前往演出。当时，京剧《王宝钏》有了外文译本，在国际上颇受赞赏，砚秋同志决定排出全剧带去，要我按照小生路子，扮演“别窑”中的薛平贵。后面挂胡子唱大嗓，一直到“登殿”为止。他又鉴于梅先生出国时，演出昆曲，博得很大声誉。因为昆曲不用大锣大鼓，笛子的声音比京胡幽雅，更易为西方观众所接受。因此他同我排练了几出昆曲，如《惊梦》《水斗 · 断桥》《藏舟》《琴挑》等。砚秋同志对这次出国十分重视，在北京花了一年多时间，进行准备工作。然而由于“七七”抗战开始，巴黎之行没有实现。但我至今忘不了，在这段时间中，我们两人探讨昆曲，最为热烈，每天在我寓所我吹他唱，从下午直到晚上，往往兴犹未尽。从他的京剧唱法来看，音量由小放大，头、腹、尾分得清晰，和昆曲的“橄榄腔”正好吻合，在技巧运用方面，可称异曲同工。他和余叔岩先生是亲戚，经常一起研讨音韵，唱念非常注重四声、阴阳、吞吐、收放。所以他不仅爱唱昆曲，而且唱得规矩纯

---

* 俞振飞（1902—1993），原名远威，生于苏州。京剧、昆剧演员。1907 年随父学唱昆曲。1923 年与程砚秋合演昆剧《游园惊梦》。1945 年加入梅兰芳剧团，与梅兰芳合演《奇双会》《春秋配》《洛神》等京、昆剧目。1989 年获首届“金唱片奖”。俞振飞多才多艺，把昆曲中边歌边舞的特殊表演手段带进了京剧，同时又把京剧明快强烈的风格引入昆曲，促进了两个剧种的交流和共同提高。

正，韵味醇厚，不可多得。

砚秋同志艺术态度的严肃认真，是一向著名的。程剧团后期，周长华同志为他操琴，每天上午要去程家研究唱腔，吊嗓练功，从不无故间断。演出时，砚秋同志一到后台，绝不接待外人，立即进入楼上专室扮戏（楼上另一间是程继先老师、王少楼同志和我三人的扮戏所在，其余演员都在楼下），化装完毕，静候登场，这和西方演员的培养情绪、进入角色是同一精神。他对乐队要求很严。早期是穆铁芬的琴，锡子刚的三弦；后期是白登云的鼓，周长华的琴，人选十分整齐，衬托帮垫，循规蹈矩，没有人乱加发挥，出现喧宾夺主的情况。大锣、小锣、鼓，都按砚秋同志的调门定制，以求统一协调。他更注意同台演员的阵容，老生有贯大元和郭仲衡，此后则是王少楼，花脸有侯喜瑞老先生和苏连汉，二旦有吴富琴和赵桐珊，老旦有文亮臣和李多奎，小丑有郭春山、慈瑞泉、李四广、曹二庚，小生有程继先老师和我，基本上是两套班子。这样，可以按照戏的要求，搭配适合的演员，收到更好的辅助之功。

舞台艺术的不断改进，是砚秋同志一贯关心的问题。京剧舞台上不用门帘，废除“饮场”，都是他首倡的。后台管事高登甲先生是他的得力助手，起了很大作用。比如《红拂传》一剧，砚秋同志希望我仿照昆曲中的“三脚撑”戏，为“风尘三侠”改动一些舞蹈身段，先给我看剧本，进行设计，然后由高登甲帮助安排。又如《春闺梦》，虽有战争的背景，但并无开打场子，而是用锣鼓来表现作战的气氛，这个新鲜意图是砚秋同志亲自定的，都由高登甲安排了场子，经过很多次排练，完全达到了预期目的。后来在上海排《女儿心》，因为昆曲有《凤凰山百花赠剑》，砚秋同志打算演皮黄而用昆曲身段，载歌载舞，加强气氛，他要我一同研究，按照昆曲的路子，再加以变化，从此定下了京剧《百花赠剑》的新路子。

砚秋同志大胆而又谨慎地改革表演，同时又认真整顿剧团，使京剧艺术不断出现新的面貌，说明他具有何等坚定积极的事业心！

砚秋同志卓越的艺术成就，都是从他数十年苦斗中得来的。他演戏一丝不苟，精益求精，把戏曲表演作为一项崇高的事业来对待。他在所著《我的戏剧观》一文中说过：“也许有人说是为吃饭穿衣，难道我们除了演玩意儿给人家开心取乐就没有吃饭穿衣的路走了吗？……我们要和工人一样，要和农民一样，不否认靠职业吃饭穿衣，却也不忘记自己对社会所负的责任。工人、农民除了靠劳力换取生活费用之外，还对社会负有生产物品的责任，我们除靠演戏换取生活费用之外，还对社会负有劝善惩恶的责任。……如果我们演的戏没有这种高尚的意义，就宁可另找吃饭穿衣的路，也绝不靠玩意儿给人家开心取乐来吃饭穿衣！”他这些话是早在30年代说的，而观点的鲜明、正确，到今天还值得我们读一读，学一学，很好地领会领会。毋庸讳言，砚秋同志幼年困于生计，学戏确是为了吃饭穿衣，但他后来就树立了这样的戏剧观，所以他一生不演坏戏，不为衣食而丢掉高尚的“戏品”，而且随着时代发展，艺术上锲而不舍，继续前进，达到了更高的造诣。

古人云：文如其人，书如其人。砚秋同志则戏如其人，他的人品和戏品是完全统一的。抗战时期，他在北京车站上，奋击伪警，后来干脆到青龙桥畔去度耕读生活，坚决隐居不出。新中国成立后，他接受党的教育，更提高了觉悟，成为一名光荣的无产阶级先锋战士。砚秋同志的人品是崇高的，是永远为戏曲界所景仰的！

（载于《御霜实录：回忆程砚秋》，全国政协文史和学习委员会编，中国文史出版社2015年版）

功夫者，工夫也

侯喜瑞*

程先生在几十出戏中，塑造了许多绝不雷同的艺术形象。别看他后来身体胖了，年轻时的扮相可是非常俊美、秀丽的。由于他从小就练武功，对武术很有根基，因此能文能武，成功地塑造了如红拂、何玉凤、聂隐娘等女中豪杰、巾帼英雄。不同的艺术流派的主要标志，表现在唱腔上的风格迥异，它们在唱念表演的艺术处理，特别是声腔音韵的运用上，有各自的想法和设计、安排、运用，从而形成独具特点的艺术品格。砚秋先生根据自己的嗓音条件，另开道路，在“字儿、劲儿、味儿”上下功夫，苦心钻研，特别讲究“字”的四声韵律，为旦角唱念艺术，创出了一条新路，是为后学之楷模。程先生的唱念，吐字清晰、嘴皮子有劲，轻重疾徐适度，抑扬顿挫分明，以字行腔、以腔抒情，抓住这个人物之情，在低回委婉中寓有刚健，缠绵悱恻中蕴涵着不屈。听他的唱，韵味隽永、醇厚，柔中有刚，有一股犀利刚劲、锋芒逼人的力量，入耳萦怀，感人肺腑，使人久久不忘。

砚秋先生热爱戏曲事业，在艺术上对己、对人都非常严明，他常说：“咱们唱戏，要对观众负责，演员既以此为业，就必须事事认真、处处琢磨，力

* 侯喜瑞（1892—1983），京剧净角，曾与杨小楼、高庆奎、梅兰芳、荀慧生、程砚秋、尚小云、孟小冬等名家合作。晚年在中国戏曲学院、北京市戏曲学校任教。

求合情合理，否则观众就不要看了！”他演《汾河湾》中柳迎春进窑、出窑就非常讲究、认真。因柳迎春住的是寒窑，又矮又小又窄，进窑时，他是先矮身然后蹲下，两手在胸前与背后分撩水袖，左脚进去后，以此为轴心，右脚一个类似“扫堂腿”，腰里使劲，带动身躯，把下身系的腰裙，像一篷伞状撒开，右手顺势与左手合并将窑门关上。这个短暂的身段，程先生走得干净利落，身上、脚底下、手臂、水袖、头上的线尾子，各司其职，纹丝儿不乱，堪称一绝，观众总是报之以热烈的掌声。再如《红拂传》中“店房”一场，程先生演的红拂，因仰慕李靖的才华和抱负，遂女扮男装追随之，两人见面后情投意合，结为夫妻，奔至旅店投宿。我演虬髯公，是个性情鲁莽、豪爽的侠客，暗访李靖与红拂（彼时虬以为红拂是男），赶至店房，径直奔入红拂内室，往上场门斜床上侧身一卧；红拂此时在下场门梳妆台前理妆。虬髯公始发现屋内有一女子梳头，大吃一惊；红拂从镜中看见一大汉闯进房来，大模大样枕卧侧床，程先生演得很精彩，先是一惊，耸肩长腰提神，表现她从镜中发现异端，转回头来看虬髯公，我二人对视良久，虽然没有话白，程先生的两肩、眼神里满是戏，很传神。就这么个不被人注意的小地方，砚秋先生从不放过，可见他表演上认真、细腻到何等程度。

戏曲界常说：“功夫者，工夫也。”是说台上精湛的技艺，扎实的功夫，来自平素的勤学苦练，花了时间，费过气力，下到工夫，到了台上才能运用自如、纯熟精到。就拿他在《硃痕记》中演的赵锦棠来说吧，其中有一段念白：“婆婆啊！侯爷里面传出话来：打碗之事，一概不究，或老、或少，进席棚答话，答话已毕，还要周济你我。还是婆婆你，你……进去吧！”程先生念得口齿清楚、情感激切，一字一句传入观众耳中。又如赵锦棠念：“报，贫妇告进——”在众人“哦——”的堂威声中，她以袖掩面，小心翼翼地走了一个小圆场，然后跪下，程先生进门时浑身抖动，眼神紧张，把受欺压的贫妇胆战心悸的思想感情，表现得淋漓尽致，当赵唱〔西皮慢板〕“配儿夫名叫那朱春登（哪）”时，我演的中军李仁喊出：“看刀！”然后拔出刀来，欲砍赵锦棠，赵拉住我的胳膊，眼瞪着刀，在“搓锤”的锣鼓声中，赵走跪“蹉步”，因程先生的基本功素有根底，动作优美而富有感情，我们合作默契、各知心劲儿，快慢适度、相得益彰，台下总是掌声四起，可见程先生功夫过人，表演逼真，才能赢得如此效果。

程先生酷爱武术，对太极拳尤有研究，每日习练，终年不辍，且运用到戏曲身段中。在《红拂传》中有两处：一是见杨素时，红拂有一段舞蹈，手拿红色拂尘（京剧界叫作“蝇帚”）加水袖，连唱带舞，乍看没什么惊绝之处，可是这里“深沉”大了（按：指艺术造诣）。咱们有句行话说，“身段是车，唱是辙”，因古时候大车是木轮子，走土路很费力，土路上车来车往就轧出两道深沟儿来，这就是车辙，车在辙里顺利前往，离了辙寸步难行，拿这来比喻唱和身段的关系。我看到一些演员在舞台上有载歌载舞的场面时，唱和身段总是配合不好，看着不顺溜、不漂亮，听起来气喘吁吁，面无表情。程先生这段戏，唱得婉转悦耳，气匀有情，舞得飘逸潇洒、婀娜娉婷，真是轻歌曼舞、端庄流丽、神完气足。二是他的舞剑，那时京剧舞台上，虽有一些舞剑的戏，但多是木制或竹制，表面涂银粉的剑，程先生自幼习太极，武术底子厚，臂力过人，有一身真功夫，在《红拂传》中首创舞一对真剑。我和俞振飞先生分饰虬髯公与李靖，在台上看红拂舞剑，两道闪烁的寒光，似银蛇飞舞，把红拂的侠肠义胆、飒爽英姿表露无遗，精彩极了。

程先生在艺术上刻意求精，从不马虎，对配角乃至群众角色都是严格要求。与他合作演戏，如果有不合适的地方，他总是心平气和地给你提出来商量研讨，下次再演时，他一准在台边注意观察，力求完美。我扮演过许多配角，我在台上不抢戏，但争着做戏，该你表演的时候给你亮出来，我不抢，你表演完了，该我了，那就得演出人物的身份、意思来，配角儿不小，得按中间的唱，既不能胡来，更不许唱砸了、演错了，这就叫“人抬戏，鸟抬林”嘛！所以，程先生愿意与我合作，我给程先生配戏，他都是比较满意的。

（选自《惊才绝艺，一代伶工》，载于《御霜实录：回忆程砚秋》，全国政协文史和学习委员会编，中国文史出版社 2015 年版，题目为编者加）

德国艺术行

胡天石*

考察戏曲、音乐是御霜这次出国的使命，其中戏曲是他的专业本行。但是，戏剧与音乐相互表里，因此，他在德国也肩负考察音乐的任务。由于他居德的时间最久，具备的条件最好，所以，他的收获最巨。他在国内早跟国际联盟教育考察团成员熟识，并曾亲自为他们演过他的拿手好戏《荒山泪》。《荒山泪》原名《祈祷和平》，是一出主张和平、反对战争的戏。御霜以他的精湛艺术，尽情地揭露了封建统治者“苛政猛于虎”的滔天罪行，淋漓尽致地表现了人民的反战意识，深深地感动了这四位国联贵宾。他们盛赞这出引人入迷、感人肺腑的典型悲剧，齐声表达了对御霜的由衷敬佩。该团是由德、法、英和波兰四国政府代表所组成的，是应国民党教育部的邀请来华协助改革我国教育制度的。御霜和他们交往频繁、逐渐熟稔，特别跟团长、德国普鲁士教育部长卡尔 · 贝克尔，法国世界著名物理学家，科学院院士保尔 · 郎之万彼此推崇，结为知交。后来，御霜又乘郎之万返法之便，结伴同行，路经西伯利亚和莫斯科搭乘国际列车赴欧考察戏曲、音乐。

---

* 胡祥麟，字天石，20 世纪 20 年代初期赴德国柏林医科大学留学，获博士学位，后在欧洲文化外交界耕耘十余载，在瑞士创办中国国际图书馆，并作为国际劳工大会中国顾问和驻瑞士中国代表，加入了茅盾等人成立的中华文艺界抗敌协会，支持国内抗日战争。新中国成立后曾在北京外语学院德语系任教。

在巴黎，由于有郎之万教授的张罗，御霜看过法国的歌剧、滑稽歌剧、喜剧和舞剧，会晤过法国政、学、艺术各界人物，如班乐威、鲍雷尔、莫推、赖鲁雅等。但是，不及在德国观摩次数之多和观摩范围之广。

在柏林，由于有前任主管教育、艺术的贝克尔部长亲自为他拟定观摩戏剧、音乐、电影的计划，戏剧管理总监蒂青为他安排日程，我为他联系和补充其他活动，御霜看过德国的歌剧，滑稽歌剧、维也纳歌剧、小歌剧、喜剧、悲剧、话剧、舞剧、民间剧甚至杂技、马戏等。他访问了全球驰名的话剧新流派创始人马克斯·莱因哈特。他为御霜亲笔题词，并邀请御霜去他的实验剧院著名的德意志剧场观看他这一流派的话剧。

30 年代时京剧无布景，仅有几张桌椅。因此，当御霜看到德国舞台上的美丽的布景，不禁称羡。同时他还看到了丰富多彩的表演艺术，各个角色的化装逼真，衣饰华丽，姿色各别，动人心弦，具有魅力。御霜认为他这次德国之行，真可谓“不虚此行”咧！既开阔了眼界，还丰富了精神生活。特别是演员们细腻高超的演技使他获得欣赏和借鉴，真是“美不胜收”，留下了终生难忘的印象。他热情地郑重其事地说：“此番回国，我一定要尽心尽力把京剧改革一新，吸取西方舞台的精华，此志不变。”

御霜念念不忘的心事，除戏剧改革之外，最主要的是戏界同人的福利和老年生活的保障问题。至于剧场的建筑，前后台的科学化部署，戏剧教育的研究和戏曲学校的创设等也都是我们经常谈论的话题。以后，我们还雇用德人维尔纳·迪科柯夫为打字员，专门搜集德国各有名剧院的图片，各场戏剧的舞台照片，名导演、名演员、名电影演员的相片，以及有关戏剧方面的各种规章、细则和戏界同人的养老及疾病保险条例等，全部包装寄回北平戏校、《剧学月刊》及戏曲、音乐研究院收藏、保管、陈列和发表。

（选自《追忆砚秋生平》，载于《御霜实录：回忆程砚秋》，全国政协文史和学习委员会编，中国文史出版社 2015 年版，题目为编者加）

台下是才子，台上是佳人

谦 斋

30 年代初期，程氏由欧洲考察戏剧回国，那时“程艳秋”的名字在报上已公开声明改为“程砚秋”了。某次文酒之会，我也应邀参加。同座中有梅畹华、金仲荪、陈墨香、袁守厂、张体道诸位先生。饭后，有人提议请程氏唱一段，由我操琴。记得那天是在北平西城绒线胡同蓉园饭庄小宴，程氏唱的是《红拂传》，这是因为我当时正在学习拉《红拂传》里的“每日里在相府承欢侍宴”的一段，比较有把握托得严，演唱完毕，我获得程氏的赞许，心中分外高兴，这是我第一次和程氏见面。

过了一两个星期，程氏到燕京大学来看我，轰动了整个宿舍的同学们，消息传出，邻近各宿舍的同学们亦蜂拥而至，争看程氏本来面目，把宿舍挤得水泄不通。从此，我每星期进城，常去听程氏在家吊嗓子。这样宝贵的机会，更增加了我学习的兴趣。他的唱功吐字，抑扬顿挫，别出心裁，树立了程派的典范。每年寒假暑假，程氏常来我家看我，彼此以兄弟相称，我称呼他“四哥”，他叫我“大弟”。除了聊天，常用二胡研究唱腔，一个下午，在欢乐中极快地度过，常常同吃简单的晚饭，才互道珍重相别。

程氏在台下是才子，在台上是佳人。我每次看戏，总先到后台去看他扮戏。可是他常说，后台是厨房，最好不来，这是因为后台化妆室简陋不堪，形容为旧时的厨房，颇形象化。从他开始洗脸到预备穿戏装，真可说是变了一个人，我这才赶到前台去看戏。有一次我去晚了，他已穿好戏装，那天上演的是《文姬归汉》，盛年时代的程氏，真是个不折不扣的古装美人，他身材虽然高大，穿上戏装，却极为得体，一出台帘儿，戏台上的边光一照，仪态万千！

（选自《天涯忆御霜》，载于《御霜实录：回忆程砚秋》，全国政协文史和学习委员会编，中国文史出版社 2015 年版，题目为编者加）

梅、程合璧

赵荣琛 *

1946 年的上海，抗战胜利的欢乐气氛还没有完全消退。梅、程两位大师恰恰都在上海，程师收我为徒，杨畹农正随侍梅先生。上海的朋友热心地建议梅、程两位合演一次，还要带上畹农和我同台，剧目选定的是《四五花洞》，是义演性质。梅、程两位欣然允诺。《四五花洞》是一出剧情离奇，但甚为风趣的玩笑戏，以真假潘金莲为故事，戏中有几段独特的唱腔。30 年代初，梅、程、荀、尚四位大师，曾为某次义务戏，在北京合演过《四五花洞》，一时传为佳话。在上海这次，梅、程各带自己的学生同台，更为有趣，是一次引人注目、别开生面的演出。

梅、程两位非常高兴，一起研究、设计，专门为此戏制作了新行头。演出前总要排练和对戏，碰到了个胡琴问题。真假潘金莲的唱腔是要连着唱

---

* 赵荣琛（1916—1996），安徽太湖人，京剧表演艺术家，京剧旦角。他出生在一个世代书香的家庭里，祖上一连出过四代翰林，太高祖赵雯楷是清朝嘉庆年间的状元，李鸿章一家三代都是赵家门婿。20 世纪 20 年代，他随家北上，定居北京。自幼常随母亲看戏，对京剧产生了兴趣，高中毕业后考入山东省立剧院。1937 年抗日战争全面爆发，山东省立剧院迁往大后方重庆。赵荣琛是剧院的主力，演出了《玉堂春》《战金山》《宝莲灯》《十三妹》《御碑亭》等剧，这些戏都是按照程派路子演出，当时被誉为“重庆程砚秋”。后来经许伯明介绍，赵用通信方式得拜程砚秋为师，通过函授学习程派艺术。1960 年调北京市青年京剧团任团长，1980 年调中国戏曲学院任教并兼顾问。20 世纪 80 年代致力于程派声腔、表演艺术理论研究，取得了可喜的成果。

的，而梅、程的唱法迥异，琴师无法当场替换。梅先生提出，是不是就用一堂乐队到底，让梅先生的琴师徐兰沅、王少卿先生偏劳一下，就不必再更换琴师了。梅先生让我把他这个想法带给程师商量。程师未置可否，说："那就试一试吧。"是日，程师带着我去马思南路梅家对戏，徐、王两位给程师操琴，一曲未终，由于程腔唱法独特，技艺精湛的徐兰老竟立即放下胡琴，连忙摇手说："不行，您的腔我拉不了，还是请周长华[1]来吧。"结果，这出戏的乐队很庞大，胡琴、二胡、配乐都是两堂，徐兰沅和周长华分坐两边，梅、程对唱，各用各的琴师，托腔上严密无间，再加上马连良的张天师、袁世海的包公，这次演出给观众极大的艺术享受。所谓"老梅带小梅，老程带小程"成为上海戏剧界的头号新闻。在程师提携下，我第一次和梅、程二位大师同台演出，无比荣幸。

程师在上海住了一年多，前后演了三期戏。戏演得不算多，可是剧目非常丰富。不仅有《荒山泪》《春闺梦》《碧玉簪》《锁麟囊》《金锁记》《文姬归汉》《青霜剑》等程派名剧，就连多年不动的别具风格的传统老戏《玉堂春》《御碑亭》《桑园会》等也演了，还演出了初次编排的新戏《女儿心》（《百花点将》）和年久辍演重排的程门本戏《赚文娟》及分两场前后部的《风流棒》。

当时，梅先生也在演出梅派代表作，形成了那边是梅兰芳和杨宝森、俞振飞、萧长华等，这边是程砚秋和谭富英、叶盛兰，之后又有李少春、袁世海等打对台的景象。上海的京剧爱好者，兴高采烈，大饱眼福。有人说，这是梅、程在艺术上竞争，我的理解却不同。抗日战争期间，梅、程两位都以高风亮节，毅然中断了正值盛年的舞台生活。如今，抗战胜利，他们重返舞

[1] 程砚秋老师的琴师早期为胡铁芬，中期为周长华，晚期是钟世章，三位琴师在程师的艺术创造中，起了重要的辅佐作用。抗战中，程师隐居罢演，周长华就离开程师居住上海。在北京，程师就起用了当时还年轻的钟世章先生。此次来上海，因周长华恰在，程、周又再次合作。

台，怎么能不兴奋异常全力以赴地尽己所能呢！另一方面，程师安排了这么多剧目，在一定用意上也是为了给学生们的一种示范，让我们多看多学。

（选自《师事程门记》，载于《御霜实录：回忆程砚秋》，全国政协文史和学习委员会编，中国文史出版社 2015 年版，题目为编者加）

在师父身边的日子

赵荣琛

程师客居上海，演出不算多，较为空闲，正是我们学艺深造的好机会。王吟秋师弟这时也赶来上海，他是前一年在北京经王瑶卿先生介绍投拜程师的。程师对他已有了解，指点也恰如其分。我则不然。我们师徒蓦然相见，程师从未看过我的戏，对我的具体情况、艺术上的长短，不很了解。所以，程师初见我时才有先要听听我的演唱，以后再说戏的说法。这有如进入师门深造前的一次艺术考试，也是检验程师辛勤函授几年的成果。我心里既高兴又很紧张。在程师安排下，1946 年我一连在上海唱了三场戏，一场《金锁记》，一场《碧玉簪》，一场是双出：《骂殿》和《虹霓关》。戏是专门演给程师看的，同行到的也不少。我从台上偷瞧坐在台下的程师，见他满面笑容，有时还与许伯老不断点头称是，我才放下了心，庆幸自己的第一次艺术考试，顺利通过了。

我每天都到程师那里，随侍左右，先是听程师吊嗓子，然后再听程师说戏，把所得记在心里，体会琢磨。程师演出，我们跟着上剧场，仔细观摩，对照所学，很有收获。程师对我说："你唱得不错，是宗我的路子。"我向程师提出："我的唱，不完全像您，您看怎么再改一下？"程师说："你的嗓子和我不同，你有亮音。有亮音为什么不用呢！"程师认为，每个人的天赋条件是不同的，而且有长有短。一个艺术家在艺术创造中就是要扬长抑短，而不能露拙隐长。程师不主张我把亮音抹掉，而且还要尽量发挥这个长处。但是，在用法上要注意不要使拙力，而要用丹田，气催动发声，再与程派特有的脑后音等发声方法相结合，使音质在脆亮中不失沉郁、凝重的程派风格。程师说，艺术是人创造的，我不赞成死学硬搬，要掌握前辈的方法，懂得道理，结合自己的特点来融会贯通，这样才能不断发展前进。他打了个比方，说他走台步微屈着腿，进门归坐时，是斜侧着身移步归坐，不让观众看见他的后背。这是因为他受体形条件的限制，为了照顾舞台美，不得不这样。“你们年轻，身材又瘦，何必非学我屈着腿走台步，斜着身归坐呢！”程师言语不多，一下就道出学习流派艺术的实质。

在上海，程师给我们说了不少戏。凡是他公演的戏，都一个不漏地仔细地传授给我了。经过程师的言传身教，加上自己勤学苦练，再去观摩程师的演出，对照自己的演唱找差距，反复揣摩、钻研，刻意体会，遇有弄不清的问题，事后再去请问，程师总是耐心解答。再演再看，再问再学。在上海一年多，我把程师的主要代表作以及他所擅长的传统老戏差不多都学了。程师为了让我们学得好，有些给我们说了之后，尽量在台上演一下，让我们边学边看，受益更大。像程派的《玉堂春》在唱腔、人物刻画上，很有独到之处。程师因身体关系，已多年不演。在上海给我们说了这出戏后，专门安排了一场《玉堂春》的示范演出。程师的苏三，穿的是素色的帔，带水袖，外罩大红色的长坎肩，而不穿传统的红色罪衣罪裤。这并不是程师故意标新立异，而是由于体形和舞台美的关系，不得不作此改动。尽管他跪着唱已略感吃力，但为了后学者，还是神满气足地唱了下来。这是他最后一次唱《玉堂春》。观众兴奋地买票看戏，为赶上了十年九不遇的程砚秋的《玉堂春》而庆幸，却哪里知道程师贴演此戏的苦心。其他如他早年常演，而后来久不演出的《探母》《弓砚缘》《祭塔》《战蒲关》等也都仔细传授，重点指正地教给我了。他的意见是：有些戏，他由于年龄关系，不便再演了，一般只演代表性的几出。但是，这些他花过心血的戏，不能丢，要传给我们。程砚秋老师这种对待艺术的极端重视的负责态度和培植、传艺于后代的一番苦心，是值得我效法的楷模。我有幸得到这位良师，能把他的珍贵的艺术承继下来。我愿以程师当年对我的态度，对待今天随我学艺的青年，有求必应，倾囊相授。

在上海我只是随侍程师，求学深造。不少人劝我在上海组班演出，说保险准“红”，我都婉言谢绝了。我不是来唱戏，而是来寻师求艺的。我不能以自己年轻气盛，来和我的老师争夺舞台，抢着演戏。因此，在上海我除了参加过几次义演性质的合作戏外，一直没演过营业戏。之后，随程师回到北京，开始演营业戏，像《荒山泪》《春闺梦》《文姬归汉》《锁麟囊》等程师当时还在演的戏，我都没有演，完全留给程师。新中国成立后，我离开程师去外地，才陆续重演这些戏。

在上海，我参加过不少次义演性质的大合作戏。前述的《四五花洞》就是一例，连演了两场，上海极为轰动。1947 年初，在上海还有一次梅、程各带弟子同台合作的义务戏。戏码是《法门寺》和《龙凤呈祥》。《法门寺》有萧长华老夫子、杨宝森、袁世海参加，梅门弟子杨畹农的宋巧姣，程门弟子王吟秋的孙玉姣。《龙凤呈祥》由谭富英、纪玉良、叶盛兰、李少春、王玉让分饰刘备、乔玄、周瑜、赵云、张飞，孙甫亭老先生的吴国太，梅先生、程师和我三演孙尚香。两位老师和我同演一个角色，我怎么唱？唱哪一段？心中没底，就去请问。梅、程两位十分谦让，全要把重点场子让给对方，最后他们两位决意让我演那场唱工吃重、梅先生最擅长的“洞房”，程师演“别宫”，梅先生却屈尊演最后的“回荆州”。非让我唱在头里，而且是重点场子，体现了前辈对青年的扶植、相携。

《奇双会》这出戏，梅、程两位都给我仔细说过，他们演出的路数有所不同。一次也是义务戏，有我的《奇双会》，梅、程两位都坐在台下看戏，倒把在台上演戏的我给急坏了。我到底怎么演？宗梅还是宗程？我硬着头皮演下去，既有梅派的，也有程派的，掺和在一块儿了。戏后，他们很高兴也很满意，并不强调非按自己的路子演不可，很尊重对方的艺术创造。

还有一次就是为李世芳飞机失事的救济义演。李世芳是富连成科班的高才生，名列四小名旦之首，是梅兰芳先生器重、钟爱、寄予厚望的爱徒。我和世芳是在上海相识的，我长他两岁。世芳虚心好学，勤奋用功，我们一见如故，常在一起切磋技艺。1947年春，世芳从上海乘飞机返回北京，不幸失事遇难。消息传来，梅先生十分悲痛。更因世芳身后萧条，梅先生决定出面组织梅门弟子和富连成师兄弟，为世芳家小举行义演。此事被程师闻知，他一方面为梅先生痛失良徒感到难过，多方劝慰梅先生，另一方面对义演坚决支持，要我参加这次演出。义演的剧目很多，大轴是《四郎探母》。由梅葆玥、葆玖姐弟演“坐宫”，吴素秋、言慧珠演“盗令”，马连良、赵桐珊（芙蓉草）和我最后演“回令”。那天，梅先生亲任后台总管，逐一把场、提调。我这场“回令”完全按程派的路子演。程师在《探母》这出戏中有不少独特的创造，不过自己已多年不演了，但在上海给我仔细说了这出戏，这次也是我第一次登台实践此戏，请程师过目。

因为是义务戏大合作，后台人多且乱，我客居上海，又没有专门的跟包师傅照管，在乱哄哄中我匆匆出台了。这场戏中，铁镜公主手中要抱着“喜神”（孩子道具），我乱中有错，忘了抱，就上场了，自己当时还没发现。后台的梅先生，台下的程师，都立即发现了，急得不行。不抱“喜神”，后面公主用怀里孩子哭来要挟萧太后准情的戏就没法唱了。程师在台下束手无策；梅先生在后台，急忙让人赶扮个丫鬟，把“喜神”立即给送上来。扮演萧太后的赵桐珊先生，舞台经验极丰富，他也在设法补救，一方面他用眼色提醒我注意，另一方面阻止了刚上来的丫鬟递“喜神”，因为，我和马先生当时正在台口对唱。这时丫鬟一递“喜神”，等于告诉观众出了漏洞，非闹个哄堂大笑不可。赵先生悄悄告诉那个丫鬟：“别急，等机会，听我的。”趁杨四郎、公主双进门，背对观众，跪倒求情时，赵先生一示意，那个丫鬟上前假作搀扶，顺手就把“喜神”悄悄递给了我。我起来转身时，“喜神”已经抱在手里，观众竟然一点没发觉。梅、程二位这时才长嘘了一口气，放下心来，身上早已大汗淋漓了。事后，他们拉着四大名旦的艺术老伙伴赵桐珊先生的手，感激地说：“这么多年，您可在场上帮了我们不少忙。这回要不是您临场应变，情急智生，这场戏非砸不可，荣琛非吃苦不可。”

1947年夏天，程砚秋老师要北上回京。他在上海各方面情况很好，而且当时上海集中了京剧界各行好角，正好还可演出一个时期。可是，程师行意甚坚，各方面友好挽留都难以奏效。这是有其内因的。

抗战期间，程师蛰居北京，罢歌务农，内心中对祖国的命运前途是十分牵挂的。抗战胜利后，他以为苦尽甘来，万象更新。可是国民党的腐败劫收，国共和谈的破裂，蒋介石发动反人民的内战，时局日非，使他心灵上蒙罩上一层暗影，郁闷寡言，对上海的“歌舞升平”，更感到落落寡欢，就想离沪北返。

程师临行前，关切地问我将做何打算？是不是留在上海唱一期戏？一年多在上海与程师朝夕相处，我们师徒间已建立起深厚、真挚的感情。这段时间，我真是如鱼得水，从程师处学习到许多东西，对程派艺术可说已经得到一些真谛。程师对我如此厚待，情同骨肉，我自然不愿与程师分离。再说，程派艺术我虽已入门，其中奥妙尚不能完全领略、掌握，有待进一步探求深钻。我向程师倾诉了目前先不忙着演戏，愿去北京，再好好进修一段的想法。这个志愿得到程师的同情和赞许。

由于国家多难，战火频仍，程师回京后心情更为抑郁。他在北京演出也不多，除去天津唱过一期戏外，多在京闲居，又不时去青龙桥小住。我常去青龙桥看他，陪他住在那里。程师在青龙桥潜心读书，钻研艺术、和我谈古论今，秉烛夜话，讲述程师为艺术艰苦奋斗的经历，和应该如何做人处世以及道德品质上的正直观点，使我深受教育和启发。在技艺上，他继续欣然乐道地指点我，从声腔字韵，到四功五法，从表演到人物，都做了深刻的阐释。由于我不断钻研、学习，对程派艺术的要领，基本上有所领会和理解，这时我已经不完全是被动地聆听，有时也敢于把自己的领悟，提出来就商于程师。他不但不以为忤，反而十分高兴，认为我在学习上有所前进和提高。有这么一件事：程师的《碧玉簪》中有一段南梆子，头一句“他虽是待奴家十分薄幸”，“虽”字，程师一直是低唱，用低音行腔，很有特色。我们师徒深夜聊天时，我向程师提出：“虽”字您这么唱，大概是按北京的习惯读成“阳平”声；按规矩，“虽”字应属“阴平”，以低音处理，似觉字声欠准，是否改为高唱，更显得合适一些？程师惊异地说：“是吗？那咱们赶紧查查看。”我们师徒查了几种韵书，证实“虽”字确属“阴平”。于是程师笑着说：“还真是我唱错了。既是‘阴平’字，就应该高唱，那咱们改一改吧！”程师闭目沉思，轻声哼唱，反复推敲，把“虽”字改成高音，再一润腔，依然是一个委婉俏丽的程腔。然后程师还向我征求意见说：“你看这么唱行不行？”像这样一位有成就的艺术家，并不因为是晚辈学生提出疑问，而有所不悦；相反，他虚怀若谷，不惮其烦地乐于接受，从事修改。程师这种高贵的风格，令人肃然起敬。不禁使我想起京剧界流传的一段逸事：晚清京剧前辈小生徐小香在一次演戏后，有一位初识不久的新朋友，以商量的口吻说：“您今天的念白提到‘共叔段’，‘共’字您读的是‘去’声。共叔段是个历史人物的姓名，‘共’字作姓，应按‘阴平’，读‘公’为妥。”徐小香听后，立即起身，整衣敛容，深施一揖，说：“谢谢您的指教，您是我的老师！”事隔将近百年，何以如此相似乃尔！

程师对我的学习成绩和态度比较满意。那还是程师刚从上海返回北京，致函许伯老，信中提到我时，有“此子聪颖异常，一点就透”的评语，并向许伯老致谢，为他物色了一个满意的传人，感到欣慰。许伯老把信拿给我看，笑着说：“你们先生不轻易称赞人，对你这样评价可真不容易啊！你要好自为之。”接着又问我是怎么讨得程师欢心的？我回答说，程师教戏不愿多说，一连几遍如果还不会，他就烦了。由于我学习、领会得都较快，又会记谱，无论唱、念、身段，重点处速记下来，回去再加工勤练，反复琢磨，效果自然就好得多。由于自己暗下了功夫，程师稍一点拨，我就能很快理解其含义，举一反三，等到汇报检验时，我基本上能达到预期效果，怎能不让老师感到满意高兴呢！

来北京又追随程师学习了一段后，程师对我说：“你不能光学不演呀！”由于我只身来京，从没在北京搭过班，程师就把他的秋声社整个班底交给我，让我以大风剧社名义，在北京挂牌演出。程师还把他多年的老伙伴、秋声社的管事高登甲先生请来，把我托付给他。高老先生对我极为爱护，一力承担。当时剧团的阵容极强，搭配整齐，主力有：老生贯盛习、张春彦；旦角林秋雯、张蝶芬；丑行李四广、贾多才、慈少泉、李盛芳、贾松龄；花脸侯喜瑞、苏连汉；小生李德彬、徐和才等；英才济济。1948年，我以“程派传人”身份，很唱了不少戏。一面唱，一面继续学。许伯老后来也赶到北京，引我去拜谒我的太老师王瑶卿先生。王老夫子本着当年爱护、指导程师那样，给我说戏、指点。我又添了王老夫子门下的功课。

1948年秋，北平临近解放。那时，程师已由青龙桥回居报子胡同旧宅。我仍不时去看望他，察觉程师的心情似更开朗。从隆隆的炮声中，他好像听到敲响了旧时代的丧钟，昭示着一个新中国即将降临。他满腔兴奋、期待的感情，熔铸笔端，绘出那幅深情、含蓄的报春梅花，并题有“料得喜神将莅至，毫端先放几分春”豪迈的诗句，表现了程砚秋老师双手高举，欢迎人民的新时代将至的喜悦心情。

解放后，程砚秋老师焕发了青春，又演戏，又参加各种社会活动，生气勃勃，一扫当年沉郁的神色。他对我说：“你已经在我身边好几年了，也学了不少东西，不能老守着我。现在解放了，你可以出去闯一闯，把咱们的艺术打开局面，更多地为人民服务。”在程师的鼓励下，我接受东北方面的邀请，先去大连、抚顺等地演出，后留在沈阳，参加了东北京剧院的工作。之后，我又去南方各地演出。

（选自《师事程门记》，载于《御霜实录：回忆程砚秋》，全国政协文史和学习委员会编，中国文史出版社2015年版。本文写于1980年3月9日程师忌辰前夕。题目为编者加）

第七章
朱自清：平淡中的绚烂

明圣湖边两少年

朱韵 朱韶*

俞平伯先生经历了近一个世纪的风雨，以九十高龄回归自然。父亲闻之，面北伫立，怅然良久，嘱我记下一段文苑旧事——为数十年来平伯师一家对我伯父朱自清先生的深情。

1920年，瘦西湖畔绽开了第一枝红梅。伯父朱自清还远在北大读书，距毕业尚有整整一年。然而祖父却早已心急如焚地盼望儿子即刻归来，分担家累。因为，他老人家失业已久，加上高祖母仙逝，子女就学，竟债台高筑，几陷绝境。

一辈子不信鬼神的祖父走进天宁寺扶乩，老道胡诌了四句诗："三径犹荒芜，渊明尚未归。故乡风景好，雁影送斜晖。"并解释说，"故乡"，您儿子要回乡做官了，且有一伴相随，"雁影"，雁不单行呀！祖父摇摇头苦笑着离开了寺院。

想不到当年初夏，伯父朱自清和同学俞平伯提前完成学业，果真双双回乡，至杭州一师执教。这便是"明圣湖边两少年"相交相知的开始。

当时，正值五四新文化运动，他们努力倡导白话文，创作新诗。伯父认

---

* 朱韵，朱自清侄女，朱国华之女。受家族历史问题的牵连，小学毕业后辍学，十六七岁从上海去云南务农，回城后当车工，自学文化课。1988年，她参加招干考试，被中国银行录取。朱韶，亦为朱自清侄女。

为，平伯资格比他老，根基比他深，常将诗稿送与平伯先生推敲。俞先生工于律吕，直抒己见，伯父有此良友，得益匪浅。

半年后，俞先生便离开一师，在此后的五年中，伯父迫于生计，辛勤辗转于江浙各中学之间，但他与平伯的友情却日益加深了。这五年间，他们同游秦淮，广结文友，共创诗社，探讨人生。友人相聚，困窘的伯父呼唤着郑振铎、叶绍钧、俞平伯的名字，眼睛里闪现出孩子般的快活光辉。

1925 年春，感于漂泊不定的坎坷的执教生涯，伯父在给俞师的信中流露了一种不成熟的想法：“弟实觉教育事业，徒受气而不能实益……颇想在商务觅一事，也想到北京去。”暑假后，在俞平伯的力荐之下，伯父这个“乡下土佬”来到北京，任清华大学中文系教授。平伯君深知，伯父诚笃之辈，此生此世与商务无缘，便为他做出了人生的这一选择。至此，伯父告别了南方，确立了终身服务清华、服务教育的信心，他在《语丝》上表白了心迹：

> 我的南方
> 我的南方
> 那儿是山乡水乡
> 那儿是醉乡梦乡
> 五年来的彷徨
> 羽毛般地飞扬

在北京的日子是令人难忘的。他们漫步在清华的工字厅，夜读于冬日的古槐屋，切磋文章，交流思想，俞宅老君堂庭院深深，“古槐书屋”坐落其中，那是令伯父神往的地方，他经常研读于此，直至天明。俞氏上下都将他视为家人，都为平伯有如此勤奋的学友而欣慰。若干年后，伯父和父亲谈起这段往事，感慨地吟诵着：“古槐书屋久徜徉，夜语昏灯意絮长……”

1929 年，武钟谦伯母病重，被送回家乡，当年 11 月不治而逝，贤妻之亡，是对伯父身心的沉重一击。在此期间，平伯先生等清华同人给了他极大的帮助和慰藉。自伯母回南方，俞宅每天将饭菜送至伯父家，风雨无阻。伯父受之不安，执意付伙食费，俞家再三推辞，终拗不过倔强的伯父。但伯父却不知道，平伯夫人已将这笔钱全部作为加菜费用，专为他设了小灶，因此，饭菜十分丰盛，烹调格外精心。

平伯先生和他一家的深情，使伯父终生难以忘怀。抗战时期，伯父在重庆时曾对家严说道："平生爱我数俞君，深情此生难回报。"

伯父一生坎坷，贫病相交，英年早逝，这是他的不幸。而伯父拥有意气相投的朋友，领略了人世间的真挚情爱，这是他的幸运。

（选自《情深谊长》，载于《荷塘边的不朽背影：回忆朱自清》，刘未鸣、韩淑芳主编，中国文史出版社 2019 年版，题目为编者加）

平淡中的绚烂

余冠英*

我初次见朱佩弦先生是在民国10年，那时他新就聘扬州江苏省立第八中学任教务主任，我是正要投考那个学校的小学生，就在办报名手续时认识了他，他给我的印象是矮，微胖，很和气。同时我的小学老师洪为法先生带着另一个孩子也来报名，出乎意外地他们争执起来，似乎关于保证书有什么问题，一方要求通融，一方坚执不允。结果是洪先生悻悻而去。当时我觉着这位教务主任表面谦和，实则是很严厉的。入学以后，教务主任已换了别一位先生，一打听，才知道朱先生因为和校长意见不合，辞职走了。我想：那位表面谦和的朱先生一定是很有傲气的。

五年后，我进清华大学。朱先生先一年来清华教国文。我选修了他所讲授的普通国文和古今诗选。又二年，我从历史系改入中国文学系，又听了他的另几门课。毕业后在他的领导下工作，经过这些年，更明了朱先生是温和而又严峻的人，和最初的印象一致。

---

* 余冠英（1906—1995），江苏扬州人，中国古典文学专家。1931年毕业于清华大学，后在清华大学、西南联大等校任教。1952年任中国科学院文学研究所研究员。后任文学所副所长、学术委员会主任、《文学遗产》杂志主编。由他主持编写的《中国文学史》是古典文学研究领域中的重要成果，经他主持编选的《唐诗选》，为公认的唐诗最佳选本之一。他毕生致力于古典文学的教学和研究，培育出大批人才。

我在清华读书的时期，课后常和朱先生见面。一次谈到先父的名字，才知道他的父亲和我的父亲是朋友。此后他就以平辈待我，虽然我始终执弟子礼。他为我批改文章，也常常拿他的写作和我讨论。那时他偶然作作旧诗，学杜甫，也填小词，近花间派，都是精工，但他自谦说这些不过是练习之作，见不得人。我向他要几首登在我编的《清华周刊》文艺栏里，强而后可，但不肯署真名。

清华 1930 年年刊里我的小传是朱先生写的。他写了两遍，第一遍依照历年年刊惯例，用对本人调谑的口吻，后来觉得本系教授对本系学生开玩笑似乎不得体，又改为庄重的写法，且用文言。在那篇小传里，他说我是“狷者之流”，“外温然无圭角而内颇有所守”，又说我的文章是“理胜于辞”。我看后笑了起来，告诉他：“别人正是这样评论你。”他也笑了，对这样的评论不曾表示什么意见，他似乎默认了。

抗日战争开始后，他的胃病渐深，但工作仍然极勤，很少休息。他的勤劳不全是为自己，大半的精力是为别人花的。他的服务精神一向好，在学校除教书外兼做了许多事情，担任过图书馆长、学报编辑、教授会书记和其他有关同人福利的职务，学生社团请他指导的时候也很多。此外还要常常为校外青年或后进作家看稿，也常应文艺团体的邀请演讲。他的心很热，他的体力却不够了。

他常说：“‘人生以服务为目的’，虽然近乎高调，但有机会为人做点有用的事，到底是个安慰。”他用这样的话鼓励别人。民国 29 年他在昆明发起办《国文月刊》，民国 35 年在北平办《语言与文学》周刊（《新生报》副刊），这两个刊物都是以服务社会为目的。《国文月刊》的主编从第 3 期归我担任，到第 40 期为止，经过五年。《语言与文学》，我代朱先生编辑了两年。说老实话，我对这类工作并不热心，但为了他我不能不做，倒不是为了重违师命，是为了在他面前一切怕难怕烦的话无论如何说不出口。有人说过：朱先生的学生对他的功课不肯马虎，不是为了分数，是为了要对得起他的认真。这情形正相似。

朱先生的朋友、学生都敬爱他，他的老朋友老学生更敬爱他。他的性情笃厚、品格高洁，相处愈久，发现愈多，正如他的文章，也需要细读，多读，久读，才能发现那些常言常语中的至情至理，才能发现那些矜慎中的创造性、稳健中的进步性，才能发现那些精练中的生动、平淡中的绚烂。

（选自《忆朱佩弦先生》，载于《荷塘边的不朽背影：回忆朱自清》，刘未鸣、韩淑芳主编，中国文史出版社 2019 年版，题目为编者加）

扬州巧遇

余冠英

1927 年上半年，我在南京东南大学（后改名中央大学）借读，暑假回扬州的第二天，在一家旧书店和朱先生巧遇。我从前一年冬季请假南归，离开清华已半年，不曾和朱先生通信，彼此不明情况。在扬州相逢，都出乎意料，互相问东问西，竟不知该从何谈起。书店老板邱翁本是我的熟人，他和朱先生可能相识不久，但也不是第一次见面。我来时见他们谈得很热。这时候他建议同到富春茶社去坐坐。茶社近在咫尺，到那里去谈话当然比此处好，这时是下午 4 点左右，正好吃点点心。但邱翁似有请客之意，我觉得这不合适，稍稍踌躇，朱先生已抢着表示说："正想去富春，该由我作东道。"我连忙说："东道该是我的。"邱翁笑笑说："大家都是本地人，这都好说，到那里再谈吧。"我们不再言语。朱先生伸手要拿他已经买妥的那一包书，邱翁说："这个不忙，茶社门口车多，雇了车回来捎走方便。"朱先生也依了他。

在茶社朱先生谈了清华的近况。我谈了自己的计划——打算在东大再读一班暑假班，多凑一些学分。9 月初清华开学，仍返清华。谈完这些，朱先生忽然问起陈含光来。他说前日在装裱店见到含光的一张山水条幅，有题诗，诗、书、画都好。久闻他是乡邦前辈，很有学问，但不知其详。邱老说他认识含光，他名延桦，含光是他的号，近年书画都题署这两个字。听老辈说他少年时已经以词章被人称道，后来作骈体文成为当代高手，也有诗名。

他曾在北方谋事，住北京多年，近年回扬州，和父兄同住在祖传老宅。他现在年五十余，生活清简，信佛，每月定期持斋。他为人随和，人家向他求书画，从来不拒绝。他有时步行出游，在北门外平山堂一带可以见到他的踪迹。

朱先生说："听邱先生所谈，含光先生是蔼然可亲的长者，正合我的想象，如能有机会向他当面请教，那就好了。"我说："这却不难，含光是我的内兄，我现在就住在他家，朝夕相见，您要和他识面，我随时可作介绍。他正在选抄唐人五七言古诗，正好讨论讨论。"朱先生听了很高兴，临别又郑重嘱托向含光致意。这里须补叙一笔，茶钱还是邱翁付了。一进门就对伙计"打招呼"，茶社为他记了账。

我回到住处，当晚就去见了含光，转达了朱先生的意思，并对他介绍了朱先生的情况。他欣然表示："后天就可以来谈谈，请他吃午饭，如愿早来，过 10 点就行，那时我的早课就结束了。"说罢又问："朱先生住在哪里？该送个帖子去吧？"我说："这似乎不必。便饭招待可以，太正式了不免拘束。朱先生家离这很近，我已和他约定，明天去看他，可以带口信。"

第二天早晨我去见朱先生，说了含光的意思。朱先生表示感谢，说准时赴约。

次日约 11 时，含光的儿子忠寰来告诉我，朱先生已经来了，正在他父亲的书房里谈话。我去时见他们谈得很投契，已经讨论起唐诗来了，含光正侃侃而道。我陪坐约半小时就出去找忠寰，当时他是东南大学哲学系三年级学生，也打算读该校的暑假班，我们约定同回南京报名。

开饭时已过了 12 点，地方是借用含光大哥且鲁的书房，那屋子宽敞凉爽，南北通风，前轩院子里竹树繁茂，临轩有高木凉阴。且鲁也被邀来陪客。含光父子陪着朱先生过来，分宾主就席。只有朱先生一人算是特客，含光和忠寰都是主人，我和且鲁是陪客。主人拿出陈年绍兴黄酒待客，菜肴丰盛，已超出家常便饭的规模。壁上有翁同龢写的对联，席间谈话被它引向同光旧事。且鲁熟于掌故，谈来娓娓动听，且鲁兄弟都有酒量，朱先生兴致很高，他们干杯的次数不少。我问这酒陈了多少年，且鲁说当初他幼年就已封藏。且鲁年近七十，那么这酒也是年逾花甲了。朱先生在浙江住过几年，喝绍兴酒有经验。他赞美这酒陈得好，配得也好。所谓“配”，就是在陈酒中适当地掺和新酒，然后煮热，饮时保持微温。我听了这些讲究，增加了品尝的兴趣，也痛饮起来。

这顿饭吃了一小时多。朱先生显然喝酒过了量，散席后行步不稳，喝了两口茶就告辞了。走到院中不知被什么绊了脚，脱落了一只布鞋。他弯腰拔鞋，拔不上，就趿拉着走向大门，其他人跟着送了出来。主人已为朱先生雇了黄包车，在门外候着。他向大家拱拱手道声“谢谢”，就上车走了。他走后，且鲁说：“这位朱先生人很好。”含光接着称赞他“虚心好问”，“谦谦君子”。

次日上午我又去看望了朱先生，他似乎还疲乏。他告诉我昨日醉了，回家便呕吐；又说酒真好，不知不觉就喝多了，饭后强忍着呕吐，所以匆匆告辞，失了礼。他所谓“失礼”可能指脱落鞋子的事。

说到他和含光的交谈，他称赞含光议论通达，听后印象很深，得益不少。朱先生对于别人的意见，从来不加挑剔，只要有部分合理，他就会欣赏，也不论是否和己意相合。他对含光的谈话表示满意，我深信是真诚的。含光论诗的主张，我当时所闻甚少，后来朱先生曾略为转述，我深感他给含光的“通达”两字评语，并非泛泛。含光论诗的主旨是“诗唯情论”，不赞成以诗说理，但承认如果从情出发，也不妨发议论，这样理屈中也会有佳语。关于唐宋诗评价问题，含光明显地推重唐诗。他说好诗应该“声情并茂”，唐诗中“佳作”较多。在这里他似乎把重点放在声字上。他反对将唐宋诗强为分界，但认为两代诗的长短得失大体上还可以谈。朱先生后来在《经典常谈》中对这个问题表示了一点意见，说：“历代诗各有胜场，也各有短处，只要知道新变便是进步，这些争论都是不成问题的。”他的着眼点比较广阔，注重分析，比较客观，也就更通达了。含光还说北鼓（北方的大鼓词）南歌（南方的小曲）中有好词，都是任情而发，和《国风》、汉魏六朝乐府一贯而来。又说文人诗往往像妇女缠足，失其真美，不及民歌佳作，像六寸圆趺，屐上白霜之为天然。这些议论和新派作家提倡诗体解放的精神正相契合，为朱先生所欣赏。

（选自《忆朱佩弦先生》，载于《荷塘边的不朽背影：回忆朱自清》，刘未鸣、韩淑芳主编，中国文史出版社 2019 年版，题目为编者加）

有时一天只写一二句

朱维之 *

佩弦先生言行上的匆促样子是自然的流露。因为他用功之勤，思虑之周，加上工作又多。一方面要教课，改卷，预备讲义，一方面又要自己创作，一字不苟地写稿，时常还一大堆一大堆地写信。还要追寻谢灵运当初在永嘉做太守时所游的山水，再加上家庭琐事、儿女教育等，真不知道时间是怎样支配的。然而我们几个喜爱涂鸦的孩子却还把一本一本的所谓“诗集”“散文集”送去请他批改；他非但毫无愠色，反而鼓励我们多多写作。稿子送去后，过了几天便发下来了。看见他用紫色墨水批改和圈点等笔迹，真有无上的快乐和骄傲。记得他在我的那本所谓诗集上面批着：“诸作气势奔放，佳句络绎，惟题材太狭，宜扩大生活范围。”如今原稿虽已丢失，而这个有益的评语却永远铭刻在我的心里；并且在我自己批卷时，也把“扩大生活范围”等语写给第三代去分享。

先生在温中时，我和苏渊雷、金溟若等最喜欢和他接近。他那和易安详的谈话，亲切慈爱的眷顾，使我们只觉得他和长兄似的，丝毫没有先生的

---

* 朱维之（1905—1999）：浙江苍南人，著名学者、作家、翻译家、教育家。1928 年翻译出版爱尔兰作家叶芝的诗剧《心所向往的国土》。1930 年赴日本中央大学和早稻田大学学习，回国后曾任沪江大学中文系教授、系主任。新中国成立后任南开大学教授、中文系主任，相继翻译弥尔顿三大诗作《复乐园》《失乐园》《斗士参孙》。皇皇巨著《失乐园》凡十二卷，一万多行，是国内最早一部，也是迄今唯一的一部全译本。

架子。

记得第一次他亲自把我们从学校带领回家去玩时，路上跟他谈起写作的时间问题。我问他功课这样忙，怎能有时间去写那样细腻的诗歌和散文？是不是在早晚往返的途中构思的？他笑着说："在这条荒草瓦砾、茅厕处处、污气阵阵的路上怎样构思诗文呢？最好的文思也要被秽气冲散了。"

"那么像《毁灭》《桨声灯影里的秦淮河》那样精心之作，是在什么地方、什么时候写的呢？"

"我每天回家去写一点，有时一天只写一二句，这样慢慢地积成一篇篇东西。"

起初我们对于这种累积的写作方法有些怀疑，以为这不是什么天才的写作方法，天才的是倚马可待，下笔有神，一挥而就的。我们只把这个幼稚的思想放在心里，不敢说出口来。后来读书多些了，知道小泉八云也是用这种方法写作的，并且也鼓励他的学生多用这种方法去写作。他们两人的文体又都是那么的清新流利，于是知道天才固不妨多用时日去审慎推敲，慢慢地积累诗文的。后来我更爱读厨川白村的东西，读了那种浏亮而多风趣的散文，不能不钦佩他的博学多才；谁知他写文章时正是用他老师小泉八云的方法的。他的文章看来像是随手拈来、不费力气的样子，实际上是经过千锤百炼才出来的。由此我更觉得佩弦先生所用的方法是一种标准的方法。后来我也喜欢写写文章，往往有粗心的地方；但一想到自己启蒙的老师，便不能不谨慎戒惧了。

他也是实地施行直接法的写作教授。如《踪迹》集子里的《绿》是描写温州名胜仙霞山的梅雨潭风景的。我少年时也曾同样地游过那里，也曾同样地写些游记；但拿自己所写的和他的作品比一下时，便知道自己缺点的所在了。他这种直接法的写作教授，虽是出于无心，但笔者却有意地接受了。

（选自《向佩弦先生学习》，载于《荷塘边的不朽背影：回忆朱自清》，刘未鸣、韩淑芳主编，中国文史出版社2019年版，题目为编者加）

鼓励现代文学

刘北汜

我第一次亲自聆听到朱先生的讲话，而又常记在心的，是在中文系举行的一次茶会上。

茶会地点在中文系办公室附近的一间大教室里，时间大约在开学后三个月，学期结束之前。参加茶会的有中文系主任罗常培，教授罗庸、魏建功、浦江清、朱自清、杨振声，少数讲师、助教，再就是这学期才入学的二十来名中文系新生了。人虽不算很多，但因为教室中间摆了很大的一个长桌，还是显得很拥挤。

这次茶会，闻一多、沈从文两先生都没有在场。闻先生当时正在昆明南边近百里的晋宁县休假，沈先生当时住在昆明文林街，没有来参加。李广田当时还在四川叙永县西南联大分校任教。当时在场的教授、讲师和助教还有谁，我已记不清了。

主持这次茶会的罗常培先生，字莘田，是著名的语言文字学家，高高的个子，穿身大褂，戴黑框眼镜。他端坐长桌的一头，首先讲话。他嗓音洪亮，吐字清晰，边讲，眼光边透过眼镜扫视围桌而坐的每一个人。一开头主要讲了系里的情况，接着讲了些别的事情、下学期的一些安排。忽然，他略为提高声音，话头一转，讲起一件事来：

“有一个同学，学号是 1188。他填的表里，说他爱读新文学，讨厌旧文学、老古董。这思想要纠正。中国文学系，就是研究中国语言文字、中国古代文学的系。爱读新文学，就不该读中文系！……”

说到这里，罗先生声色都有些激动了。

罗先生没有提我的名字，但他说的学号正是我的。他说到的表上的话，也正是开学后不久我在系里发给每个新生的表上填的，似乎是写在“课外爱读书籍”一栏里，只是我还写了希望系里多增加新文学课之类的话，而罗先生没有提起来。

当时联大中文系规定：中文系一、二年级学生上基础课，选学一门社会科学、一门自然科学、一门第二外国语。三、四年级以后分为二组，一组为语言组，攻读训诂学、古文字学、中国音韵学、中国语法等；另一组为文学组，攻读中国古代文学：《诗经》、唐诗、宋词、宋诗、《战国策研究》等，现代文学课只有杨振声先生开的课“中国现代文学”、沈从文先生开的课“各体文习作”（后改称“创作实习”）。我是了解到这种情况，感到在系里能学到的新文学课程不多，才在表里那样填的。听到罗先生这样一说，我一时很是狼狈，整个教室里一时也鸦静下来。

罗先生讲完话，刚坐下，坐在我右侧桌边的朱自清先生忽然一挺身站起，说：“这同学的意见，我认为值得重视。既把古汉语、古代文学学好，又能学好现代汉语。现代文学，这应该是中文系的方向；不能说中文系的学生爱读新文学就要不得。研读古文，不过为的便于了解和运用古代文学遗产，但这绝不是中文系的唯一目标！……”

朱先生针对罗常培先生的话，显然更出乎与会者的意料，教室里就更鸦静了。

不料写过中篇小说《玉君》的杨振声教授又站起来附和朱先生的意见，甚至直截了当提出中文系课程中应该增加现代文学比重的问题。他也说了很多，神情严肃，声音响亮。茶话会一时开成了针锋相对的辩论会，整个气氛就更有些紧张了。

罗常培先生没有再就这个问题说什么，别的教授也没再谈这个问题，气氛才逐渐缓和下来。

这次茶话会最后怎么结束的，我已记忆不清，只记得散会之后，人们相继走出教室，最后我也走出来时，朱自清先生已经走远了。这天，他还是穿的那套旧西装，还是我熟悉的那个端庄的背影，只是迈出的步子看来比起平日似乎大些，也快些。

中文系的课程后来有没有增加新文学课程，我不清楚，因为读完这学期，我便转读历史系。只是上课间隙，没有历史系的课时，我偶尔去听听沈从文先生还在讲解的“各体文习作”。他指定了 20 本书，包括鲁迅、茅盾、巴金、老舍、曹禺、沙汀、刘白羽、艾青等人的作品，要同学课外选读。杨振声先生后来发表过关于改进大学中文系课程的意见，在《国文月刊》上发表。朱自清先生也在这个刊物上写过有关语文教学的文章。

朱自清先生早在 1924 年就出版过诗和散文合集《踪迹》，1928 年又出版了散文集《背影》。抗战时期在昆明的这段日子，他已不再写新体诗，但对于中国诗创作的发展，他却关心备至，不只口头上讲，参加朗诵，还阅读了当时诗人们的大量新作，偶有所感，总要写下来，给他认为是佳作的以鼓励，以恰当评价；对他看到的新诗创作中的问题，也总是严正地提出看法。抗战胜利后他在作家书屋出版的《新诗杂话》一书中的大部分篇章，就是这一时期写的。

（选自《忆朱自清先生》，载于《荷塘边的不朽背影：回忆朱自清》，刘未鸣、韩淑芳主编，中国文史出版社 2019 年版，题目为编者加）

一点小事，没什么

彭允中*

中学时代，读了朱自清先生的散文《背影》和《荷塘月色》，我深深地感到作者是位富于感情和重感情的人。不久，我在坊间买了朱自清的一本散文选集和一本诗集《踪迹》。读后，我感到作者不但感情丰富，而且是位非常纯洁、善良、富于同情心和正义感的人。心里产生了对他的敬爱之情，我盼望能见到这位作者。

我读西南联合大学中文系，知道朱自清先生是系里的教授，非常高兴。我选修了朱先生的课“历代诗选”。朱先生对于每位诗人、每首诗，都讲得贴切、扎实。在简要而有重点地介绍诗人身世、确切讲解诗句之后，往往是一语或数语破的揭示诗人的思想感情、诗的主旨和特色。他在讲解中，还不时提问，了解学生的理解程度，以便从学生的实际出发引导学生读懂诗。朱先生学问功底深厚又热情认真地帮助学生学习，是一位好老师。

1946 年春，我确定了毕业论文题“阮籍与咏怀诗”。系里分配朱自清、萧涤非两位先生指导我，萧先生很虚心，第一次谈话之后就说朱先生也是他的先生，要我多听朱先生的意见。

---

* 彭允中，1919 年 4 月生，云南昆明人。云南师范大学教授。1946 年毕业于西南联合大学中国文学系。

当时，阮籍的咏怀诗尚无注释本，朱先生有一本黄节注的手抄本。我一到他宿舍，他就取出来借给我，又向我介绍了几本参考书。朱先生是循循善诱的。他先问我为什么选这个题目，咏怀诗是最难读的诗呀！我说，我对阮籍的思想、性格很有兴趣，他诗的风格十分旷达、疏放，思想很深刻，是魏晋时代一位很特殊、很有代表性的文人，很值得研究。朱先生很高兴，说，好，阮籍和咏怀诗确有特点，值得研究，研究是有意义、有趣味的。

在写毕业论文的过程中，我找他谈过三四次。每次都是朱先生先让我谈心得和写法，然后再说他的意见：或肯定鼓励我，或指导我考虑某方面的问题。态度、语调都极亲切。这既是学识的指导，又是思想感情的熏陶，可以说是一个学生的幸福。我曾想，我如能长久跟朱先生学习，那该多好！论文写好了，高兴之中，我一时疏忽，竟忘了装订，三四万字的一叠稿纸，用一张报纸包了送给朱先生。我把纸包放在他书桌上，他打开看了，只说："好，你的大功告成了，也取得写论文的一次经验了！"

过了几天，我去取稿子时，稿子已用两颗崭新的黄铜书钉钉得整整齐齐的。我非常惭愧，忙谢谢朱先生。他笑着说："一点小事，没什么。"说完，拿出一本他新近出版的《经典常谈》送给我。

（选自《朱自清先生琐忆》，载于《云南师范大学学报》（哲学社会科学版）1987 年第 8 期，题目为编者加）

做学问要讲实

彭允中

我是1947年暑假后新学年开始时复学的。因为“中国文学史”是中国文学系学生的必修课，我又跟着朱自清老师重读，他讲到《易经》，使我对这部颇为神秘的书发生了浓厚的兴趣。我一头钻进图书馆，捧起有关《易经》的各种参考书大读起来，而对我启发最大的还是朱自清先生所著《经典常谈》里对《易经》的诠述，与他在课堂上所讲观点一致。我有所感，也把自己的见解写了一篇题目叫作《读易窥源》的文章，拿给朱自清老师批阅。

第三天晚上，那是一个月隐星稀的黑夜，我从图书馆出来，只见校园黝暗，万籁俱寂，隔着茂密的树丛，却从北院透出一缕灯光。我走过去一看，正是朱自清老师家，显然他还没有睡觉。而时间已是9点多钟了。我惦记着那篇稿子，便上前轻轻地敲了敲门。开门的是师母陈竹隐女士，她见我这么晚来，显得有点惊诧。正在这时，朱自清老师从当门的书桌旁抬起头，向我投来亲切而温和的目光，高兴地说：“你来得正好！我正想明天上课时通知你到我的办公室去哩！”言外之意，他对我这时来访也觉得有点意外。我立刻走到他的书桌前面，一瞥之间，发现他面前摆着的是我那篇稿子，心里顿时像火烧一样热乎乎的。

“你到家来好，可以从容地谈谈。”朱自清老师开门见山，对稿子详细地谈了他的意见；特别是对我稿子中有的观点与他不同的地方，探讨性地谈得更多。朱自清老师的赞扬十分恳切而真诚，我至今还记得清清楚楚。他说："做学问，要讲实；讲实不易，得下力气干，认真地干，不干，则无实；无实，则空疏。你这篇论文能够有点新解，看来是下功夫读了点书的。你拿回去再斟酌一下，不一定完全按我的意见改，'意见意见'嘛，是供参考用的，意见不是决议。"当我拿着稿子走出16号门时，朱自清老师亲自送到院子里，凝望着我走出好远，才回屋关上门，而灯光仍从窗户透出来。

过了几天，我把稿子改好，又重新抄了一遍，上课时交给了朱自清老师。他随手翻了翻，安慰我似的说："准备刊登在《语言与文学》上。"《语言与文学》是《新生报》的副刊，由朱自清先生创办并担任主编，所以取这个名字，是为了纪念闻一多先生，因为他曾在抗战以前办过一个同名刊物。闻一多先生是主张文学不分中外的，应该把大学里的中国文学系和外国语文系合并，改为文学系；语言学应该独立成系，叫作语言学系。朱自清先生同意闻一多先生的主张，曾写了篇《关于大学中国文学系的两个意见》，影响很大。朱自清先生创办这个《语言与文学》副刊，也是这个意思。我的那篇稿子不久便发表了，还特意排在了首位。

（选自《朱自清先生琐忆》，载于《云南师范大学学报》（哲学社会科学版）1987年第8期，题目为编者加）

忠厚而笃实的君子

郑振铎*

从抗战以来，接连的有好几位少年时候的朋友去世了。哭地山、哭六逸、哭济之。想不到如今又哭佩弦了。在朋友们中，佩弦的身体算得很结实的。矮矮的个子，方而微圆的脸，不怎么肥胖，但也决不瘦。一眼望过去，便是结结实实的一位学者。说话的声音，徐缓而有力。不多说废话，从不开玩笑；纯然是忠厚而笃实的君子。写信也往往是寥寥的几句，意尽而止。但遇到讨论什么问题的时候，却滔滔不绝。他的文章，也是那么的不蔓不枝，恰到好处，增加不了一句，也删节不掉一句。

他做什么事都负责到底。他的《背影》，就可作为他自己的一个描写。他的家庭负担不轻，但他全力地负担着，不叹一句苦。他教了三十多年的

---

* 郑振铎（1898—1958），字西谛，浙江温州人。著名社会活动家、作家、诗人、翻译家、学者、文学评论家，也是著名的收藏家、训诂家。1919 年参加五四运动并开始发表作品。1920 年与沈雁冰等人发起成立文学研究会，创办《文学周刊》与《小说月报》，曾任上海商务印书馆编辑、《小说月报》主编等。1931 年秋，任燕京大学和清华大学两校中文系教授。1937 年参加文化界救亡协会，与胡愈之等人组织复社，出版《鲁迅全集》，主编《民主周刊》。1955 年当选为中国科学院学部委员（院士）。郑振铎在文物捐献、抢救等方面，为中国文物事业做出重要贡献。新中国成立后，他任中央人民政府文化部文物局局长，兼中国科学院考古研究所、文学研究所两所所长。上任后不久，即将他生平所藏近七百件汉、魏、隋、唐、两宋的陶俑等文物全部捐献给国家，入藏故宫博物院。1958 年 10 月 17 日，他奉命率中国文化代表团出国访问，因飞机爆炸殉职。家属遵其遗愿，将他的近十万册珍贵藏书全部捐献给国家，并在北京图书馆设专藏。

书，在南方各地教，在北平教；在中学里教，在大学里教。他从来不肯马马糊糊地教过去。每上一堂课，在他是一件大事。尽管教得很熟的教材，但他在上课之前，还须仔细地预备着。一边走上课堂，一边还是十分的紧张。记得在清华大学的时候，有一次我在他办公室里坐着，见他紧张地在翻书。我问道：

“下一点钟有课么？”

“有的，”他说道，“总得要看看。”

像这样负责的教员，恐怕是不多见的。他写文章时，也是以这样的态度来写。写得很慢，改了又改，决不肯草率地拿出去发表。我上半年为《文艺复兴》的“中国文学研究”号向他要稿子，他寄了一篇《好与巧》来；这是一篇结实而用力之作。但过了几天。他又来了一封快信，说，还要修改一下，要我把原稿寄回给他。我寄了回去。不久，修改的稿子来了，增加了不少有力的例证。他就是那么不肯马马虎虎地过下去的！

他的主张，向来是老成持重的。

将近二十年了，我们同在北平。有一天，在燕京大学南大地一位友人处晚餐。我们热烈地辩论着“中国字”是不是艺术的问题。向来总是“书画”同称。我却反对这个传统的观念。大家提出了许多意见，有的说，艺术是有个性的；中国字有个性，所以是艺术。又有的说，中国字有组织，有变化，极富于美术的标准。我却极力地反对着他们的主张。我说，中国字有个性，难道别国的字便表现不出个性了么？要说写得美，那末，梵文和蒙古文写得也是十分匀美的。这样的辩论，当然是不会有结果的。

临走的时候，有一位朋友还说，他要编一部《中国艺术史》，一定要把中国书法的一部门放进去。我说，如果把“书”也和“画”同样地并列在艺术史里，那末，这部艺术史一定不成其为艺术史的。

当时，有十二个人在座，九个人都反对我的意见。只有冯芝生和我意见全同。佩弦一声也不言语。我问道：

“佩弦，你的主张怎样呢？”

他郑重地说道："我算是半个赞成的吧。说起来，字的确是不应该成为美术。不过，中国的书法，也有它长久的传统的历史。所以，我只赞成一半。"

这场辩论，我至今还鲜明地在眼前。但老成持重，一半和我同调的佩弦却已不在人间，不能再参加那么热烈的争论了。

（选自《哭佩弦》，载于《万象》2018 年第 5 期，题目为编者加）